CATIA로 배우는 유한요소해석

주석재 지음

홍릉과학출판사

머 릿 말

CATIA는 전산 설계, 전산 제작, 전산 해석용 software로 학부 저학년 전산제도 과목에서는 전산 설계를 가르친다. 학부 고학년 유한요소법이나 대학원 전산구조해석 과목에서 CATIA 전산구조해석을 가르치기 시작한지 10년이 넘었다. CATIA는 자동차 관련 산업체에 널리 보급된 것으로 기계공학부 학생에게는 필수적으로 배워야할 software이다. CATIA 해석으로는 선형 해석(정적 해석, 고유진동해석과 좌굴해석)만 가능하지만, 요소망 자동생성, 다양한 부품 연결(접촉연결, 접합연결, 볼트체결연결 등), 가상부품, 다양한 구속과 하중(분포하중, 모멘트, 가속도, 회전, 각가속 등), 재료 데이터베이스 등을 제공하여 쉽게 신속하게 정확한 해를 구하기 적합하다.

본인은 2000년도쯤부터 CATIA 동아리 지도교수를 맡았다. 그 때까지는 유한요소해석을 주로 NASTRAN/PATRAN이나 MARC/MENTAT으로 하였다. 동아리 학생이 CATIA로 3차원 설계와 해석까지 하는 것을 보고 CATIA를 자연스럽게 배우기 시작하였다. 설계하는 것은 동아리 학생에게 직접 배우고, 구조해석은 주로 국내외 관련서적을 보고 배웠다. 산업체 과제도 CATIA로 많이 해결하였다. 선형 문제이면 상당히 복잡한 문제도 가능하여 여러 개의 부품이 조립된, 선박 발전용 엔진의 커넥팅 로드가 가스 압력, 베어링 끼워맞춤, 볼트 체결력, 원심력, 각가속력 등이 작용하는 복잡한 문제까지 풀어보았다.

이 책은 이제까지 만든 수업자료를 중심으로 만들었다. 이 책을 보고 따라하면서 배우게고, 거의 모든 작업과정을 적었다. 마우스로 어느 메뉴를 펼쳐 누르고, 키보드로 무엇을 입력하는지 기록하였다. 일부 생략한 작업과정은 학생 여러분이 쉽게 어느 것인지 알 만한 것이다. 다른 CATIA 구조해석 책과 달리, 화면을 단순히 캡처한 것을 넣기보다는 텍스트로 상세하게 적었다. 기본 언어를 English로 설정하여 영문으로 적고, 한글로도 병기하였다. CATIA V5R21을 사용하였다.

내용은 기초편에서는 인장 압축, 굽힘, 비틂, 응력집중 등 학부 재료역학이나 대학원 탄성론에서 다루었던 문제를 다루었고, 응용편에서 학부 기계요소 설계에서 다루었던 여러 가지 기계요소 문제(좌굴, 고유진동 포함)를 다루었다. 일부 문제는 3차원 입체로도 모델링하여 해석하고, 표면으로도 모델링하여 shell 요소를 사용하여 해석하는 것을 소개하였다.

유한요소해석 software는 이것저것 많지만 서로 기본적인 것은 비슷하다. 어느 승용차를 운전하는 것이 익숙하여지면, 다른 승용차도 쉽게 운전하는 것처럼 CATIA로 구조해석하는 것에 익숙하여지면, 다른 구조해석 software도 쉽게 사용하게 될 것이다.

이 책으로 배운 것을 응용하여 설계를 검증하거나 개선하고 문제를 해결하기를 바란다.

2019년 1월 1일

저자

차 례

이 책에서 사용하는 Workbench

Mechanical Design	Part Design Assembly Design ... Wireframe and Surface Design
Shape	Generative Shape Design
Analysis & Simulation	Advanced Meshing Tools Generative Structural Analysis

마우스 조작

1 ↓	Middle Button	Pan(이동)
2 ↓	Middle + Right Button	Rotate(회전)
3	Middle Button	Zoom-in, Zoom-out(확대, 축소)

CATIA로 배우는 유한요소법

PART I

기초 구조해석

[삼단봉의 인장] 다음과 같은 삼단봉을 하중 25 kN으로 당길 때 응력과 변위 분포를 구하시오.

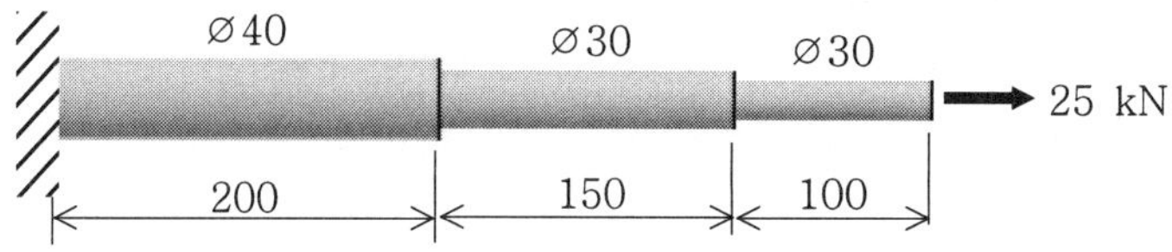

요점
-대칭을 이용하여 1/4만 모델링
-대칭면에 해당 구속조건을 부여, 분포하중(집중하중)을 작용
-선택한 선을 따라 변위와 응력을 출력

Part Design의 **요점**
-Profile로 단면을 그리고 Constraint로 칫수를 부여하고
-Shaft로 90° 돌려 입체를 생성

Start > Mechanical Design > Part Design

(시작 > 기계설계 > 부품설계)

Product1 > Part1 (Part1.1) > Part1 > xy plane

(제품 > 부품 > xy 평면)

Sketch

(스케치)

Profile

(윤곽) 형상의 특징을 그림

Constraint

(구속) 칫수를 부여

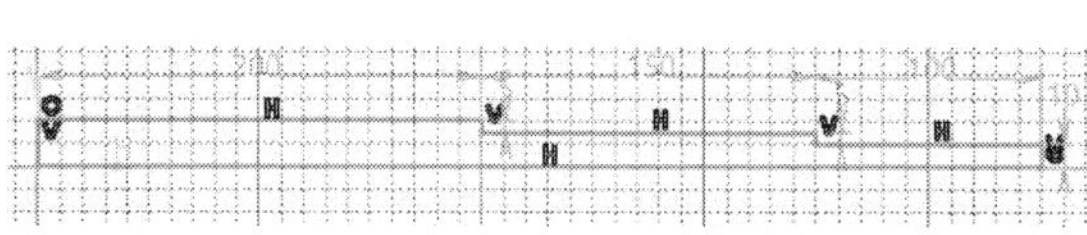

Exit Workbench

스케치에서 (나감)

Shaft > First angle = 90deg, Axis Section = X Axis

(축) 스케치한 것을 X축에 관하여 90° 회전하여 입체를 생성

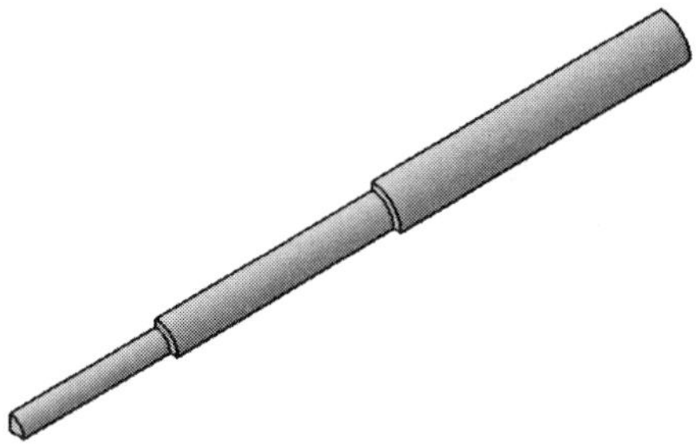

Apply Material > Metal > Steel, PartBody

(재료 부여 > 금속 > 강을 부품에)

Generative Structural Analysis의 요점 -Static Analysis, Mesh Size -User-defined Restraint, Distributed Force -Displacements, Principal Stress

Start > Analysis & Simulation > Generative Structural Analysis

(해석과 시뮬레이션 > 구조해석)

New Analysis Case = Static Analysis

(정적 해석)

Finite Element Model.1 > Nodes and Elements > OCTREE Tetrahedron Mesh.1:Part1.1 > Global Size = 5 mm, Proportional sag = 0.2, Element type = Parabolic

(절점과 요소 > 사면체 요소망 > 전체적 크기와 비례 처짐, 요소형태)

User-defined Restraint > Supports = ..., Restrain Translation 1

User-defined Restraint > Supports = ..., Restrain Translation 2

User-defined Restraint > Supports = ..., Restrain Translation 3

(사용자 정의 구속 > 해당하는 면의 X축, Y축, Z축 방향 이동을 구속)

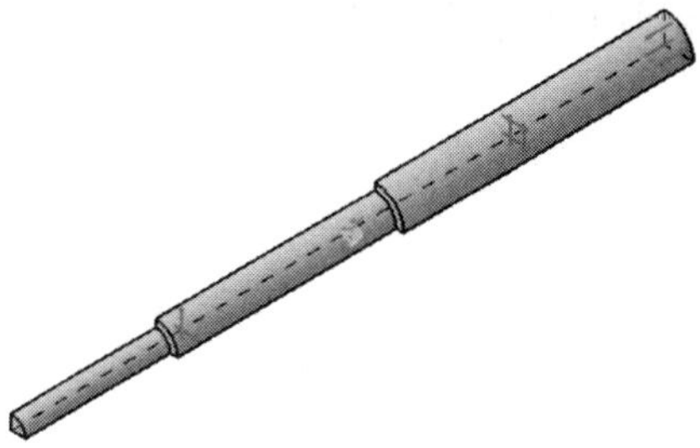

Distributed Force > Supports = ..., Force Vector X = 25,000 N

(분포하중 > 해당하는 면에 하중성분을 작용)

Compute > All

(계산)

Line Group > Supports = ...

(선 그룹) 중앙축을 선택

Displacements > Visual Types = Average iso, Criteria = Vector component C1

(변위 > 시각화 형태와 기준을 선택) u

Customize View Parameters > Mesh = Shading Material

(시각화 변수를 선택) 음영

Translational displacement component.1 > Selections = Line Group.1

(변위 > 시각화 그룹을 선택) 선 그룹 1

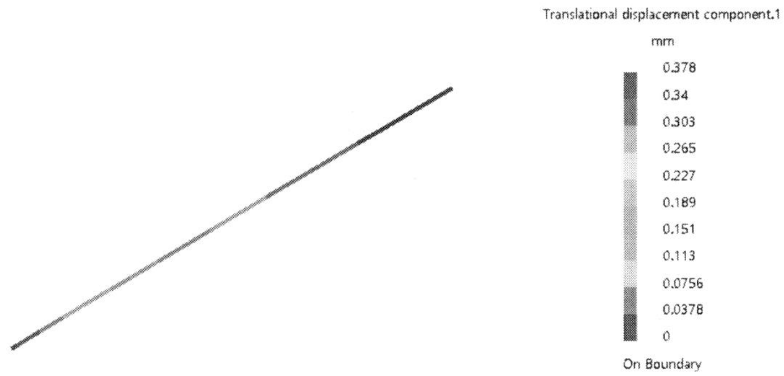

Finite Element Model.1 > Static Case > Static Case Solution.1 > Translational displacement component.1 > Export Data

(변위 데이터를 출력)

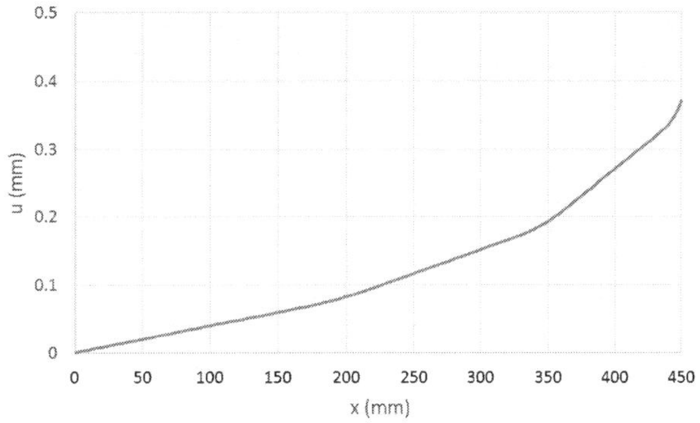

x=0~200 mm, 200~350 mm, 350~450 mm 변위는 구간별로 선형이고 그 기울기는 단면적에 반비례한다.

Principal Stress

(주응력)

Stress full tensor component (nodal values).1 > Visual Types = Average iso, Criteria = Tensor component C11

(응력 > 시각화 형태와 기준을 선택) σ_x

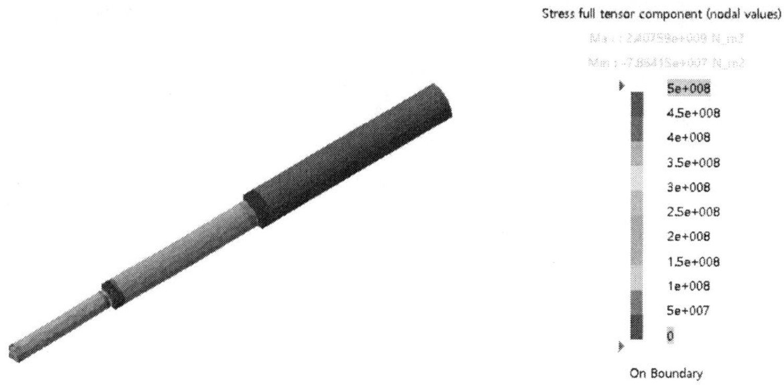

Stress full tensor component (nodal values).1 > Selections = Line Group.1

(변위 > 시각화 그룹을 선택) 선 그룹 1

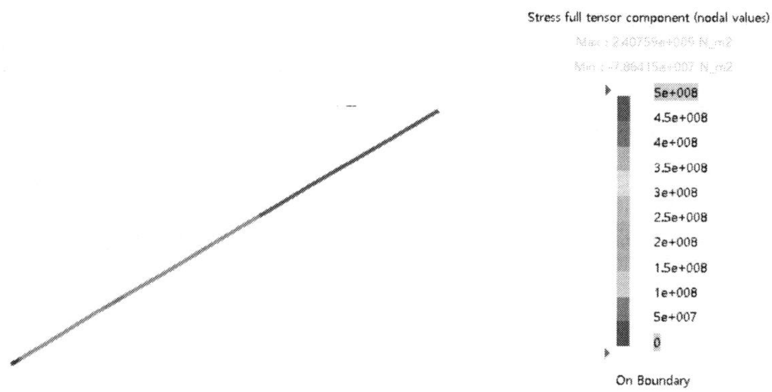

Finite Element Model.1 > Static Case > Static Case Solution.1 > Stress principal tensor symbol.1 > Export Data

(데이터를 출력)

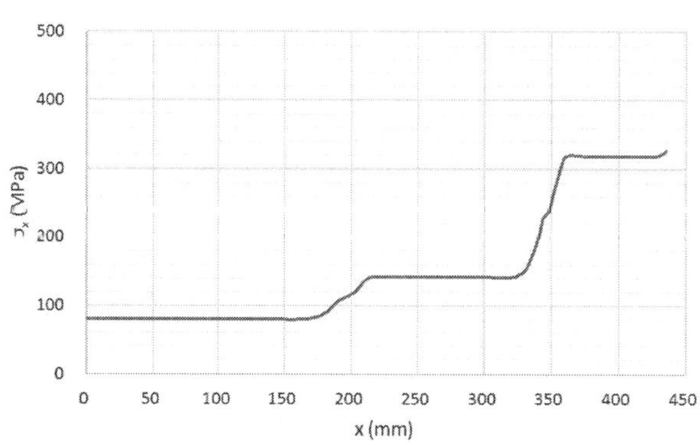

x=0~200 mm, 200~350 mm, 350~450 mm 응력은 구간별로 일정하고 단면적에 반비례한다.

[삼단봉의 인장] 다음과 같은 삼단봉을 축방향으로 1 mm 당길 때 응력과 변위분포를 구하시오.

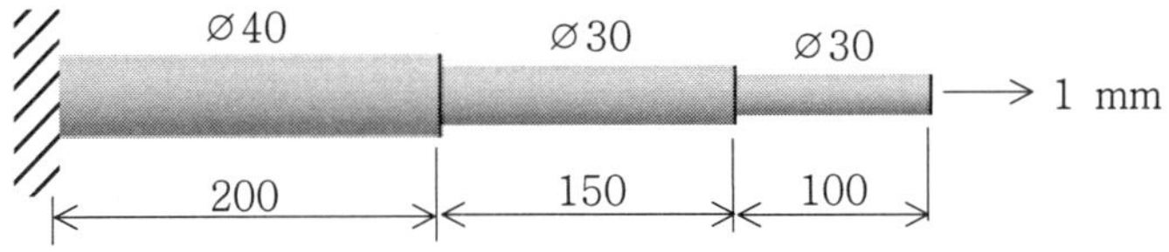

요점

-대칭을 이용하여 1/4만 모델링

-대칭면에 해당 구속조건을 부여, 강제변위를 작용

-선택한 선을 따라 변위와 응력을 출력

Generative Structural Analysis의 요점

-Static Analysis, Mesh Size

-User-defined Restraint, Enforced Displacement

-Displacements, Principal Stress

(앞 문제와 다른 부분)

Insert > Static Case > Restraints: Reference = ..., Loads: New

(정적인 경우를 추가하고, 구속은 앞 경우 구속을 참조하고, 하중은 새로)

User-defined Restraint > Supports = ..., Restrain Translation 1

(사용자 정의 구속 > 해당하는 면의 X축 방향 이동을 구속)

Enforced Displacement > Restraint = User-defined Restraint, Translation 1 = 1 mm

(강제 변위 > 앞 사용자 정의 구속에 X축 방향 이동을 지정)

Finite Element Model.1 > Static Case > Static Case Solution.1 > Translational displacement component.1 > Export Data

(변위 데이터를 출력)

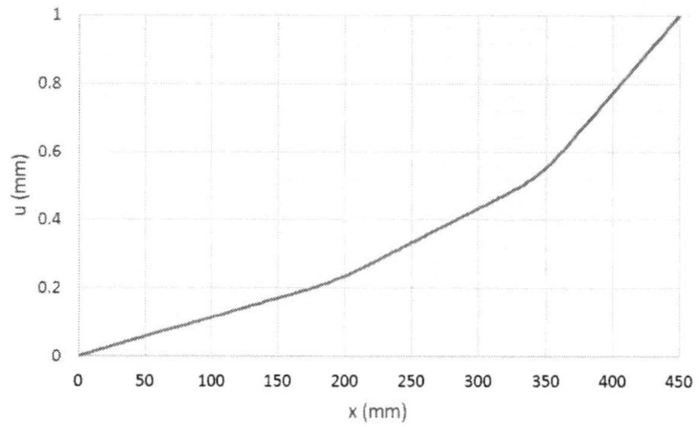

x=0~200 mm, 200~350 mm, 350~450 mm 변위는 구간별로 선형이고 그 기울기는 단면적에 반비례한다.

Finite Element Model.1 > Static Case > Static Case Solution.1 > Stress principal tensor symbol.1 > Export Data

(데이터를 출력)

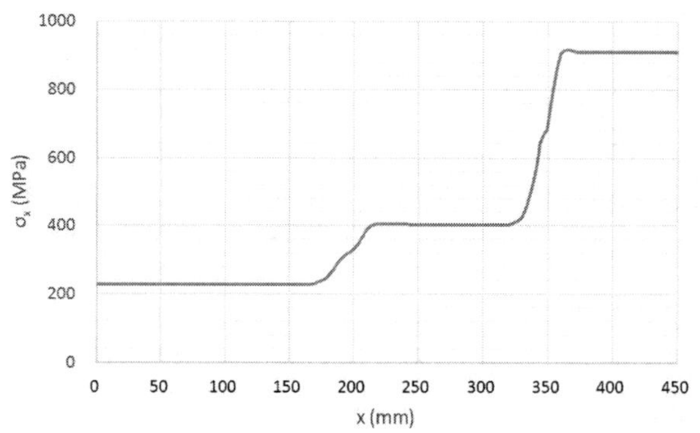

x=0~200 mm, 200~350 mm, 350~450 mm 응력은 구간별로 일정하고 단면적에 반비례한다.

– – –

[삼단봉의 인장] 다음과 같은 삼단봉이 축방향으로 중력을 받을 때 응력과 변위분포를 구하시오.

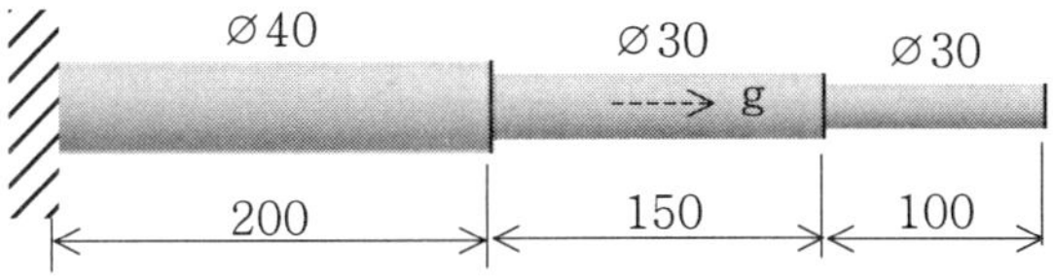

요점
-대칭을 이용하여 1/4만 모델링
-대칭면에 해당 구속조건을 부여, 중력을 작용
-선택한 선을 따라 변위와 응력을 출력

Generative Structural Analysis의 요점
-Static Analysis, Mesh Size
-User-defined Restraint, Acceleration
-Displacements, Principal Stress

(앞 문제와 다른 부분)

Insert > Static Case > Restraints: Reference = ..., Loads: New

(정적인 경우를 추가하고, 구속은 앞 경우 구속을 참조하고, 하중은 새로)

Acceleration > Supports = 1 Mesh Part, Acceleration Vector X = 9.807m_s2

(가속도 > 부품에 X축 방향 중력가속도를 작용)

Finite Element Model.1 > Static Case > Static Case Solution.1 > Translational displacement component.1 > Export Data

(변위 데이터를 출력)

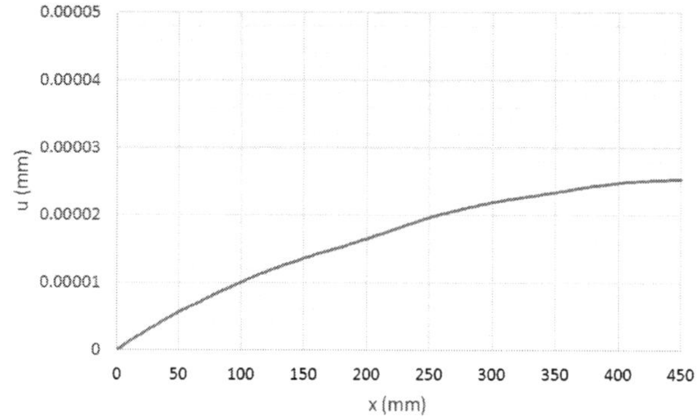

x=0~200 mm, 200~350 mm, 350~450 mm 변위는 구간별로 2차곡선이다.

Finite Element Model.1 > Static Case > Static Case Solution.1 > Stress principal tensor symbol.1 > Export Data

(데이터를 출력)

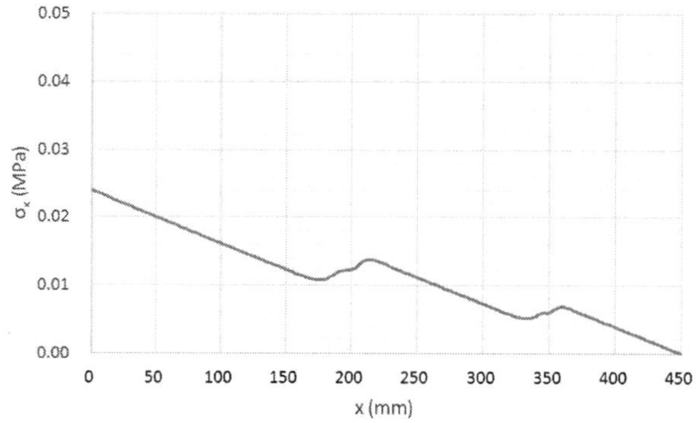

x=0~200 mm, 200~350 mm, 350~450 mm 응력은 구간별로 선형이고 그 기울기는 서로 같다.

\- - -

[삼단봉의 인장] 다음과 같은 삼단봉이 120 rpm로 회전하여 원심력을 받을 때 응력과 변위분포를 구하시오.

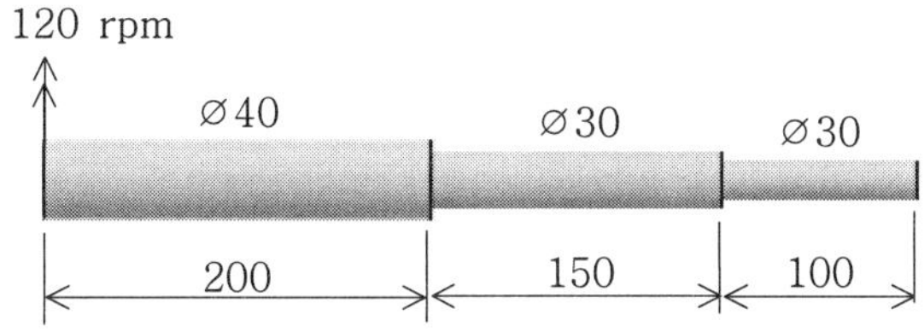

요점
-대칭을 이용하여 1/4만 모델링
-대칭면에 해당 구속조건을 부여, 원심력을 작용
-선택한 선을 따라 변위와 응력을 출력

Generative Structural Analysis의 요점
-Static Analysis, Mesh Size
-User-defined Restraint, Rotation Force
-Displacements, Principal Stress

(앞 문제와 다른 부분)

Insert > Static Case > Restraints: Reference = ..., Loads: New

(정적인 경우를 추가하고, 구속은 앞 경우 구속을 참조하고, 하중은 새로)

Rotation Force > Supports = 1 Mesh Part, Rotation Axis = Z axis, Angular Velocity = 120turn_mn

(회전력 > 부품에 Z축에 관한 회전속도 120 rpm)

Finite Element Model.1 > Static Case > Static Case Solution.1 > Translational displacement component.1 > Export Data

(변위 데이터를 출력)

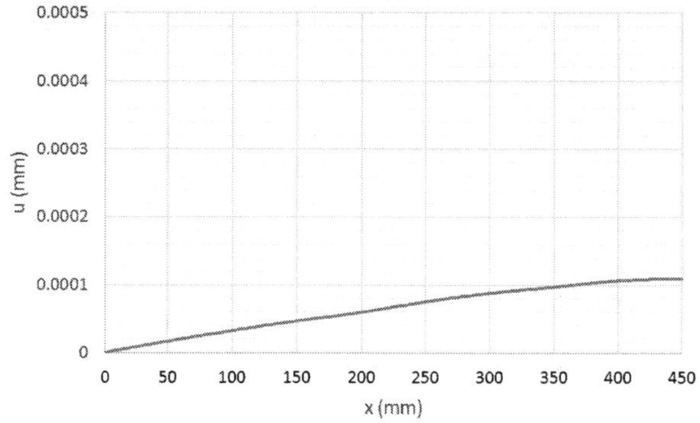

x=0~200 mm, 200~350 mm, 350~450 mm 변위는 구간별로 3차곡선이다.

Finite Element Model.1 > Static Case > Static Case Solution.1 > Stress principal tensor symbol.1 > Export Data

(데이터를 출력)

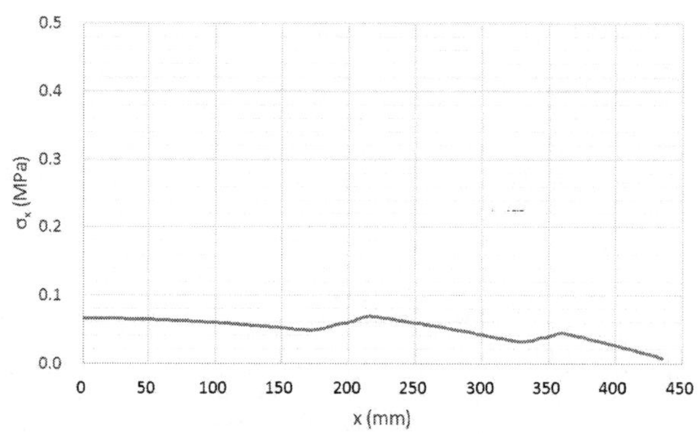

x=0~200 mm, 200~350 mm, 350~450 mm 응력은 구간별로 2차곡선이다.

- - -

[삼단봉의 굽힘] 다음과 같은 삼단봉을 하중 5 kN으로 굽힐 때 응력과 변위분포를 구하시오.

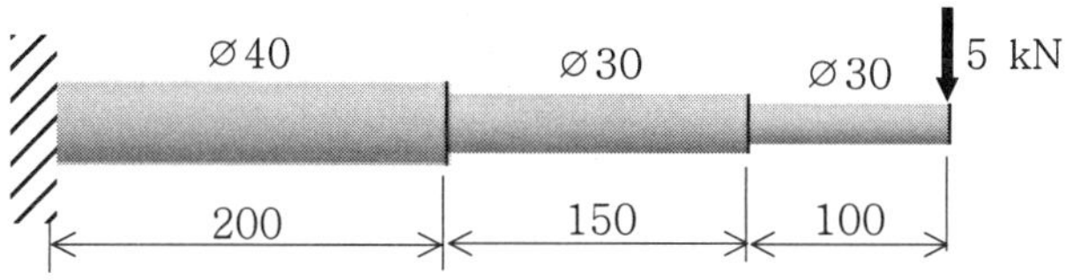

요점
-대칭을 이용하여 1/2만 모델링
-대칭면에 해당 구속조건을 부여, 분포하중(집중하중)을 작용
-선택한 선을 따라 변위와 응력을 출력

Generative Structural Analysis의 요점
-Static Analysis, Mesh Size
-User-defined Restraint, Distributed Force
-Displacements, Principal Stress

(앞 문제와 다른 부분)

Shaft > First angle = 180deg, Axis Section = X Axis

(축) 스케치한 것을 X축에 관하여 180° 회전하여 입체를 생성

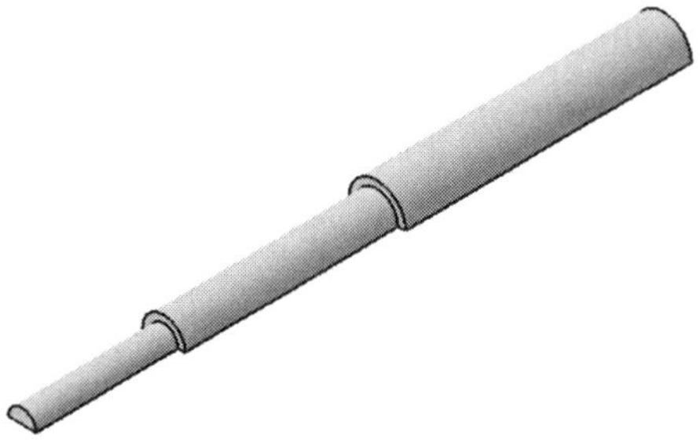

Distributed Force > Supports = 끝 단면, Force Vector Y = -5,000 N

(분포하중 > 해당하는 면에 하중성분을 작용)

Displacements > Visual Types = Average iso, Criteria = Vector component C2

(변위 > 시각화 형태와 기준을 선택) v

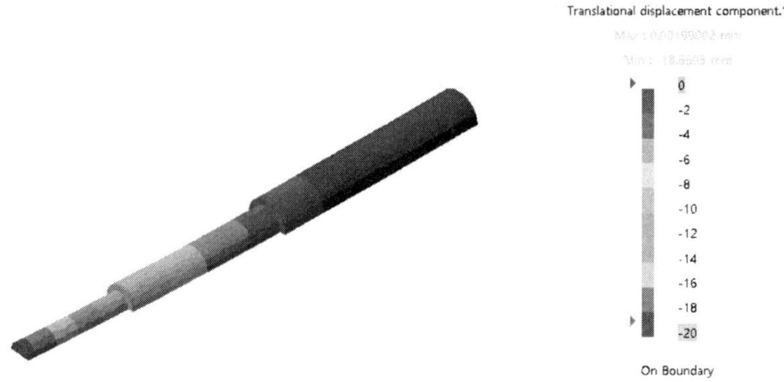

Translational displacement component.1 > Selections = Line Group.1
(변위 > 시각화 그룹을 선택) 선 그룹 1

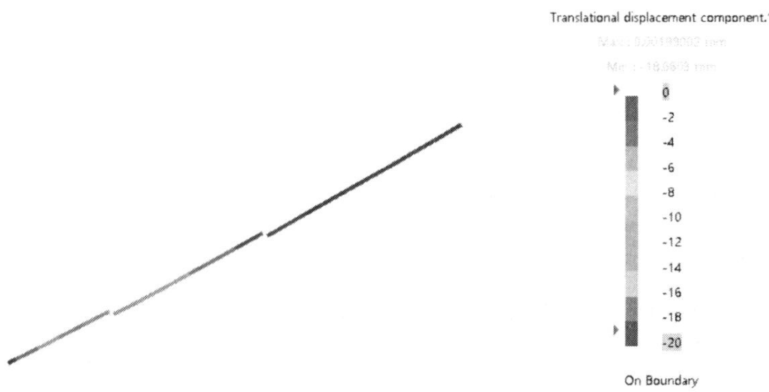

Finite Element Model.1 > Static Case > Static Case Solution.1 > Translational displacement component.1 > Export Data
(변위 데이터를 출력)

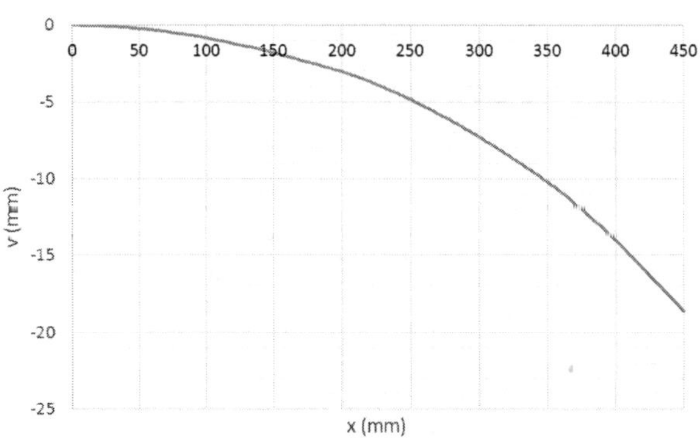

x=0~200 mm, 200~350 mm, 350~450 mm 변위는 구간별로 3차곡선이다.

Stress full tensor component (nodal values).1 > Visual Types = Average iso, Criteria = Tensor component C11

(응력 > 시각화 형태와 기준을 선택) σ_x

Stress full tensor component (nodal values).1 > Selections = Line Group.1

(변위 > 시각화 그룹을 선택) 선 그룹 1

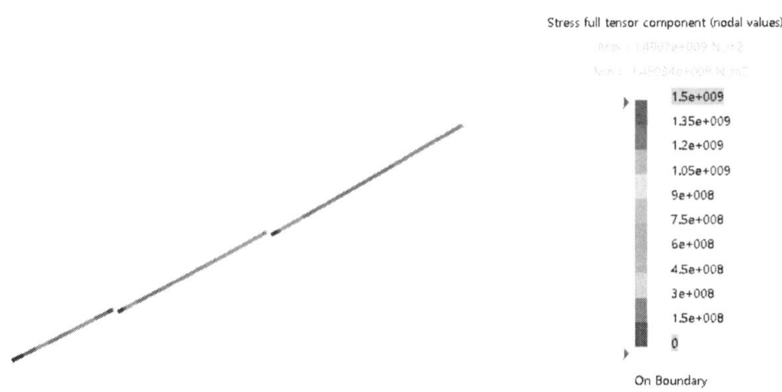

Finite Element Model.1 > Static Case > Static Case Solution.1 > Stress principal tensor symbol.1 > Export Data

(데이터를 출력)

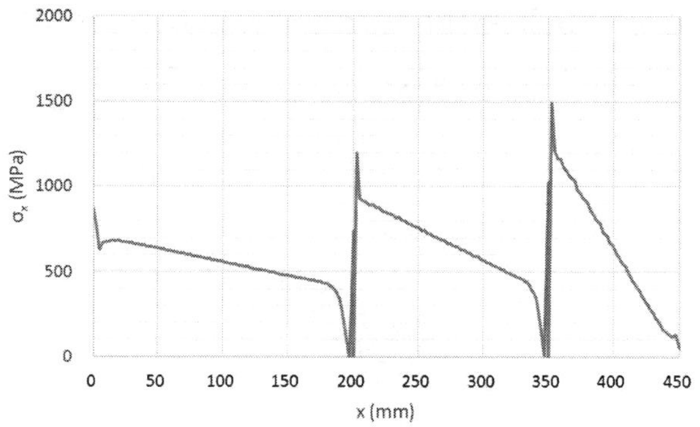

x=0~200 mm, 200~350 mm, 350~450 mm 응력은 구간별로 선형이고 x=450 mm로 연장하면 0에서 만난다.

\- - -

[삼단봉의 굽힘] 다음과 같은 삼단봉이 횡방향으로 중력을 받을 때 응력과 변위분포를 구하시오.

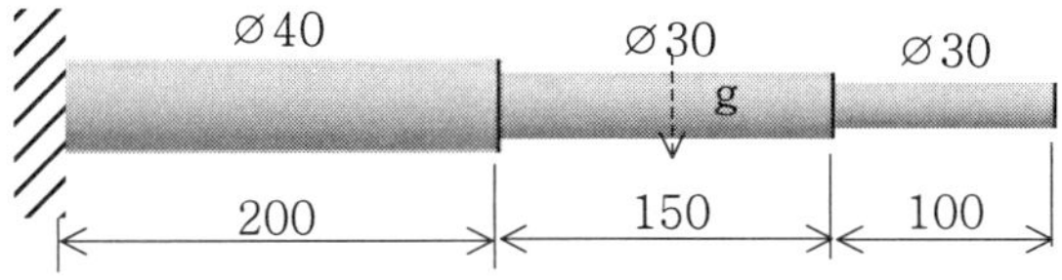

요점
-대칭을 이용하여 1/2만 모델링
-대칭면에 해당 구속조건을 부여, 중력을 작용
-선택한 선을 따라 변위와 응력을 출력

Generative Structural Analysis의 요점
-Static Analysis, Mesh Size
-User-defined Restraint, Acceleration
-Displacements, Principal Stress

(앞 문제와 다른 부분)

Insert > Static Case > Restraints: Reference = ..., Loads: New
(정적인 경우를 추가하고, 구속은 앞 분포하중을 작용한 경우 구속을 참조하고, 하중은 새로)

Acceleration > Supports = 1 Mesh Part, Acceleration Vector Y = -9.807m_s2
(가속도 > 부품에 Y축 방향 중력가속도를 작용)

Displacements > Visual Types = Average iso, Criteria = Vector component C2, Selections = Line Group.1
(변위 > 시각화 그룹을 선택) v

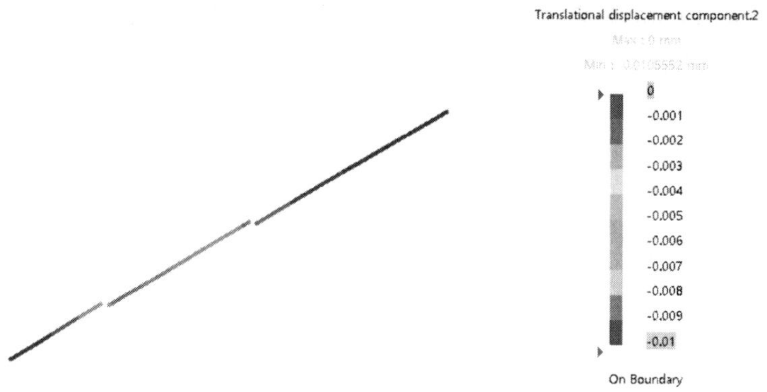

Finite Element Model.1 > Static Case > Static Case Solution.1 > Translational displacement component.1 > Export Data

(변위 데이터를 출력)

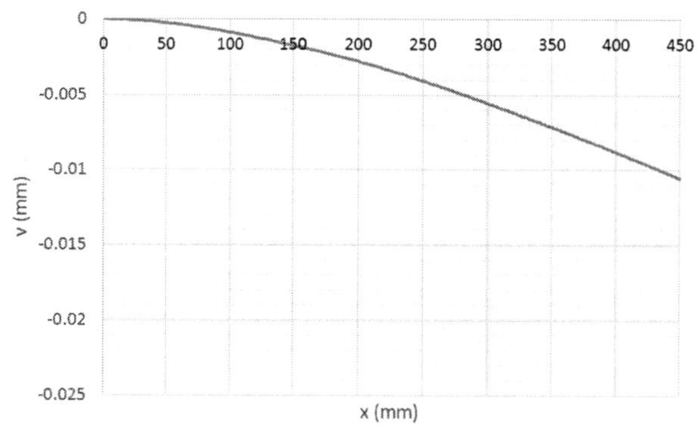

x=0~200 mm, 200~350 mm, 350~450 mm 변위는 구간별로 4차곡선이다.

Stress full tensor component (nodal values).1 > Visual Types = Average iso, Criteria = Tensor component C11, Selections = Line Group.1

(응력 > 시각화 형태와 기준을 선택) σ_x

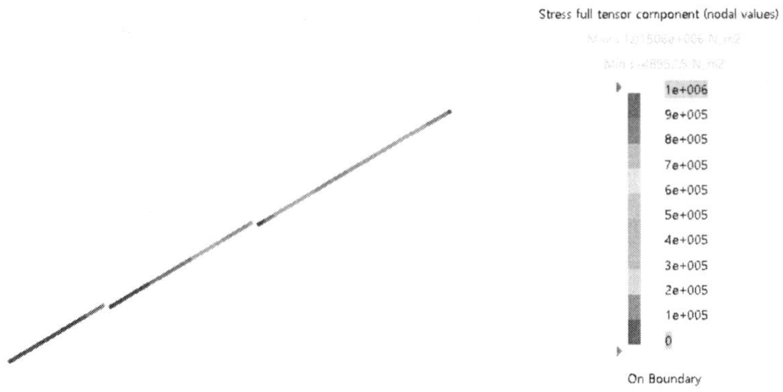

Finite Element Model.1 > Static Case > Static Case Solution.1 > Stress principal tensor symbol.1 > Export Data

(데이터를 출력)

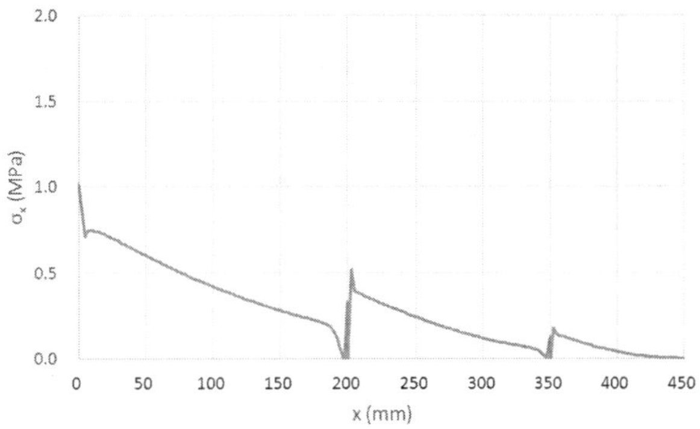

x=0~200 mm, 200~350 mm, 350~450 mm 응력은 구간별로 2차곡선이다.

- - -

[삼단봉의 굽힘] 다음과 같은 삼단봉이 각가속도 50π rad/s^2를 받을 때 응력과 변위분포를 구하시오.

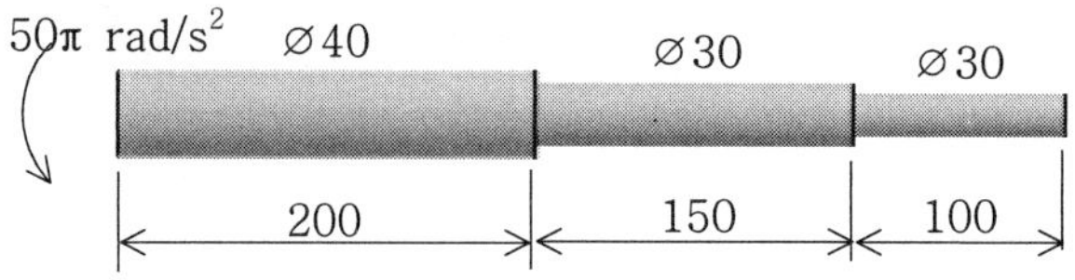

요점
-대칭을 이용하여 1/2만 모델링
-대칭면에 해당 구속조건을 부여, 각가속력을 작용
-선택한 선을 따라 변위와 응력을 출력

Generative Structural Analysis의 요점
-Static Analysis, Mesh Size
-User-defined Restraint, Rotation Force
-Displacements, Principal Stress

(앞 문제와 다른 부분)

Insert > Static Case > Restraints: Reference = ..., Loads: New

(정적인 경우를 추가하고, 구속은 앞 분포하중을 작용한 경우 구속을 참조하고, 하중은 새로)

Rotation Force > Supports = 1 Mesh Part, Angular Acceleration = 158rad_s2

(회전력 > 부품에 각가속도를 작용)

Displacements > Visual Types = Average iso, Criteria = Vector component C2, Selections = Line Group.1

(변위 > 시각화 그룹을 선택) v

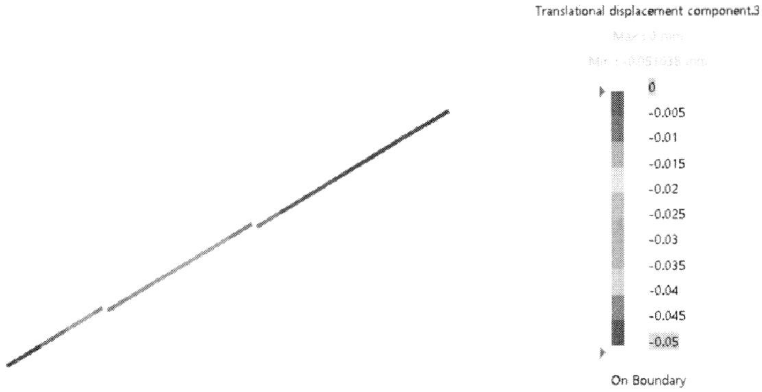

Finite Element Model.1 > Static Case > Static Case Solution.1 > Translational displacement component.1 > Export Data

(변위 데이터를 출력)

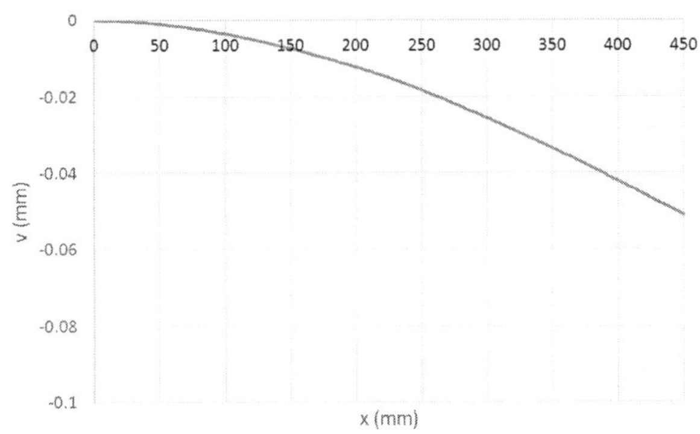

x=0~200 mm, 200~350 mm, 350~450 mm 변위는 구간별로 5차곡선이다.

Stress full tensor component (nodal values).1 > Visual Types = Average iso, Criteria = Tensor component C11, Selections = Line Group.1

(응력 > 시각화 형태와 기준을 선택) σ_x

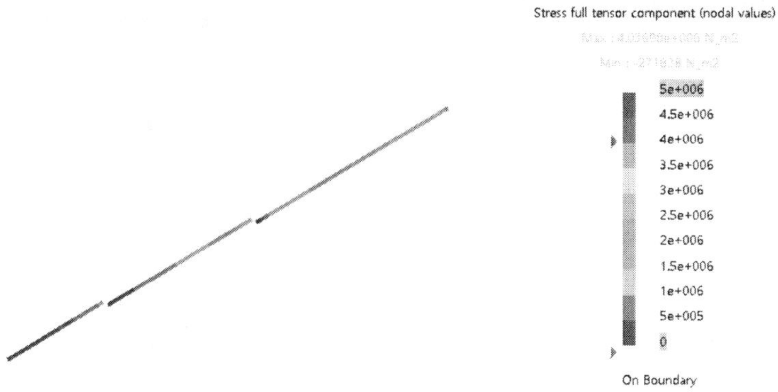

Finite Element Model.1 > Static Case > Static Case Solution.1 > Stress principal tensor symbol.1 > Export Data

(데이터를 출력)

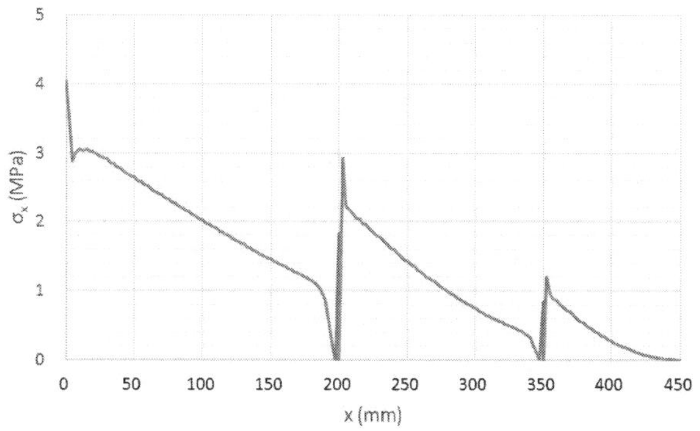

x=0~200 mm, 200~350 mm, 350~450 mm 응력은 구간별로 3차곡선이다.

- - -

[철봉의 찌그러짐] 다음과 같은 철봉을 수평하중 750 N으로 밀 때 응력과 변위분포를 구하시오.

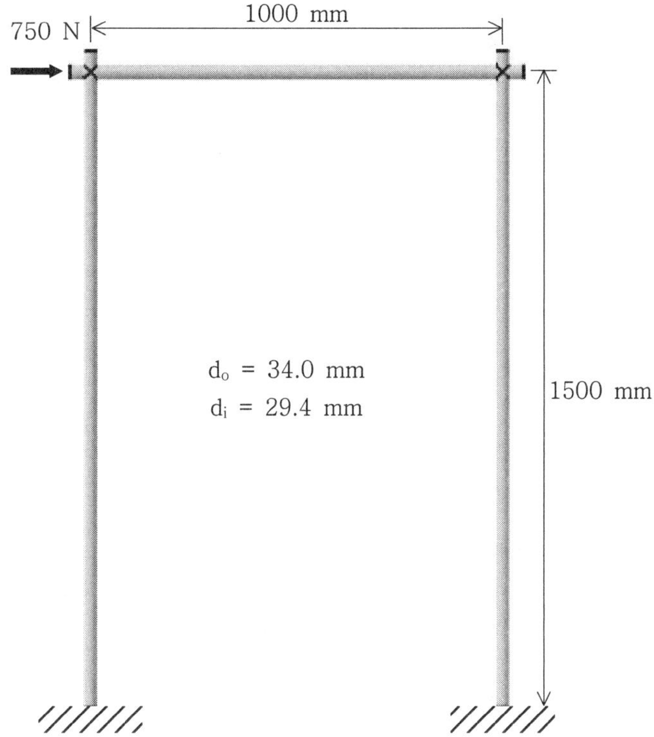

요점
-대칭을 이용하여 1/2만 모델링
-대칭면에 해당 구속조건을 부여, 분포하중(집중하중)을 작용
-선택한 선을 따라 변위와 응력을 출력

Part Design의 요점
-Circle로 단면을 그리고 Constraint로 칫수를 부여
-Pad로 밀어 입체를 생성
-Rectangle로 단면을 그리고 Constraint로 칫수를 부여
-Pocket으로 밀어 입체 일부를 제거

Start > Mechanical Design > Part Design

(시작 > 기계설계 > 부품설계)

Product1 > Part1 (Part1.1) > Part1 > zx plane

(zx 평면에)

Sketch

(스케치)

Circle

(원)

Constraint

(구속) 칫수를 부여. 지름 34 mm, 두께 2.3 mm

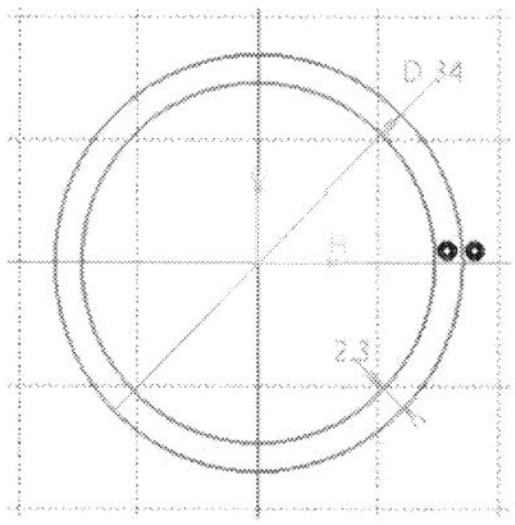

Exit Workbench

스케치에서 (나감)

Pad > First Limit Length = 1,550 mm

1,550 mm 밀어서 (입체를 생성)

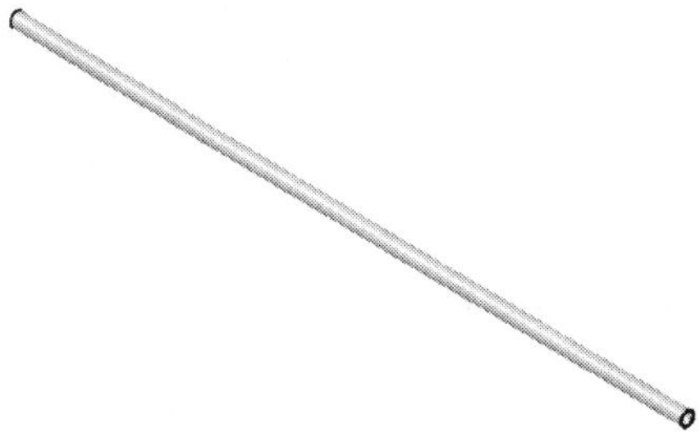

Rectangular Pattern > First Direction Instances = 2, Spacing = 1,000 mm, Reference Direction = X Axis

X축 방향 1,000 mm 간격으로 2개

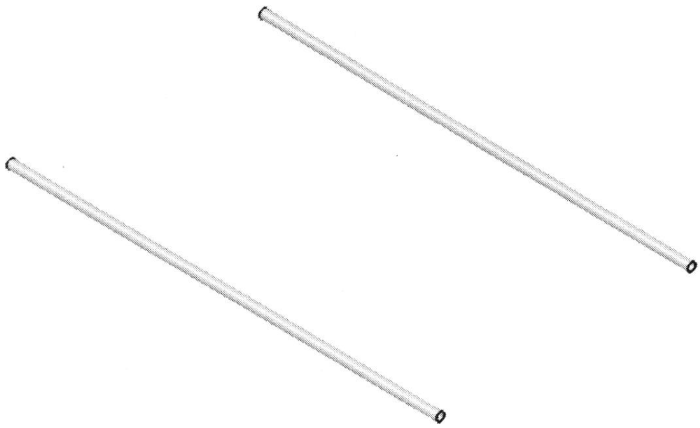

Product1 > Part1 (Part1.1) > Part1 > yz plane

(yz 평면)에

Sketch

(스케치)

Circle

(원)

Constraint

(구속) 칫수를 부여. 지름 2.3 mm

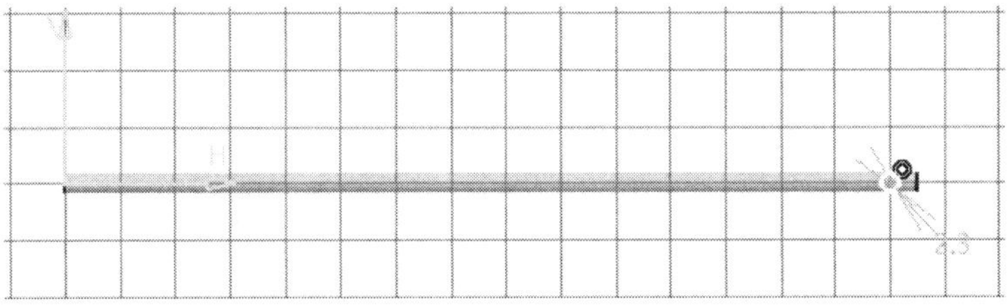

Exit Workbench

스케치에서 (나감)

Pad > First Limit Length = 1,050 mm, Second Limit Length = 50 mm

1,050 mm, 반대쪽으로 50 mm 밀어서 (입체를 생성)

Product1 > Part1 (Part1.1) > Part1 > zx plane

(zx 평면)에

Sketch

(스케치)

Rectangle

(직사각형)

Exit Workbench

스케치에서 (나감)

Pocket > First limit Depth = 1,550 mm

1,550 mm 밀어서 (제거)

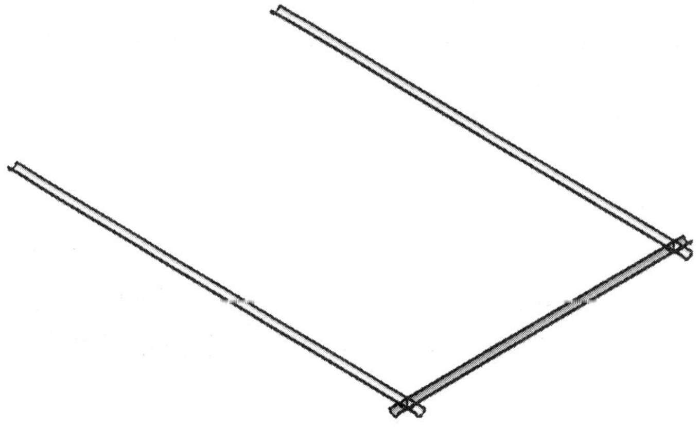

Apply Material > Metal > Steel, PartBody

(재료 부여 > 금속 > 강을 부품에)

Generative Structural Analysis의 요점
-Static Analysis, Mesh Size
-User-defined Restraint, Distributed Force
-Displacements, Principal Stress

Start > Analysis & Simulation > Generative Structural Analysis
(해석과 시뮬레이션 > 구조해석)

New Analysis Case = Static Analysis
(정적 해석)

Finite Element Model.1 > Nodes and Elements > OCTREE Tetrahedron Mesh.1:Part1.1 > Global Size = 5 mm, Proportional sag = 0.2, Element type = Parabolic
(절점과 요소 > 사면체 요소망 > 전체적 크기와 비례 처짐, 요소형태)

User-defined Restraint > Supports = ..., Restrain Translation 1
User-defined Restraint > Supports = ..., Restrain Translation 2
User-defined Restraint > Supports = 대칭면, Restrain Translation 3
(사용자 정의 구속 > 해당하는 면의 X축, Y축, Z축 방향 이동을 구속)

Distributed Force > Supports = ..., Force Vector X = 375 N
(분포하중 > 해당하는 면에 하중성분을 작용)

Compute > All
(계산)

Line Group > Supports = ...
(선 그룹) 중앙축을 선택

Displacements > Visual Types = Average iso, Criteria = Vector component C1
(변위 > 시각화 형태와 기준을 선택)

Customize View Parameters > Mesh = Shading Material
(시각화 변수를 사용자 선택)

Translational displacement component.1 > Selections = Line Group.1
(변위 > 시각화 그룹을 선택)

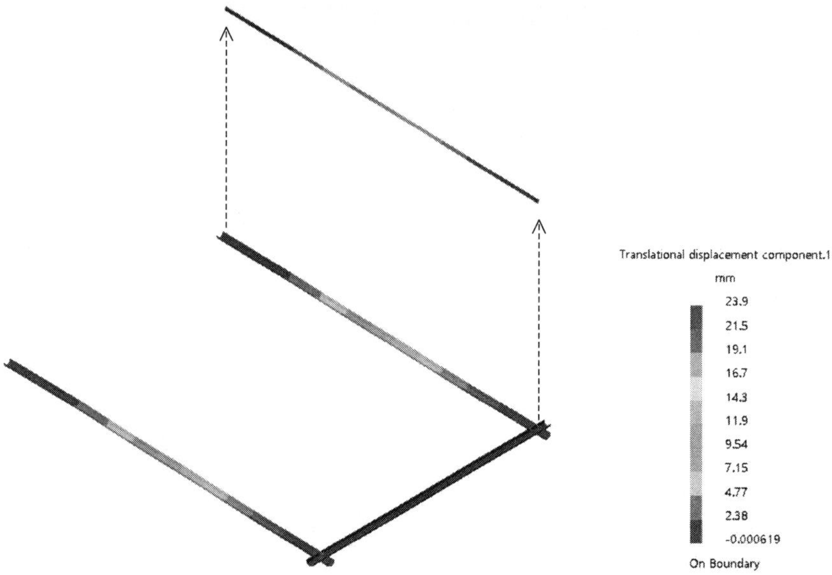

Finite Element Model.1 > Static Case > Static Case Solution.1 > Translational displacement component.1 > Export Data

(변위 데이터를 출력)

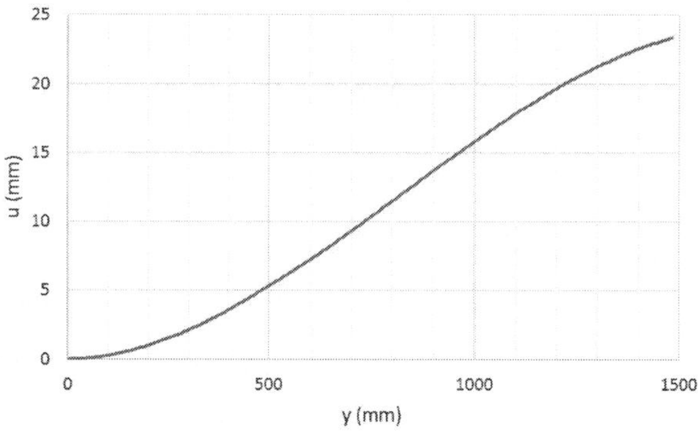

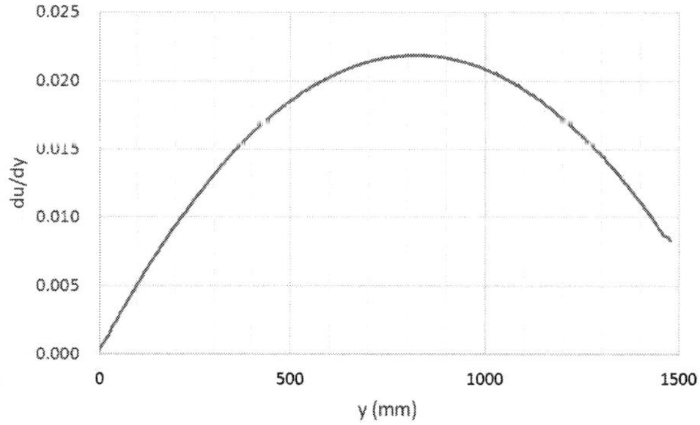

변위기울기는 y=800 mm까지 증가하다 감소한다.

Principal Stress

(주응력)

Stress full tensor component (nodal values).1 > Visual Types = Average iso, Criteria = Tensor component C11

(응력 > 시각화 형태와 기준을 선택)

Stress full tensor component (nodal values).1 > Selections = Line Group.2

(변위 > 시각화 그룹을 선택)

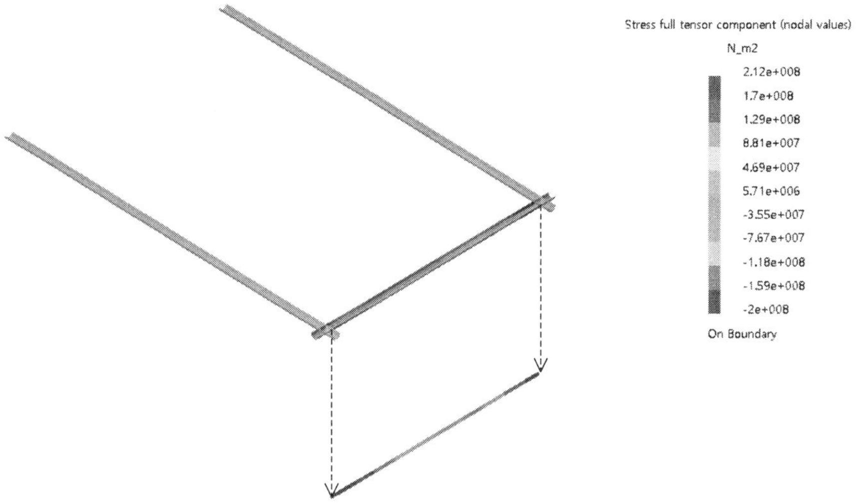

Finite Element Model.1 > Static Case > Static Case Solution.1 > Stress principal tensor symbol.1 > Export Data

(데이터를 출력)

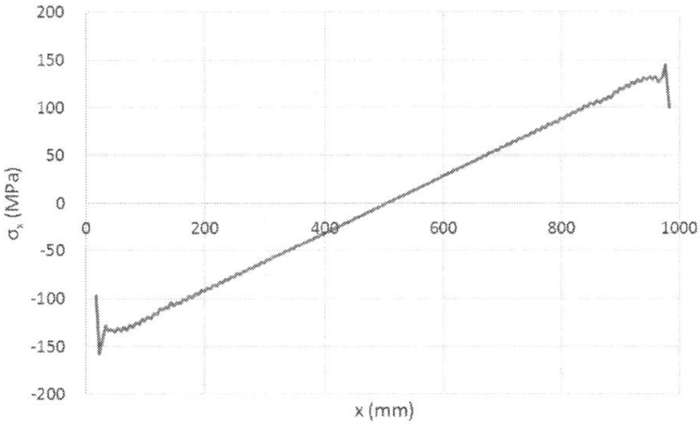

수평 파이프는 x=500 mm에서는 굽힘이 없고 여기서 멀어질수록 굽힘이 증가한다.

[외팔보 평판] 다음과 같은 외팔보 평판의 끝을 2.5 kN으로 누를 때 응력과 변위 분포를 구하시오.

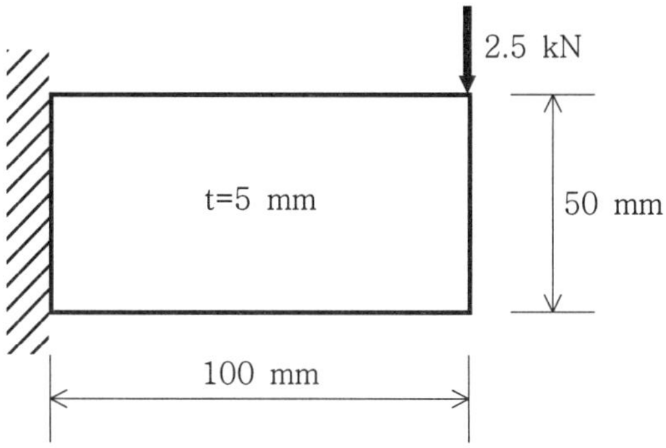

요점
- 대칭을 이용하여 1/2만 모델링
- 대칭면에 해당 구속조건을 부여, 분포하중(집중하중)을 작용
- 선택한 선을 따라 변위와 응력을 출력

Part Design의 요점
- Rectangle로 단면을 그리고 Constraint로 칫수를 부여
- Pad로 밀어 입체를 생성

Start > Mechanical Design > Part Design

(시작 > 기계설계 > 부품설계)

Product1 > Part1 (Part1.1) > Part1 > xy plane

(xy 평면)에

Sketch

(스케치)

Rectangle

(직사각형)

Constraint

(구속) 칫수를 부여. 가로 100 mm, 세로 50 mm

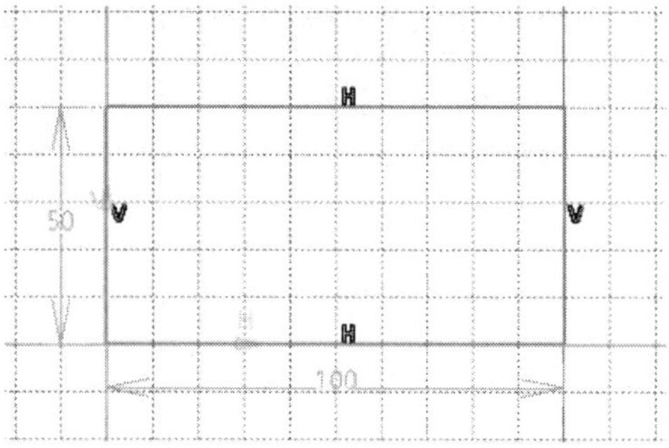

Exit Workbench

스케치에서 (나감)

Pad > First Limit Length = 2.5 mm

2.5 mm 밀어서 (입체를 생성)

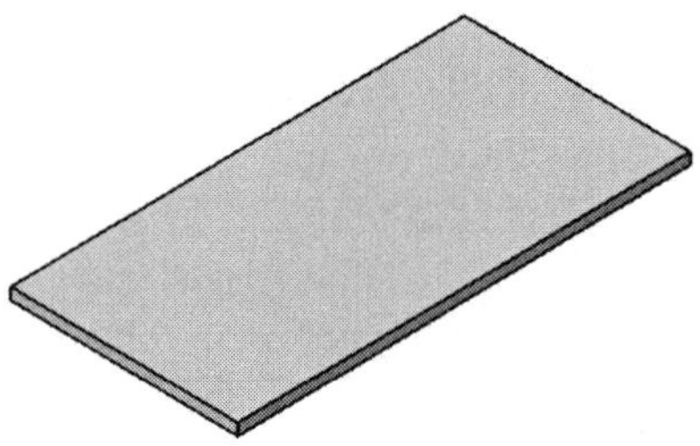

Apply Material > Metal > Steel, PartBody

(재료 적용 > 금속 > 강을 부품에)

Generative Structural Analysis의 요점 -Static Analysis, Mesh Size -User-defined Restraint, Distributed Force -Displacements, Principal Stress

Start > Analysis & Simulation > Generative Structural Analysis

(해석과 시뮬레이션 > 구조해석)

New Analysis Case = Static Analysis

(정적 해석)

Finite Element Model.1 > Nodes and Elements > OCTREE Tetrahedron Mesh.1:Part1.1 > Global Size = 5 mm, Proportional sag =

0.2, Element type = Parabolic

(절점과 요소 > 사면체 요소망 > 전체적 크기와 비례 처짐, 요소형태)

User-defined Restraint > Supports = ..., Restrain Translation 1
User-defined Restraint > Supports = ..., Restrain Translation 2
User-defined Restraint > Supports = 대칭면, Restrain Translation 3

(사용자 정의 구속 > 해당하는 면의 X축, Y축, Z축 방향 이동을 구속)

Distributed Force > Supports = ..., Force Vector Y = -1,250 N

(분포하중 > 해당하는 면에 하중성분을 작용) Y축 방향 -1,250 N

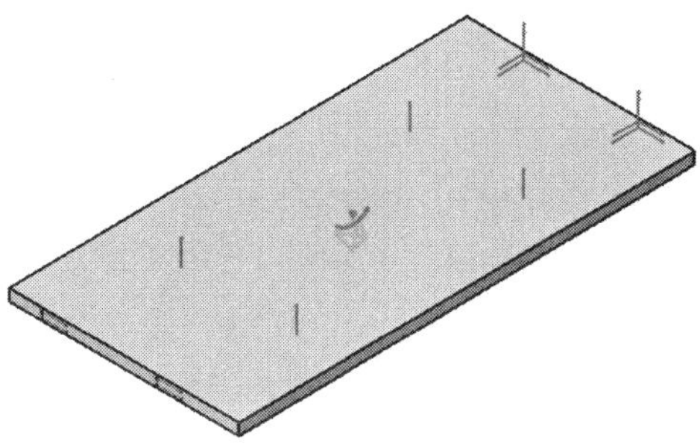

Compute > All

(계산)

Line Group > Supports = ...

(선 그룹) 중앙축을 선택

Displacements > Visual Types = Average iso, Criteria = Vector component C2

(변위 > 시각화 형태와 기준을 선택) v

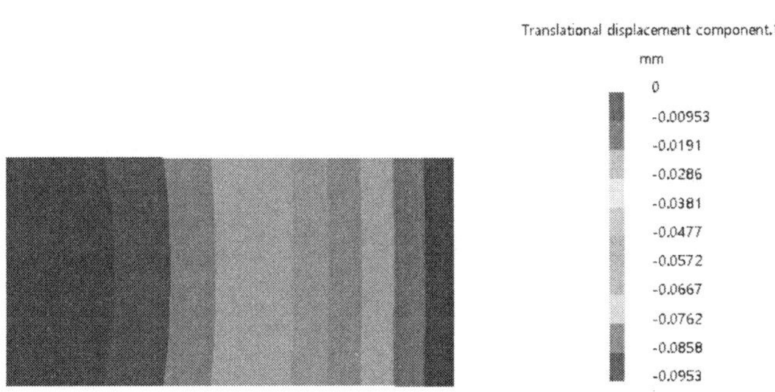

Translational displacement component.1 > Selections = Line Group.1

(변위 > 시각화 그룹을 선택)

Finite Element Model.1 > Static Case > Static Case Solution.1 >

Translational displacement component.1 > Export Data

(변위 데이터를 출력)

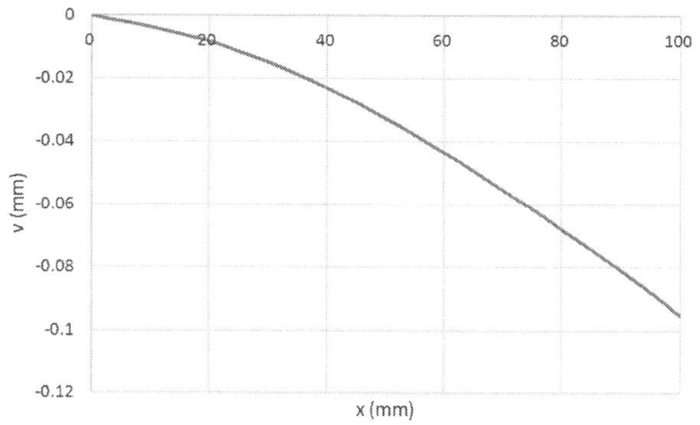

처짐은 3차곡선이다.

Principal Stress

(주응력)

Stress full tensor component (nodal values).1 > Visual Types = Average iso, Criteria = Tensor component C11

(응력 > 시각화 형태와 기준을 선택) σ_x

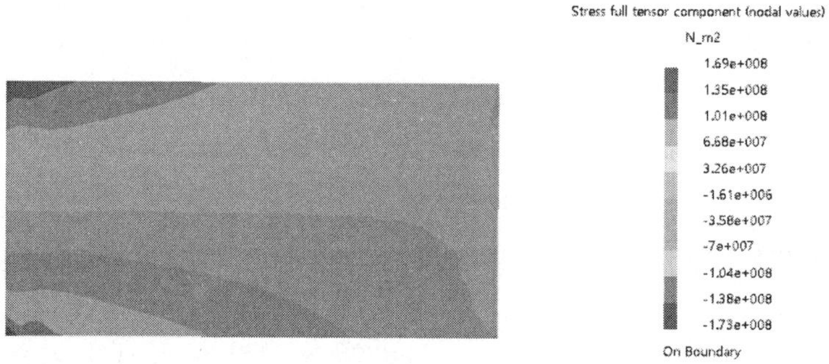

Stress full tensor component (nodal values).1 > Selections = Line Group.1

(변위 > 시각화 그룹을 선택)

Finite Element Model.1 > Static Case > Static Case Solution.1 > Stress principal tensor symbol.1 > Export Data

(데이터를 출력)

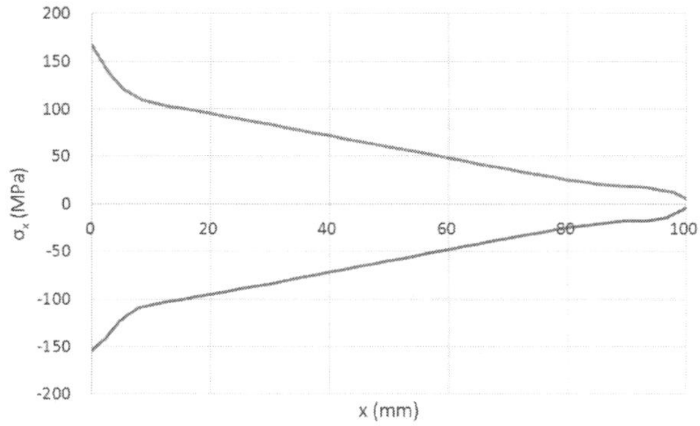

굽힘응력분포는 1차곡선이다.

Principal Stress

(주응력)

Stress full tensor component (nodal values).1 > Visual Types = Average iso, Criteria = Tensor component C12

(응력 > 시각화 형태와 기준을 선택) τ_{xy}

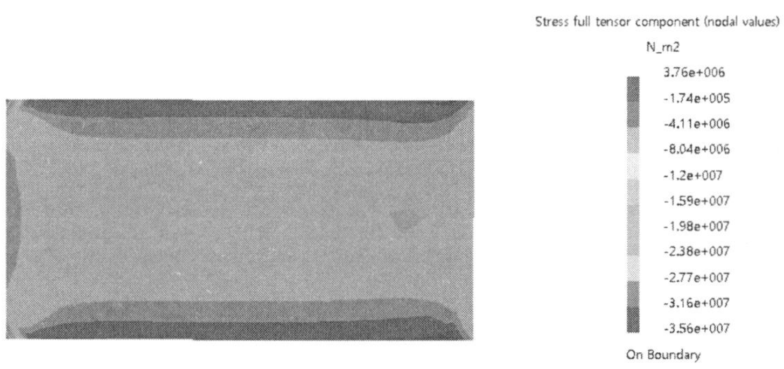

Finite Element Model.1 > Static Case > Static Case Solution.1 > Stress principal tensor symbol.1 > Export Data

(데이터를 출력)

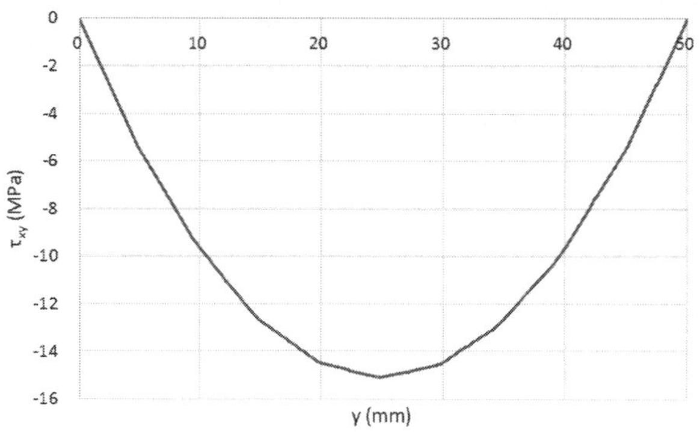

전단응력분포는 2차곡선이다.

[ㄱ자형 보] 다음과 같은 ㄱ자형 보의 끝을 수평하중 1 kN으로 당길 때 응력과 변위 분포를 구하시오.

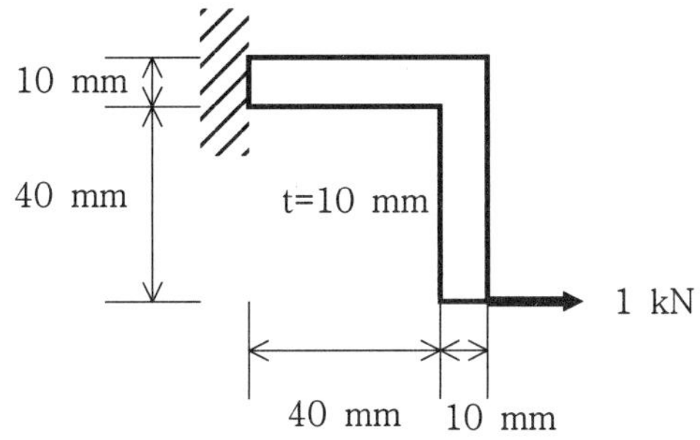

요점
-대칭을 이용하여 1/2만 모델링
-대칭면에 해당 구속조건을 부여, 분포하중(집중하중)을 작용
-선택한 선을 따라 변위와 응력을 출력

Part Design의 요점
-Profile로 단면을 그리고 Constraint로 칫수를 부여
-Pad로 밀어 입체를 생성

Start > Mechanical Design > Part Design

(시작 > 기계설계 > 부품설계)

Product1 > Part1 (Part1.1) > Part1 > xy plane

(xy 평면)에

Sketch

(스케치)

Profile

(윤곽) 형상의 특징을 그림

Corner

(모서리)를 둥글게

Constraint > Radius = 5 mm

(구속) 모서리 반지름 5 mm

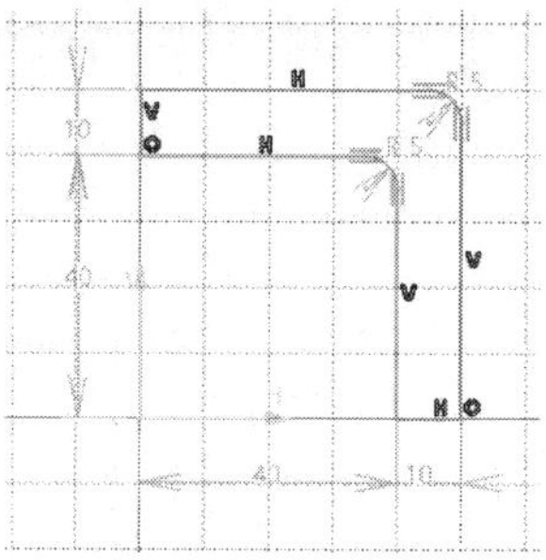

Pad > First Limit Length = 5 mm

5 mm 밀어서 (입체를 생성)

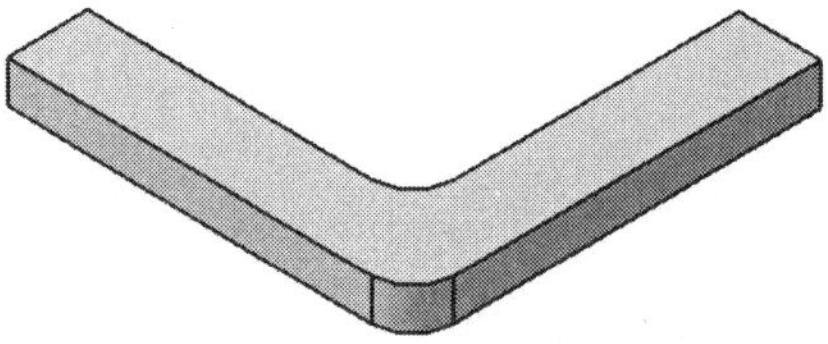

Apply Material > Metal > Steel, PartBody

(재료 부여 > 금속 > 강을 부품에)

Generative Structural Analysis의 요점 -Static Analysis, Mesh Size -User-defined Restraint, Distributed Force -Displacements, Principal Stress

Start > Analysis & Simulation > Generative Structural Analysis

(해석과 시뮬레이션 > 구조해석)

New Analysis Case = Static Analysis

(정적 해석)

Finite Element Model.1 > Nodes and Elements > OCTREE Tetrahedron Mesh.1:Part1.1 > Global Size = 5 mm, Proportional sag = 0.2, Element type = Parabolic

(절점과 요소 > 사면체 요소망 > 전체적 크기와 비례 처짐, 요소형태)

User-defined Restraint > Supports = ... (x=0 단면), Restrain Translation 1

User-defined Restraint > Supports = ... (z=0 대칭면), Restrain

Translation 2

User-defined Restraint > Supports = ... (x=0 단면), Restrain Translation 3

(사용자 정의 구속 > 해당하는 면의 X축, Y축, Z축 방향 이동을 구속)

Distributed Force > Supports = ..., Force Vector X = 500 N

(분포하중 > 해당하는 면에 하중성분을 작용)

Compute > All

(계산)

Line Group > Supports = ...

(선 그룹) 중앙축을 선택

Principal Stress

(주응력)

Stress full tensor component (nodal values).1 > Visual Types = Average iso, Criteria = Tensor component C11

(응력 > 시각화 형태와 기준을 선택) σ_x

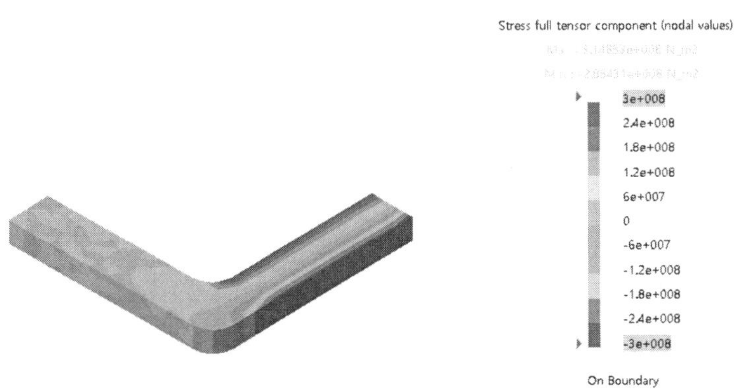

Stress full tensor component (nodal values).1 > Selections = Line Group.1

(변위 > 시각화 그룹을 선택)

Finite Element Model.1 > Static Case > Static Case Solution.1 > Stress principal tensor symbol.1 > Export Data

(데이터를 출력)

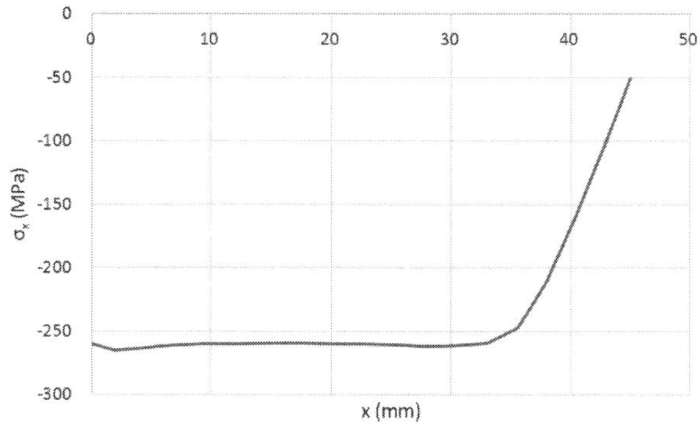

x=0~35 mm 굽힘응력은 일정하다.

Principal Stress

(주응력)

Stress full tensor component (nodal values).1 > Visual Types = Average iso, Criteria = Tensor component C22

(응력 > 시각화 형태와 기준을 선택) σ_y

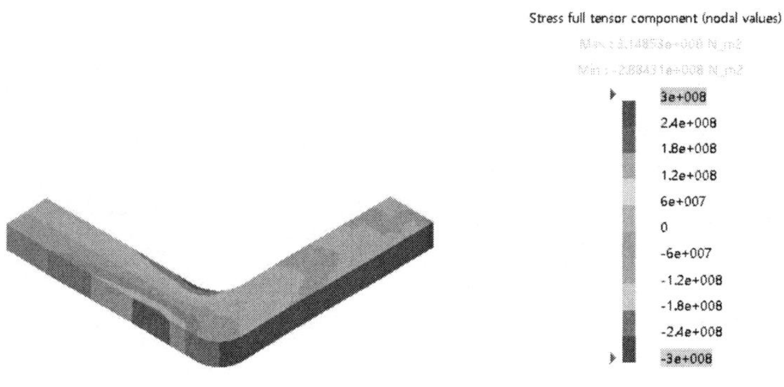

Stress full tensor component (nodal values).1 > Selections = Line Group.2

(변위 > 시각화 그룹을 선택)

Finite Element Model.1 > Static Case > Static Case Solution.1 > Stress principal tensor symbol.1 > Export Data

(데이터를 출력)

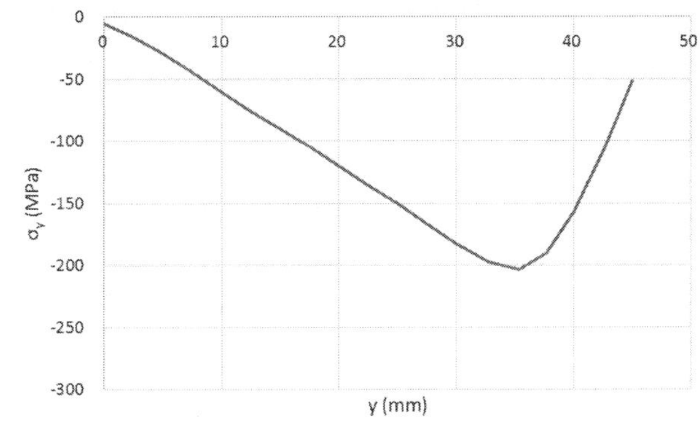

y=0~35 mm 굽힘응력은 선형적으로 증가한다.

[원형만곡보] 다음과 같은 원형만곡보를 50 N으로 상하로 벌릴 때 응력과 변위 분포를 구하시오.

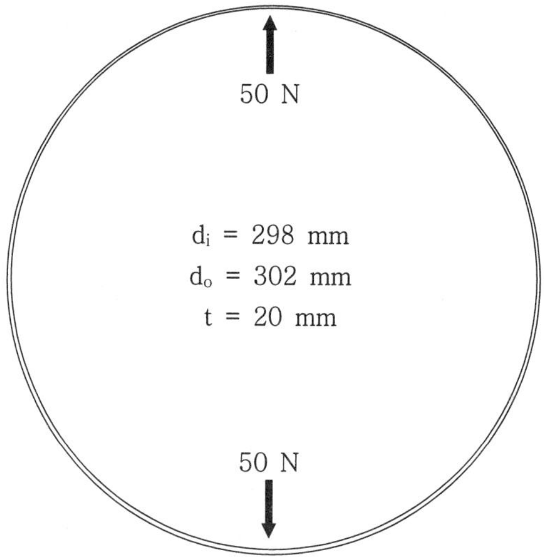

요점
- 대칭을 이용하여 1/8만 모델링
- 대칭면에 해당 구속조건을 부여, 분포하중(집중하중)을 작용
- 선택한 선을 따라 변위와 응력을 출력

Part Design의 요점
- Arc와 Line으로 단면을 그리고 Constraint로 칫수를 부여
- Pad로 밀어 입체를 생성

Start > Mechanical Design > Part Design

(시작 > 기계설계 > 부품설계)

Product1 > Part1 (Part1.1) > Part1 > xy plane

(xy 평면)

Sketch

(스케치)

Arc > Center, Start Point, End

(호)

Line

(직선)

Constraint

(구속) 칫수를 부여. 내표면 반지름 149 mm, 두께 2 mm

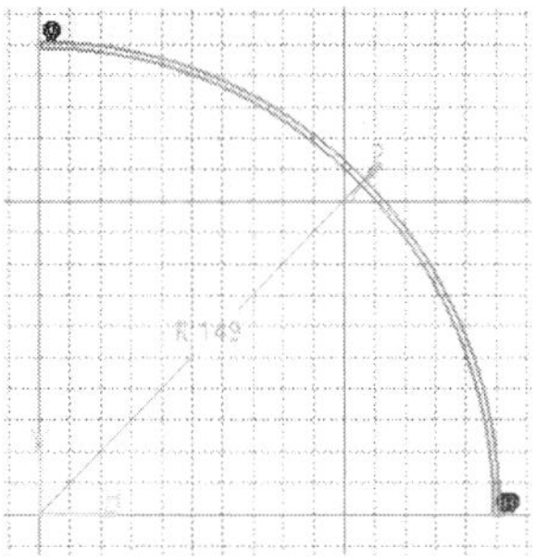

Exit Workbench

스케치에서 (나감)

Pad > First Limit Length = 10 mm

10 mm 밀어서 (입체를 생성)

Apply Material > Metal > Steel, PartBody

(재료 부여 > 금속 > 강을 부품에)

Generative Structural Analysis의 요점 -Static Analysis, Mesh Size -User-defined Restraint, Distributed Force -Displacements, Principal Stress

Start > Analysis & Simulation > Generative Structural Analysis

(해석과 시뮬레이션 > 구조해석)

New Analysis Case = Static Analysis

(정적 해석)

Finite Element Model.1 > Nodes and Elements > OCTREE Tetrahedron Mesh.1:Part1.1 > Global Size = 5 mm, Proportional sag = 0.2, Element type = Parabolic

(절점과 요소 > 사면체 요소망 > 전체적 크기와 비례 처짐, 요소형태)

User-defined Restraint > Supports = 대칭면 1, Restrain Translation 1
User-defined Restraint > Supports = 대칭면 2, Restrain Translation 2
User-defined Restraint > Supports = 대칭면 3, Restrain Translation 3
(사용자 정의 구속 > 해당하는 면의 X축, Y축, Z축 방향 이동을 구속)
Distributed Force > Supports = ..., Force Vector Y = 25 N
(분포하중 > 해당하는 면에 하중성분을 작용) Y축 방향 25 N

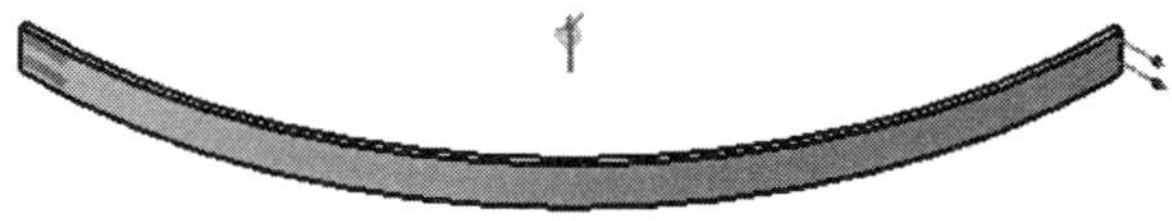

Compute > All
(계산)

Line Group > Supports = ...
(선 그룹)

Displacements > Visual Types = Average iso, Axis system = (Global) Cylindrical, Criteria = Vector component C1
(변위 > 시각화 형태와 기준을 선택) u

Customize View Parameters > Mesh = Shading Material
(시각화 변수를 사용자 선택)

Translational displacement component.1 > Selections = Line Group.1
(변위 > 시각화 그룹을 선택)

Finite Element Model.1 > Static Case > Static Case Solution.1 > Translational displacement component.1 > Export Data
(변위 데이터를 출력)

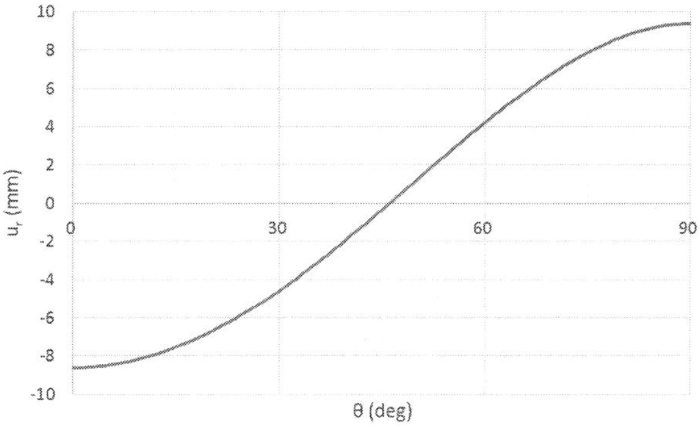

반경방향변위는 θ=0~45° -(안으로)이고, θ=45~90° +(밖으로)이다.

Principal Stress

(주응력)

Stress full tensor component (nodal values).1 > Visual Types = Average iso, Criteria, Filters Axis system = (Global Cylindrical, Component = C22

(응력 > 시각화 형태와 기준을 선택) σ_θ

Stress full tensor component (nodal values).1 > Selections = Line Group.1

(변위 > 시각화 그룹을 선택)

Finite Element Model.1 > Static Case > Static Case Solution.1 > Stress principal tensor symbol.1 > Export Data

(데이터를 출력)

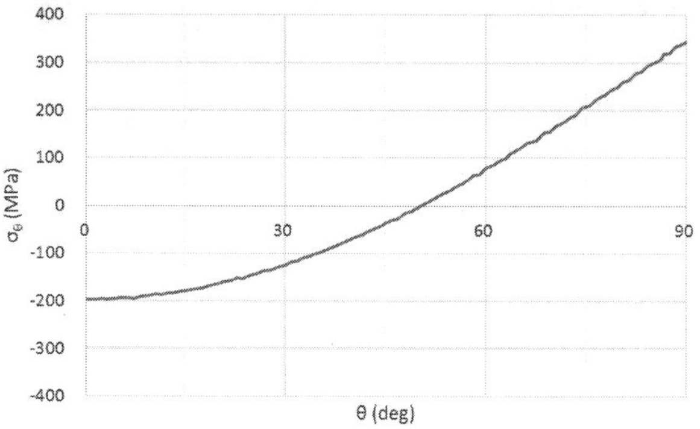

접선방향응력은 θ=50°에서 0이고 여기서 멀어질수록 증가한다.

[구멍을 뚫은 평판] 다음과 같이 구멍을 뚫은 평판의 양측면에 균일인장응력 100 MPa을 작용할 때 응력과 변위 분포를 구하시오.

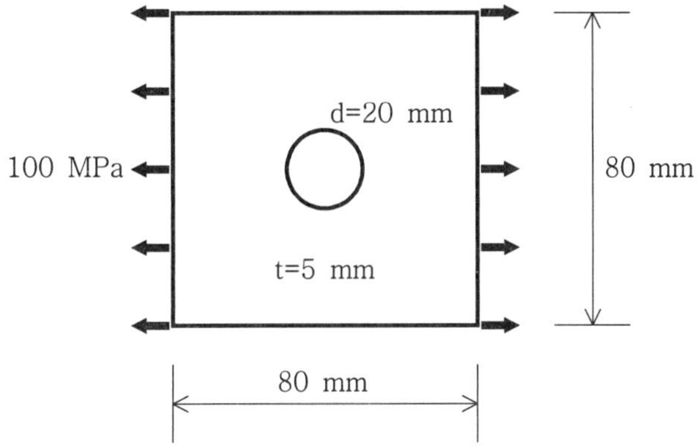

요점
-대칭을 이용하여 1/8만 모델링
-대칭면에 해당 구속조건을 부여, 압력(분포하중)을 작용
-선택한 선을 따라 변위와 응력을 출력. 원통좌표계를 사용

Part Design의 요점
-Arc와 Profile로 단면을 그리고 Constraint로 칫수를 부여
-Pad로 밀어 입체를 생성

Start > Mechanical Design > Part Design

(시작 > 기계설계 > 부품설계)

Product1 > Part1 (Part1.1) > Part1 > xy plane

(xy 평면)에

Sketch

(스케치)

Arc > Center, Start Point, End

(호)

Profile

(윤곽) 형상의 특징을 그림

Constraint

(구속) 칫수를 부여. 가로와 세로 40 mm, 호 반지름 10 mm

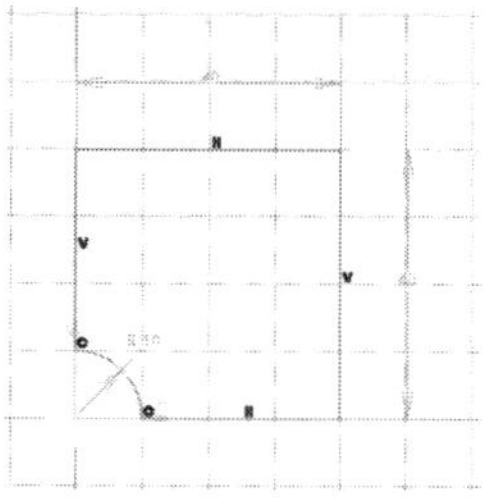

Exit Workbench

스케치에서 (나감)

Pad > First Limit Length = 2.5 mm

2.5 mm 밀어서 (입체를 생성)

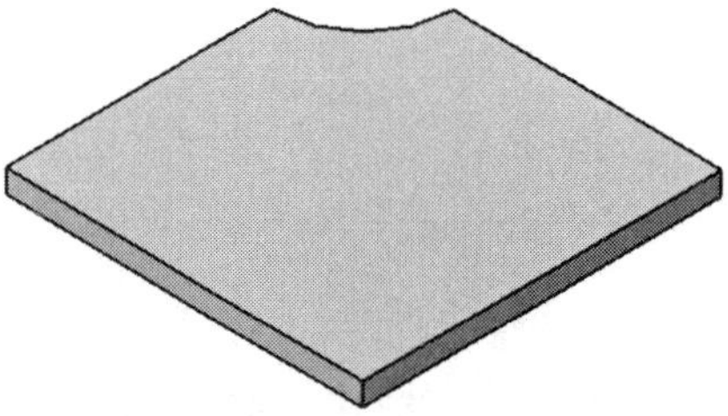

Apply Material > Metal > Steel, PartBody

(재료 부여 > 금속 > 강을 부품에)

Generative Structural Analysis의 요점 -Static Analysis, Mesh Size -User-defined Restraint, Pressure -Principal Stress

Start > Analysis & Simulation > Generative Structural Analysis

(해석과 시뮬레이션 > 구조해석)

New Analysis Case = Static Analysis

(정적 해석)

Finite Element Model.1 > Nodes and Elements > OCTREE Tetrahedron Mesh.1:Part1.1 > Global Size = 5 mm, Proportional sag = 0.2, Element type = Parabolic, Local Supports = ..., Local size = 1 mm

(절점과 요소 > 사면체 요소망 > 전체적 크기와 비례 처짐, 요소형태)

User-defined Restraint > Supports = ..., Restrain Translation 1
User-defined Restraint > Supports = ..., Restrain Translation 2
User-defined Restraint > Supports = ..., Restrain Translation 3
(사용자 정의 구속 > 해당하는 면의 X축, Y축, Z축 방향 이동을 구속)
Pressure > Pressure = -1e+008 N/m^2
(압력 > 해당하는 면에 압력을 작용)

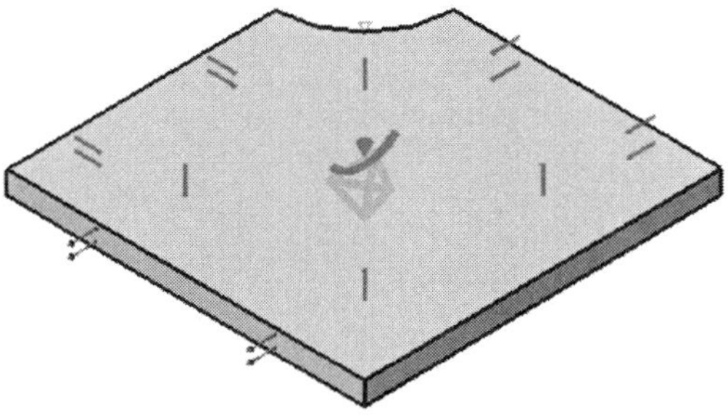

Compute > All
(계산)

Line Group > Supports = ...
(선 그룹) 호를 선택

Principal Stress
(주응력)

Stress full tensor component (nodal values).1 > Visual Types = Average iso, Criteria, Filters Axis system = (Global Cylindrical, Component = C22
(응력 > 시각화 형태와 기준을 선택) σ_θ

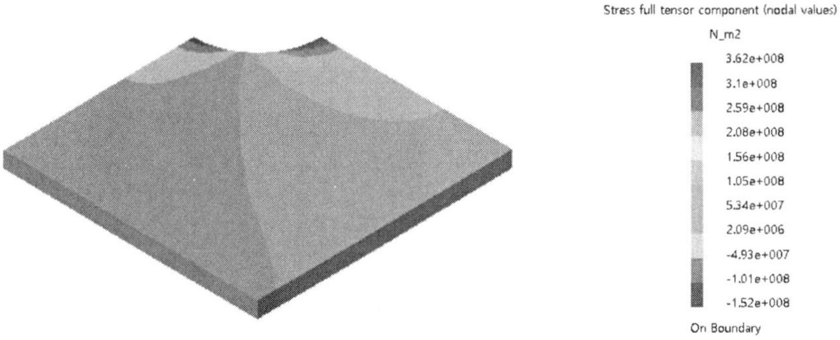

Stress full tensor component (nodal values).1 > Selections = Line

Group.1

(변위 > 시각화 그룹을 선택)

Finite Element Model.1 > Static Case > Static Case Solution.1 > Stress principal tensor symbol.1 > Export Data

(데이터를 출력)

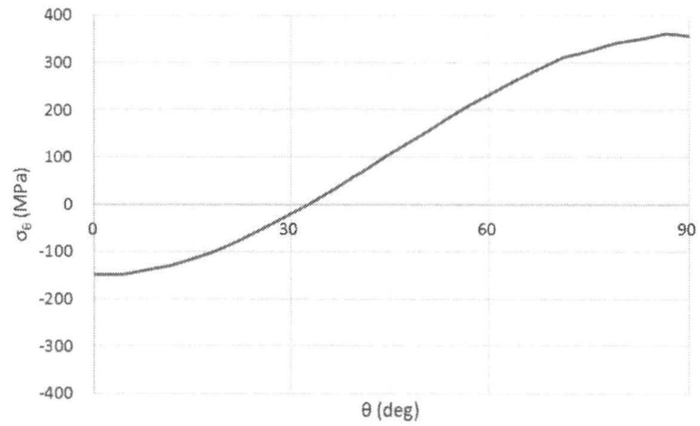

접선방향응력은 θ=0~33°는 압축이고, θ=33~90° 인장이다.

Stress full tensor component (nodal values).1 > Visual Types = Average iso, Criteria, Component = C11

(응력 > 시각화 형태와 기준을 선택) σ_x

Stress full tensor component (nodal values).1 > Selections = Line Group.1

(변위 > 시각화 그룹을 선택)

Finite Element Model.1 > Static Case > Static Case Solution.1 > Stress principal tensor symbol.1 > Export Data

(데이터를 출력)

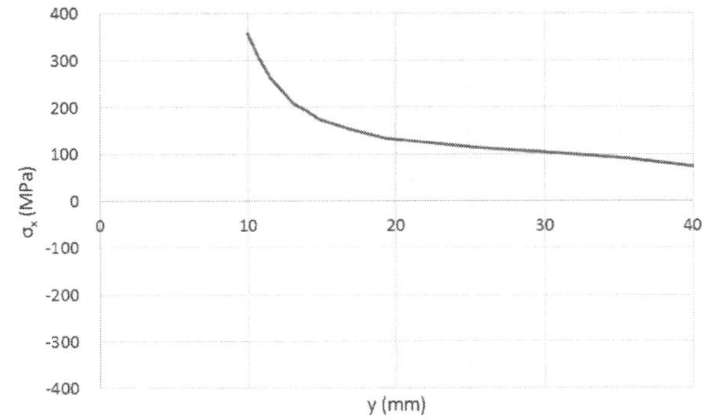

구멍에서 멀어지며 응력은 감소한다.

응력집중계수 2.86=최대응력 357 MPa/ 균일응력 125 MPa

\- - -

[노치를 판 평판] 다음과 같이 노치를 판 평판의 양측면에 균일인장응력 100 MPa을 작용할 때 응력과 변위 분포를 구하시오.

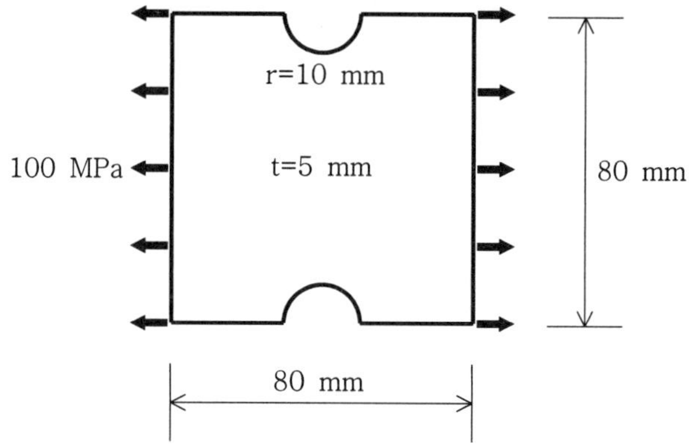

요점
-대칭을 이용하여 1/8만 모델링
-대칭면에 해당 구속조건을 부여, 압력(분포하중)을 작용
-선택한 선을 따라 변위와 응력을 출력. 원통좌표계를 사용

Part Design의 요점
-Arc와 Profile로 단면을 그리고 Constraint로 칫수를 부여
-Pad로 밀어 입체를 생성

Start > Mechanical Design > Part Design

(시작 > 기계설계 > 부품설계)

Product1 > Part1 (Part1.1) > Part1 > xy plane

(xy 평면)에

Sketch

(스케치)

Arc > Center, Start Point, End

(호)

Profile

(윤곽) 형상의 특징을 그림

Constraint

(구속) 칫수를 부여. 가로와 세로 40 mm, 호 반지름 10 mm

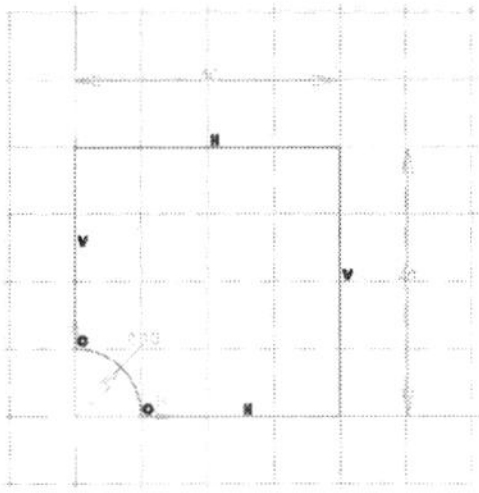

Exit Workbench

스케치에서 (나감)

Pad > First Limit Length = 2.5 mm

2.5 mm 밀어서 (입체를 생성)

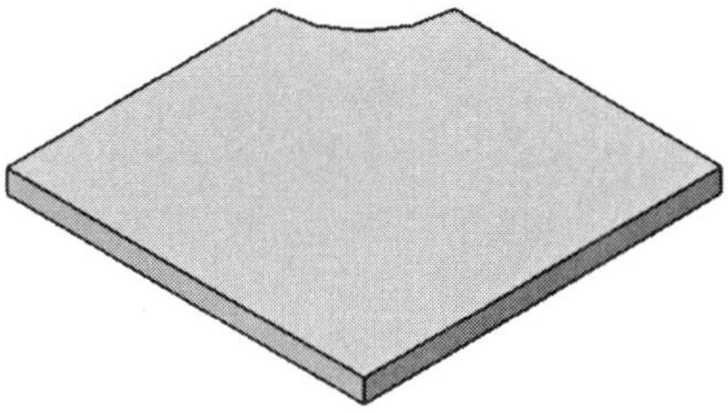

Apply Material > Metal > Steel, PartBody

(재료 부여 > 금속 > 강을 부품에)

Generative Structural Analysis의 요점
-Static Analysis, Mesh Size
-User-defined Restraint, Pressure
-Principal Stress

Start > Analysis & Simulation > Generative Structural Analysis

(해석과 시뮬레이션 > 구조해석)

New Analysis Case = Static Analysis

(정적 해석)

Finite Element Model.1 > Nodes and Elements > OCTREE Tetrahedron Mesh.1:Part1.1 > Global Size = 5 mm, Proportional sag = 0.2, Element type = Parabolic, Local Supports = ..., Local size = 1 mm

(절점과 요소 > 사면체 요소망 > 전체적 크기와 비례 처짐, 요소형태)

User-defined Restraint > Supports = ..., Restrain Translation 1

User-defined Restraint > Supports = ..., Restrain Translation 2
User-defined Restraint > Supports = ..., Restrain Translation 3

(사용자 정의 구속 > 해당하는 면의 X축, Y축, Z축 방향 이동을 구속)

Pressure > Pressure = -1e+008 N/m^2

(압력 > 해당하는 면에 압력을 작용)

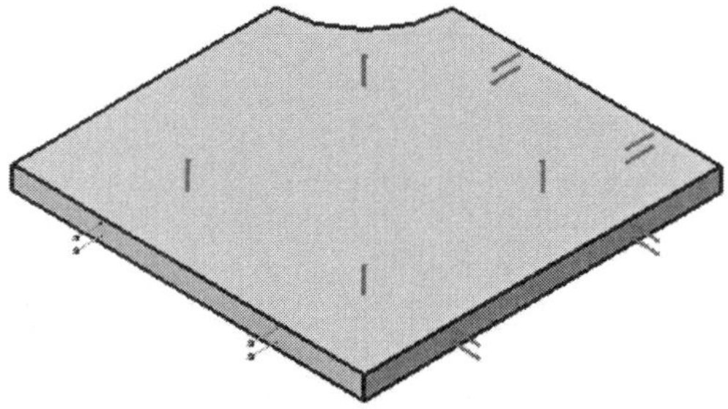

Compute > All

(계산)

Line Group > Supports = ...

(선 그룹) 호를 선택

Principal Stress

(주응력)

Stress full tensor component (nodal values).1 > Visual Types = Average iso, Criteria, Filters Axis system = (Global Cylindrical, Component = C22

(응력 > 시각화 형태와 기준을 선택) σ_θ

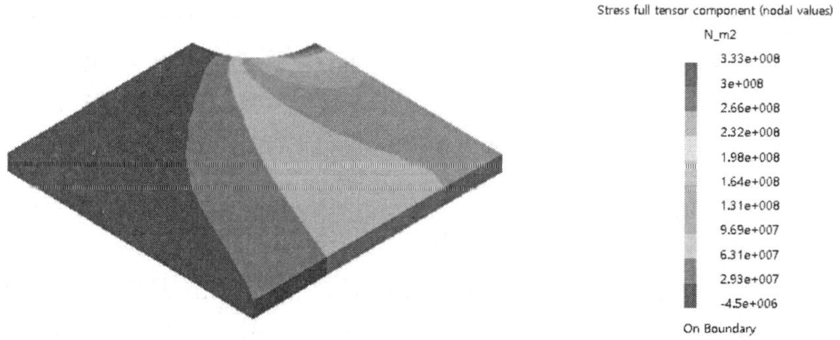

Stress full tensor component (nodal values).1 > Selections = Line Group.1

(변위 > 시각화 그룹을 선택)

Finite Element Model.1 > Static Case > Static Case Solution.1 > Stress principal tensor symbol.1 > Export Data

(데이터를 출력)

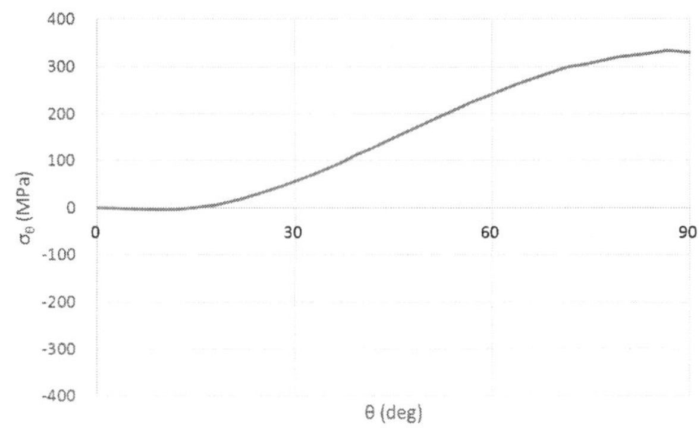

접선방향응력은 인장이다.

Stress full tensor component (nodal values).1 > Visual Types = Average iso, Criteria, Component = C11

(응력 > 시각화 형태와 기준을 선택) σ_x

Stress full tensor component (nodal values).1 > Selections = Line Group.2

(변위 > 시각화 그룹을 선택)

Finite Element Model.1 > Static Case > Static Case Solution.1 > Stress principal tensor symbol.1 > Export Data

(데이터를 출력)

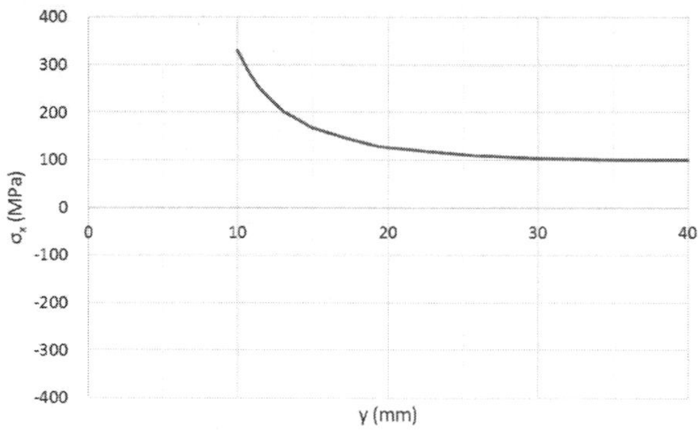

응력은 노치에서 멀어질수록 감소한다.

응력집중계수 2.64=최대응력 330 MPa/ 균일응력 125 MPa

– – –

[홈을 판 축] 다음과 같이 홈을 판 축의 양측면에 균일인장응력 100 MPa을 작용할 때 응력과 변위 분포를 구하시오.

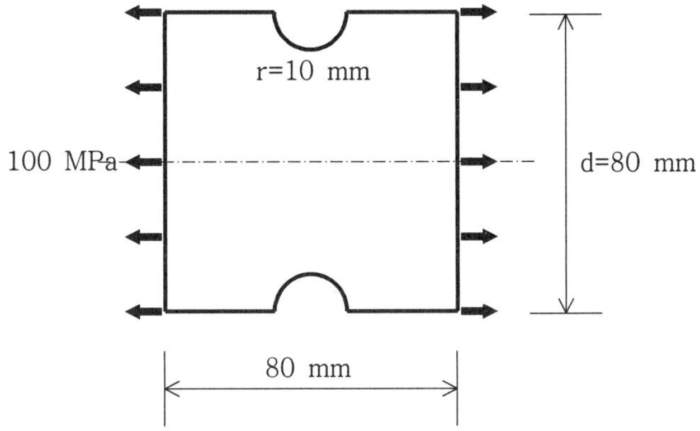

요점
-대칭을 이용하여 1/24만 모델링
-대칭면에 해당 구속조건을 부여, 국부좌표계를 사용. 압력(분포하중)을 작용
-선택한 선을 따라 변위와 응력을 출력. 원통좌표계를 사용

Part Design의 요점
-Arc와 Profile로 단면을 그리고 Constraint로 칫수를 부여
-Shaft로 밀어 입체를 생성
-Axis로 국부좌표계를 생성

Start > Mechanical Design > Part Design

(시작 > 기계설계 > 부품설계)

Product1 > Part1 (Part1.1) > Part1 > xy plane

(xy 평면)에

Sketch

(스케치)

Arc > Center, Start Point, End

(호)

Profile

(윤곽) 형상의 특징을 그림

Constraint

(구속) 칫수를 부여. 가로와 세로 40 mm, 호 반지름 10 mm

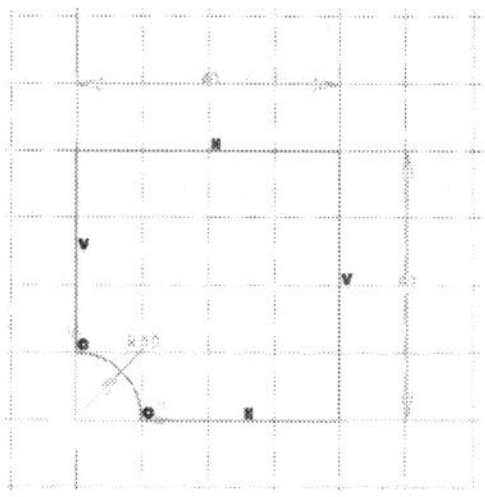

Exit Workbench

스케치에서 (나감)

Shaft > First angle = 30 deg, Second angle = 0 deg, Axis selection = ...

(축) 스케치한 것을 X축에 관하여 180° 회전하여 입체를 생성

Axis system > Axis system type = Euler angles, Origin = Create Point (0, 40, 0), Angle 2 = -30 deg

(축계) Y축을 30°만큼 회전한 국부좌표계를 생성

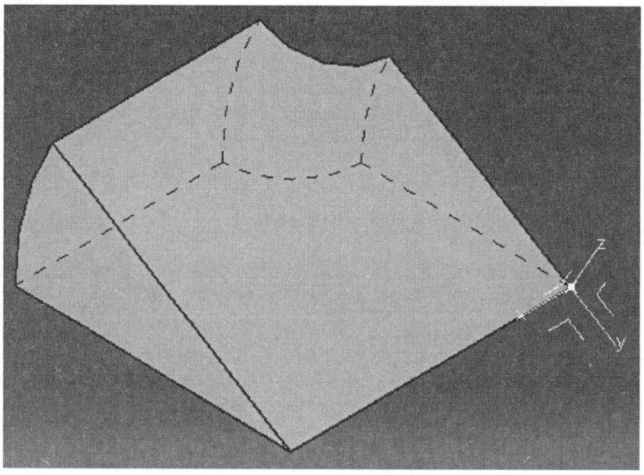

Apply Material > Metal > Steel, PartBody

(재료 부여 > 금속 > 강을 부품에)

Generative Structural Analysis의 요점
-Static Analysis, Mesh Size
-User-defined Restraint, Pressure
-Principal Stress

Start > Analysis & Simulation > Generative Structural Analysis

(해석과 시뮬레이션 > 구조해석)

New Analysis Case = Static Analysis

(정적 해석)

Finite Element Model.1 > Nodes and Elements > OCTREE Tetrahedron Mesh.1:Part1.1 > Global Size = 5 mm, Proportional sag = 0.2, Element type = Parabolic, Local Supports = ..., Local size = 1 mm

(절점과 요소 > 사면체 요소망 > 전체적 크기와 비례 처짐, 요소형태)

User-defined Restraint > Supports = ..., Restrain Translation 1
User-defined Restraint > Supports = ..., Restrain Translation 2
User-defined Restraint > Supports = ..., Restrain Translation 3

(사용자 정의 구속 > 해당하는 면의 X축, Y축, Z축 방향 이동을 구속)

Pressure > Pressure = -1e+008 N/m^2

(압력 > 해당하는 면에 압력을 작용) -1e+008 N/m^2

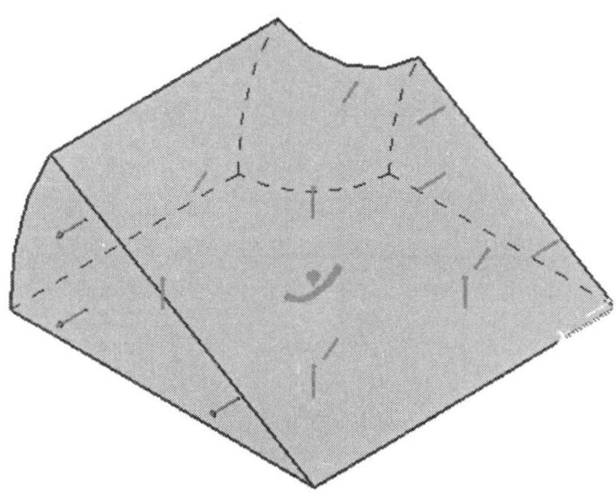

Compute > All

(계산)

Line Group > Supports = ...

(선 그룹) 호를 선택

Principal Stress

(주응력)

Stress full tensor component (nodal values).1 > Visual Types = Average iso, Criteria, Filters Axis system = (Global Cylindrical, Component = C22

(응력 > 시각화 형태와 기준을 선택) σ_θ

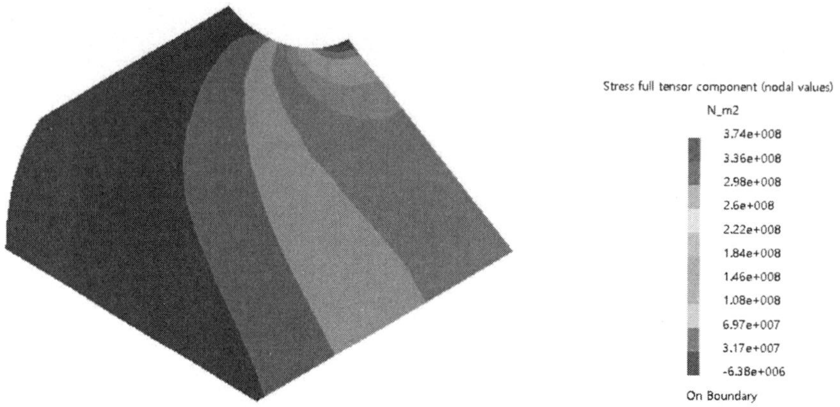

Stress full tensor component (nodal values).1 > Selections = Line Group.1

(변위 > 시각화 그룹을 선택)

Finite Element Model.1 > Static Case > Static Case Solution.1 > Stress principal tensor symbol.1 > Export Data

(데이터를 출력)

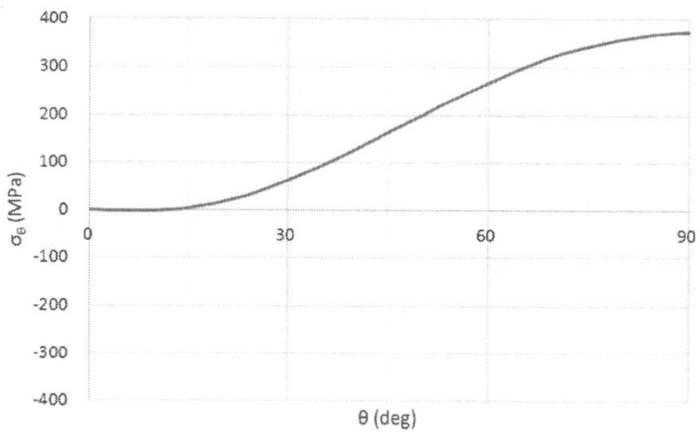

접선방향응력은 인장이다.

Stress full tensor component (nodal values).1 > Visual Types = Average iso, Criteria, Component = C11

(응력 > 시각화 형태와 기준을 선택) σ_x

Stress full tensor component (nodal values).1 > Selections = Line Group.2

(변위 > 시각화 그룹을 선택)

Finite Element Model.1 > Static Case > Static Case Solution.1 > Stress principal tensor symbol.1 > Export Data

(데이터를 출력)

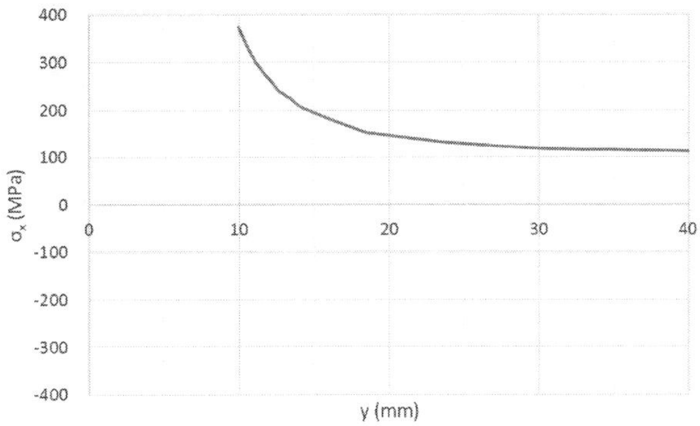

응력은 노치에서 멀어질수록 감소한다.

응력집중계수 3.50=최대응력 374 MPa/ 균일응력 107 MPa

[후벽원통] 다음과 같은 후벽원통에 내압 1 MPa을 가할 때 응력과 변위 분포를 구하시오.

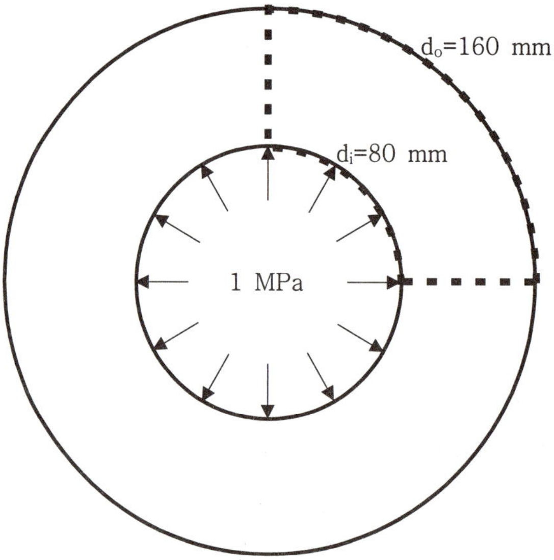

요점
-대칭을 이용하여 1/8만 모델링
-대칭면에 해당 구속조건을 부여, 압력(분포하중)을 작용
-선택한 선을 따라 변위와 응력을 출력. 원통좌표계를 사용

Part Design의 **요점**
-Rectangle로 단면을 그리고 Constraint로 칫수를 부여
-Shaft로 돌려 입체를 생성

Start > Mechanical Design > Part Design

(시작 > 기계설계 > 부품설계)

Product1 > Part1 (Part1.1) > Part1 > zx plane

(zx 평면)

Sketch

(스케치)

Rectangle

(직사각형)

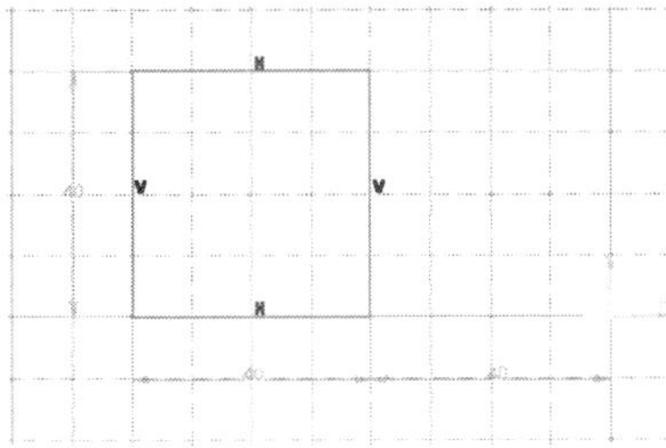

Exit Workbench

스케치에서 (나감)

Shaft > First angle = 90 deg, Second angle = 0 deg, Axis selection = Z Axis

(축) 스케치한 것을 X축에 관하여 90° 회전하여 입체를 생성

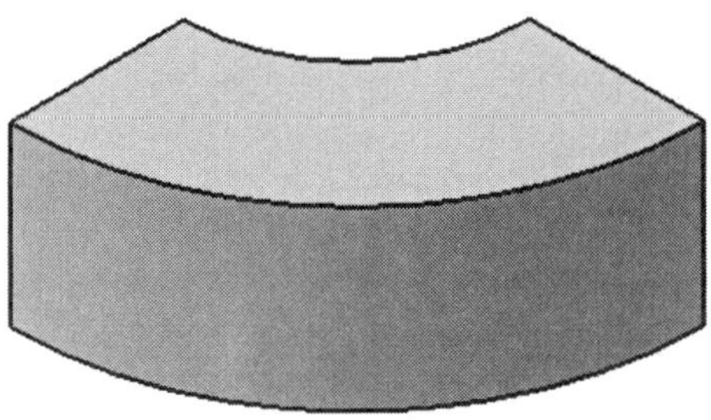

Apply Material > Metal > Steel, PartBody

(재료 부여 > 금속 > 강을 부품에)

Generative Structural Analysis의 요점

-Static Analysis, Mesh Size

-User-defined Restraint, Pressure

-Principal Stress

Start > Analysis & Simulation > Generative Structural Analysis

(해석과 시뮬레이션 > 구조해석)

New Analysis Case = Static Analysis

(정적 해석)

Finite Element Model.1 > Nodes and Elements > OCTREE Tetrahedron Mesh.1:Part1.1 > Global Size = 5 mm, Proportional sag = 0.2, Element type = Parabolic

(절점과 요소 > 사면체 요소망 > 전체적 크기와 비례 처짐, 요소형태)

User-defined Restraint > Supports = ..., Restrain Translation 1
User-defined Restraint > Supports = ..., Restrain Translation 2
User-defined Restraint > Supports = ..., Restrain Translation 3
(사용자 정의 구속 > 해당하는 면의 X축, Y축, Z축 방향 이동을 구속)

Pressure > Pressure = 1e+006 N/m^2
(압력 > 해당하는 면에 압력을 작용) 1e+006 N/m^2

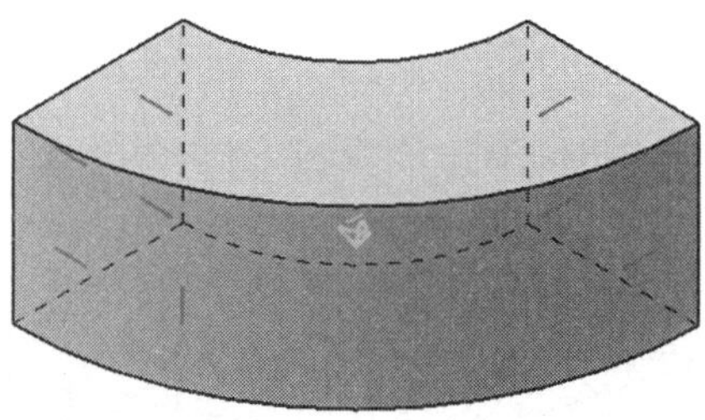

Compute > All
(계산)

Line Group > Supports = ...
(선 그룹) 반경방향 선과 접선방향 호를 선택

Principal Stress
(주응력)

Stress full tensor component (nodal values).1 > Visual Types = Average iso, Criteria, Filters Axis system = (Global Cylindrical, Component = C11
(응력 > 시각화 형태와 기준을 선택) σ_r

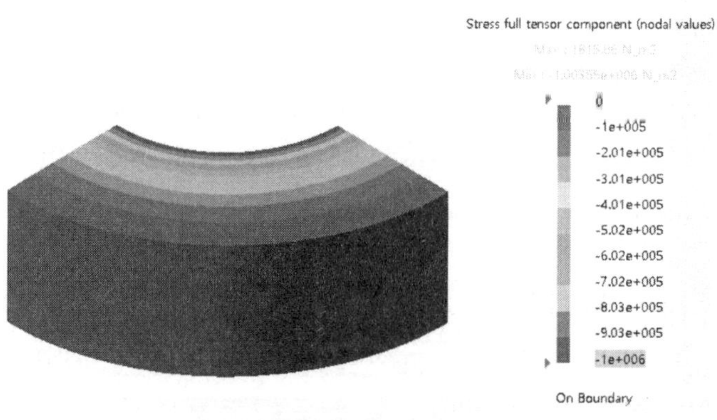

반경방향응력 σ_r

Stress full tensor component (nodal values).1 > Selections = Line Group.1

(변위 > 시각화 그룹을 선택)

Finite Element Model.1 > Static Case > Static Case Solution.1 > Stress principal tensor symbol.1 > Export Data

(데이터를 출력)

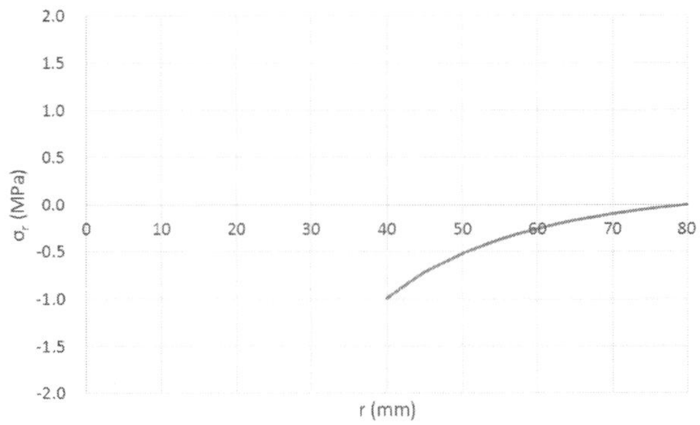

r=40~80 mm 반경방향응력은 -1 MPa에서 0까지 증가한다.

Stress full tensor component (nodal values).1 > Visual Types = Average iso, Criteria, Filters Axis system = (Global Cylindrical, Component = C22

(응력 > 시각화 형태와 기준을 선택) σ_θ

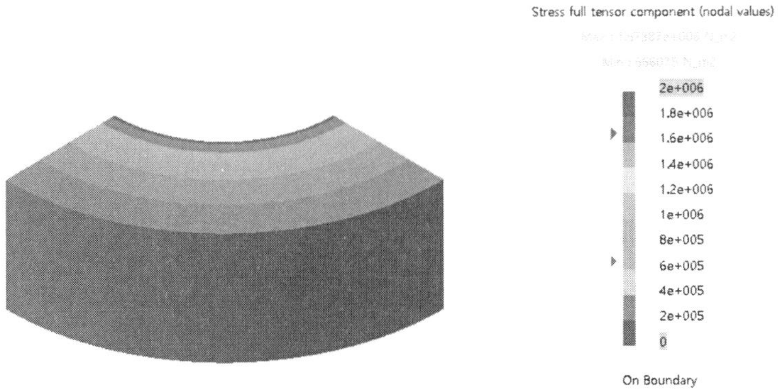

접선방향응력 σ_θ

Stress full tensor component (nodal values).1 > Selections = Line Group.1

(변위 > 시각화 그룹을 선택)

Finite Element Model.1 > Static Case > Static Case Solution.1 > Stress principal tensor symbol.1 > Export Data

(데이터를 출력)

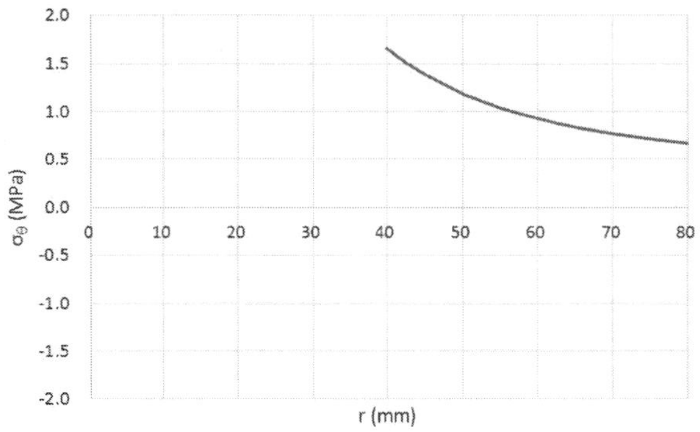

r=40~80 mm 접선방향응력은 1.7 MPa에서 0.7까지 감소한다.

[후벽원통] 다음과 같은 후벽원통을 1800 rpm으로 돌려 원심력을 가할 때 응력과 변위 분포를 구하시오.

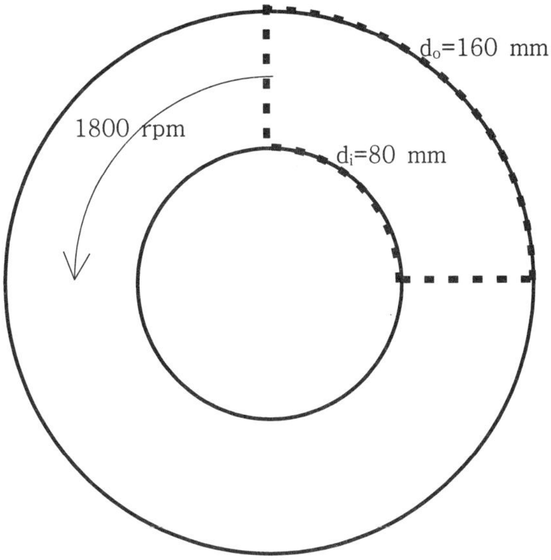

요점
-대칭을 이용하여 1/8만 모델링
-대칭면에 해당 구속조건을 부여, 원심력을 작용
-선택한 선을 따라 변위와 응력을 출력. 원통좌표계를 사용

Part Design의 요점
-Rectangle로 단면을 그리고 Constraint로 칫수를 부여
-Shaft로 돌려 입체를 생성

Start > Mechanical Design > Part Design

(시작 > 기계설계 > 부품설계)

Product1 > Part1 (Part1.1) > Part1 > zx plane

(zx 평면)

Sketch

(스케치)

Rectangle

(직사각형)

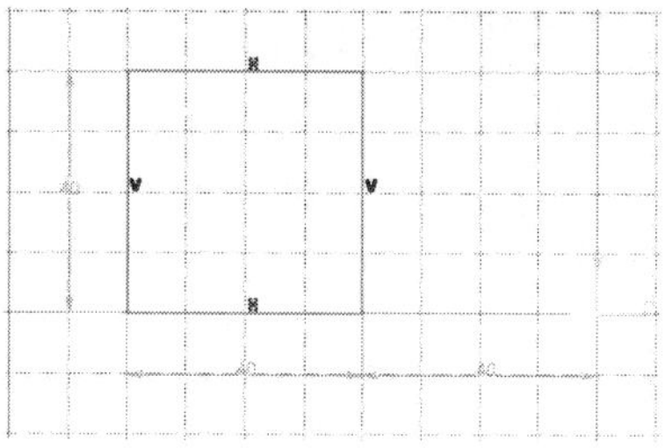

Exit Workbench

스케치에서 (나감)

Shaft > First angle = 90 deg, Second angle = 0 deg, Axis selection = Z Axis

(축) 스케치한 것을 X축에 관하여 90° 회전하여 입체를 생성

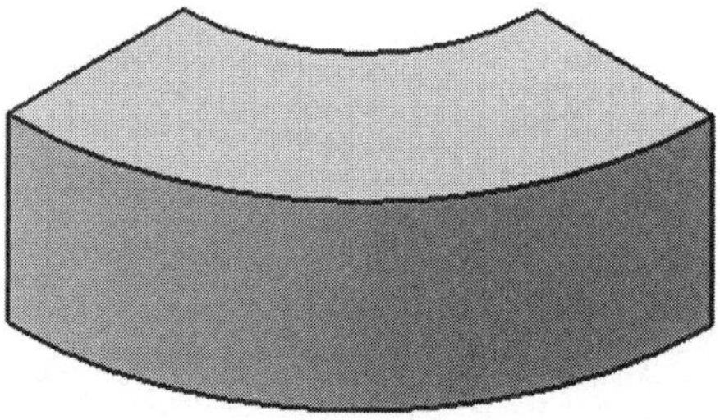

Apply Material > Metal > Steel, PartBody

(재료 부여 > 금속 > 강을 부품에)

Generative Structural Analysis의 요점
-Static Analysis, Mesh Size
-User-defined Restraint, Rotation Force
-Principal Stress

Start > Analysis & Simulation > Generative Structural Analysis

(해석과 시뮬레이션 > 구조해석)

New Analysis Case = Static Analysis

(정적 해석)

Finite Element Model.1 > Nodes and Elements > OCTREE Tetrahedron Mesh.1:Part1.1 > Global Size = 5 mm, Proportional sag = 0.2, Element type = Parabolic

(절점과 요소 > 사면체 요소망 > 전체적 크기와 비례 처짐, 요소형태)

User-defined Restraint > Supports = ..., Restrain Translation 1
User-defined Restraint > Supports = ..., Restrain Translation 2
User-defined Restraint > Supports = ..., Restrain Translation 3
(사용자 정의 구속 > 해당하는 면의 X축, Y축, Z축 방향 이동을 구속)

Rotation Force > Supports = 1 Mesh part, Rotation Axis = 1 Edge, Angular Velocity = 1,800 rpm

(회전력 > 부품에 회전력을 작용)

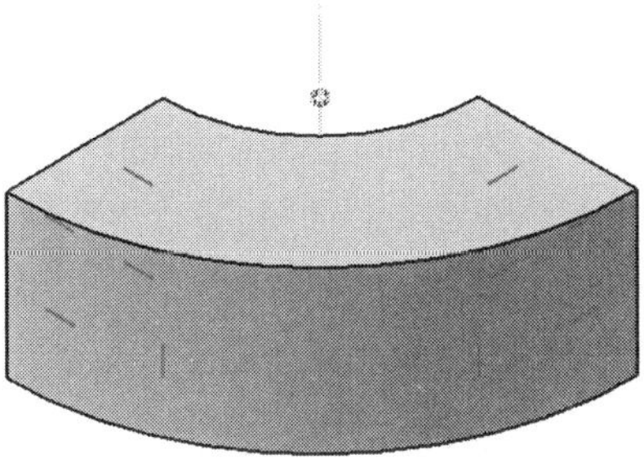

Compute > All

(계산)

Line Group > Supports = ...

(선 그룹) 반경방향 선과 접선방향 호를 선택

Principal Stress

(주응력)

Stress full tensor component (nodal values).1 > Visual Types = Average iso, Criteria, Filters Axis system = (Global Cylindrical, Component = C11

(응력 > 시각화 형태와 기준을 선택) σ_r

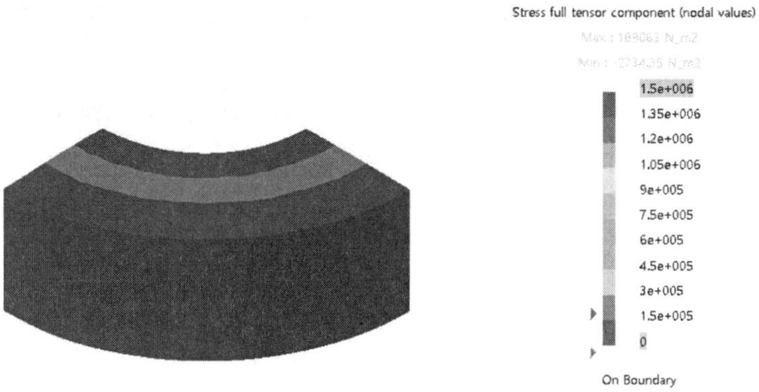

반경방향응력 σ_r

Stress full tensor component (nodal values).1 > Selections = Line Group.1

(변위 > 시각화 그룹을 선택)

Finite Element Model.1 > Static Case > Static Case Solution.1 > Stress principal tensor symbol.1 > Export Data

(데이터를 출력)

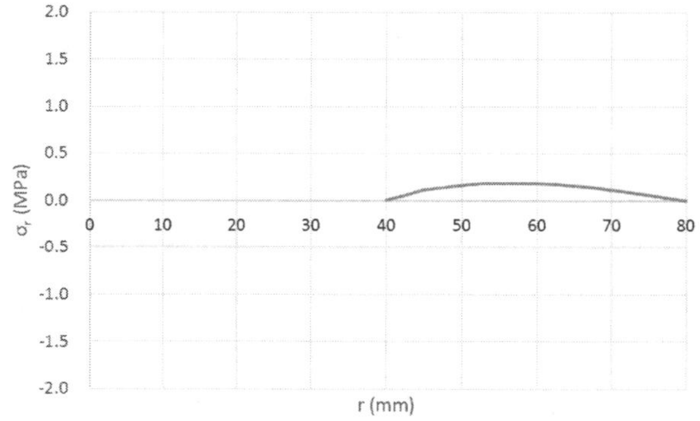

r=40~80 mm 반경방향응력은 0 MPa에서 0.2 MPa까지 증가하였다 0 MPa까지 감소한다.

Stress full tensor component (nodal values).1 > Visual Types = Average iso, Criteria, Filters Axis system = (Global Cylindrical, Component = C22

(응력 > 시각화 형태와 기준을 선택) σ_θ

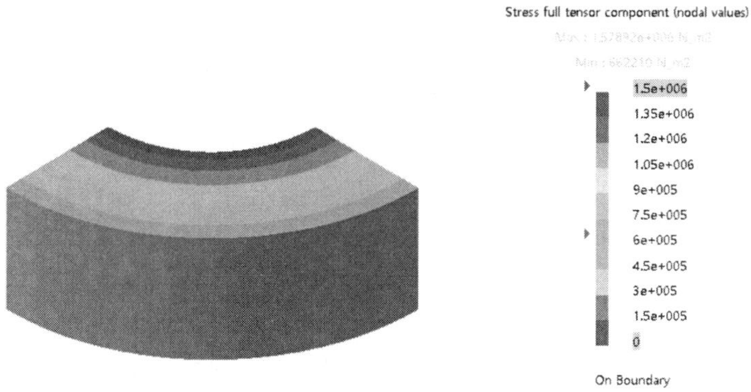

접선방향응력 σ_θ

Stress full tensor component (nodal values).1 > Selections = Line Group.1

(변위 > 시각화 그룹을 선택)

Finite Element Model.1 > Static Case > Static Case Solution.1 > Stress principal tensor symbol.1 > Export Data

(데이터를 출력)

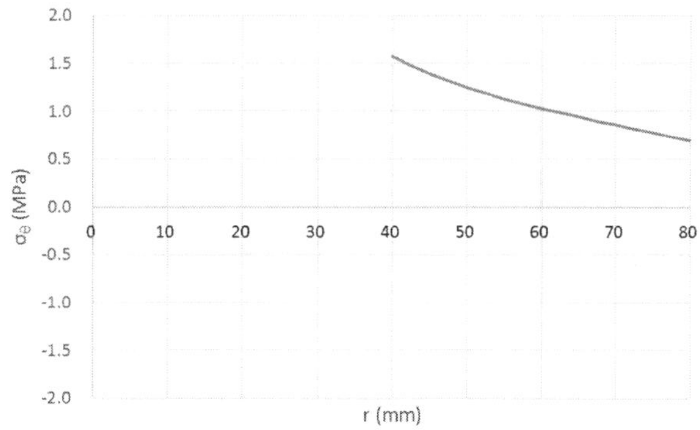

r=40~80 mm 접선방향응력은 1.6 MPa에서 0.7 MPa까지 감소한다.

[후벽원통] 다음과 같은 후벽원통에 내압 1 MPa을 가할 때 응력과 변위 분포를 구하시오.

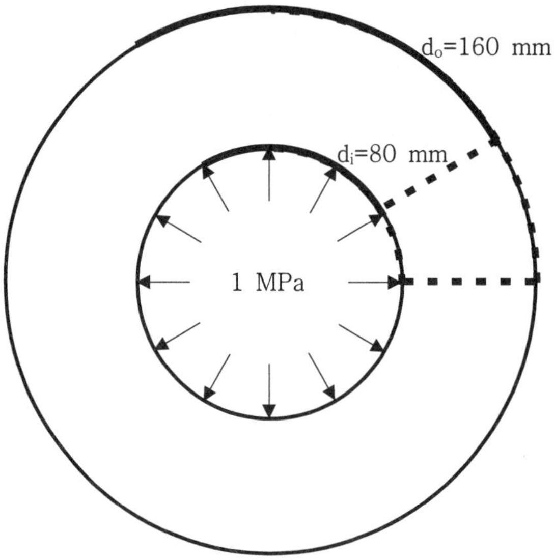

요점
-대칭을 이용하여 1/24만 모델링 -대칭면에 해당 구속조건을 부여, 국부좌표계를 사용. 압력(분포하중)을 작용 -선택한 선을 따라 변위와 응력을 출력. 원통좌표계를 사용

Part Design의 요점
-Rectangle로 단면을 그리고 Constraint로 칫수를 부여 -Shaft로 돌려 입체를 생성 -Axis로 국부좌표계를 생성

Start > Mechanical Design > Part Design

(시작 > 기계설계 > 부품설계)

Product1 > Part1 (Part1.1) > Part1 > zx plane

(zx 평면)

Sketch

(스케치)

Rectangle

(직사각형)

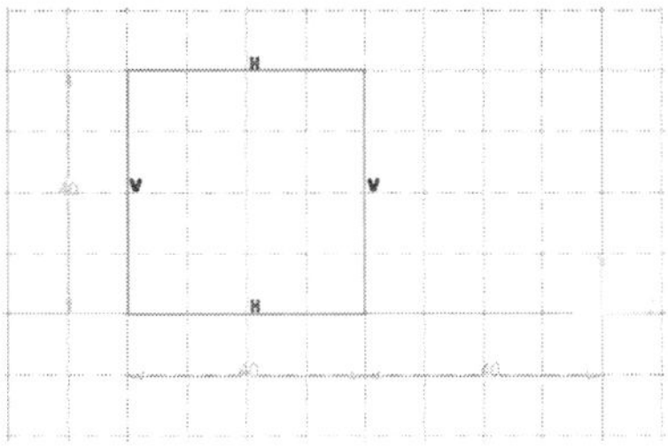

Exit Workbench

스케치에서 (나감)

Shaft > First angle = 30 deg, Second angle = 0 deg, Axis selection = Z Axis

(축) 스케치한 것을 Z축에 관하여 30° 회전하여 입체를 생성

Axis system > Axis system type = Euler angles, Origin = Create Point (0, 0, 0), Angle 3 = 30 deg

(축계) Z축에 관하여 30° 회전한 국부좌표계를 생성

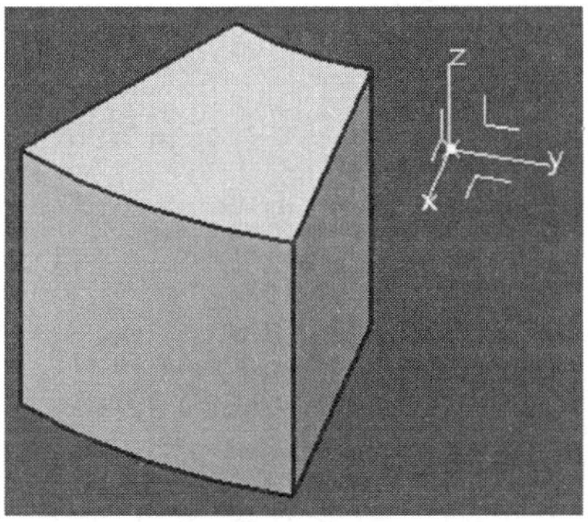

Apply Material > Metal > Steel, PartBody

(재료 부여 > 금속 > 강을 부품에)

Generative Structural Analysis의 요점 -Static Analysis, Mesh Size -User-defined Restraint, Pressure -Principal Stress

Start > Analysis & Simulation > Generative Structural Analysis

(해석과 시뮬레이션 > 구조해석)

New Analysis Case = Static Analysis

(정적 해석)

Finite Element Model.1 > Nodes and Elements > OCTREE Tetrahedron Mesh.1:Part1.1 > Global Size = 5 mm, Proportional sag = 0.2, Element type = Parabolic

(절점과 요소 > 사면체 요소망 > 전체적 크기와 비례 처짐, 요소형태)

User-defined Restraint > Supports = ..., Current axis = Axis system.1, Restrain Translation 2

User-defined Restraint > Supports = ..., Restrain Translation 2

User-defined Restraint > Supports = ..., Restrain Translation 3

(사용자 정의 구속 > 해당하는 면의 X축, Y축, Z축 방향 이동을 구속)

Pressure > Pressure = 1e+006 N/m^2

(압력 > 해당하는 면에 압력을 작용)

Compute > All

(계산)

Line Group > Supports = ...

(선 그룹) 반경방향 선과 접선방향 호를 선택

Principal Stress

(주응력)

Stress full tensor component (nodal values).1 > Visual Types = Average iso, Criteria, Filters Axis system = (Global Cylindrical, Component = C11

(응력 > 시각화 형태와 기준을 선택) σ_r

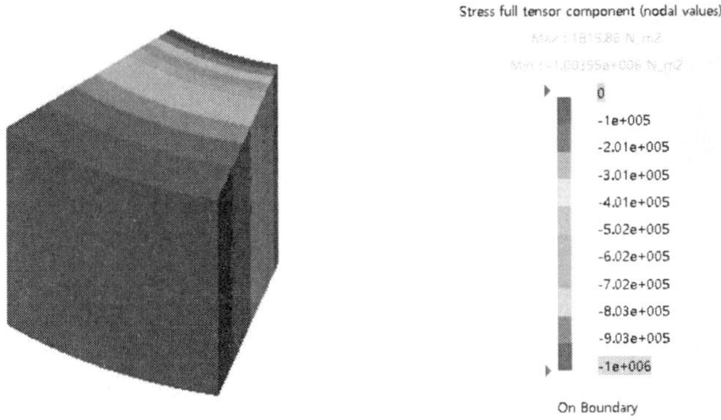

반경방향응력 σ_r (90° 후벽원통과 같은 결과)

Stress full tensor component (nodal values).1 > Selections = Line Group.1

Stress full tensor component (nodal values).1 > Visual Types = Average iso, Criteria, Filters Axis system = (Global Cylindrical, Component = C22

(응력 > 시각화 형태와 기준을 선택) σ_θ

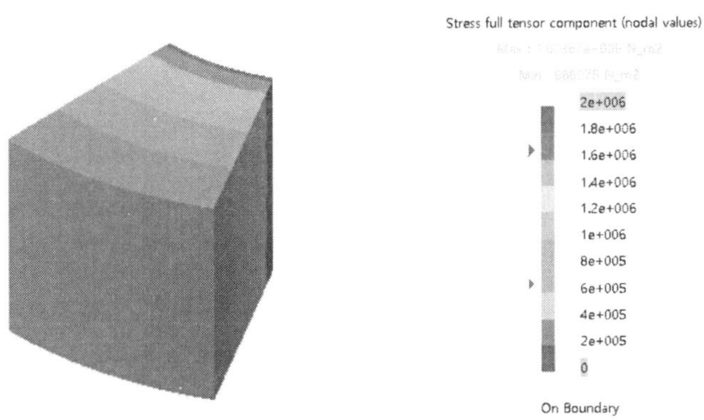

접선방향응력 σ_θ (90° 후벽원통과 같은 결과)

– – –

[후벽원통] 다음과 같은 후벽원통을 1800 rpm으로 돌려 원심력을 가할 때 응력과 변위 분포를 구하시오.

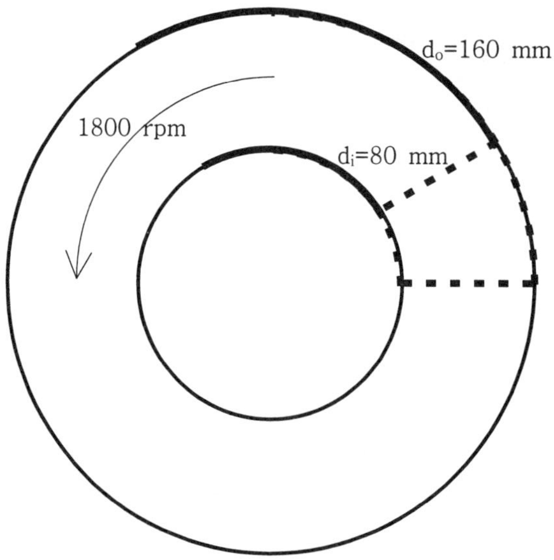

요점
-대칭을 이용하여 1/24만 모델링
-대칭면에 해당 구속조건을 부여, 국부좌표계를 사용. 원심력을 작용
-선택한 선을 따라 변위와 응력을 출력. 원통좌표계를 사용

Part Design의 요점
-Rectangle로 단면을 그리고 Constraint로 칫수를 부여
-Shaft로 돌려 입체를 생성
-Axis로 국부좌표계를 생성

Start > Mechanical Design > Part Design

(시작 > 기계설계 > 부품설계)

Product1 > Part1 (Part1.1) > Part1 > zx plane

(zx 평면)

Sketch

(스케치)

Rectangle

(직사각형)

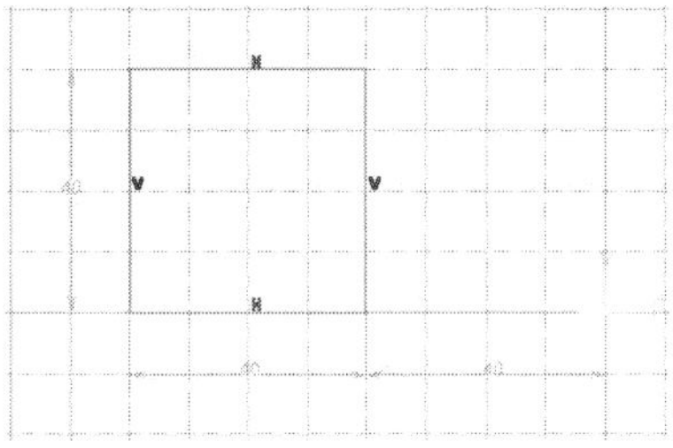

Exit Workbench

스케치에서 (나감)

Shaft > First angle = 30 deg, Second angle = 0 deg, Axis selection = Z Axis

(축) 스케치한 것을 Z축에 관하여 30° 회전하여 입체를 생성

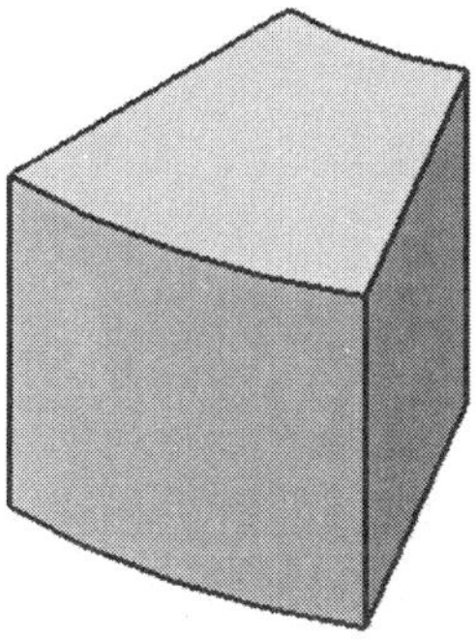

Axis system > Axis system type = Euler angles, Origin = Create Point (0, 0, 0), Angle 3 = 30 deg

(축계) Z축에 관하여 30° 회전한 국부좌표계를 생성

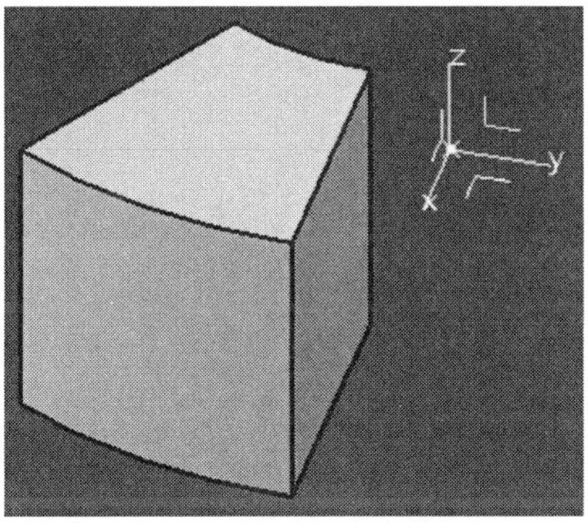

Apply Material > Metal > Steel, PartBody

(재료 부여 > 금속 > 강을 부품에)

Generative Structural Analysis의 요점
-Static Analysis, Mesh Size
-User-defined Restraint, Rotation Force
-Principal Stress

Start > Analysis & Simulation > Generative Structural Analysis

(해석과 시뮬레이션 > 구조해석)

New Analysis Case = Static Analysis

(정적 해석)

Finite Element Model.1 > Nodes and Elements > OCTREE Tetrahedron Mesh.1:Part1.1 > Global Size = 5 mm, Proportional sag = 0.2, Element type = Parabolic

(절점과 요소 > 사면체 요소망 > 전체적 크기와 비례 처짐, 요소형태)

User-defined Restraint > Supports = ..., Current axis = Axis system.1, Restrain Translation 2
User-defined Restraint > Supports = ..., Restrain Translation 2
User-defined Restraint > Supports = ..., Restrain Translation 3

(사용자 정의 구속 > 해당하는 면의 X축, Y축, Z축 방향 이동을 구속)

Rotation Force > Supports = 1 Mesh part, Rotation Axis = 1 Edge, Angular Velocity = 1,800 rpm

(압력 > 해당하는 면에 압력을 작용)

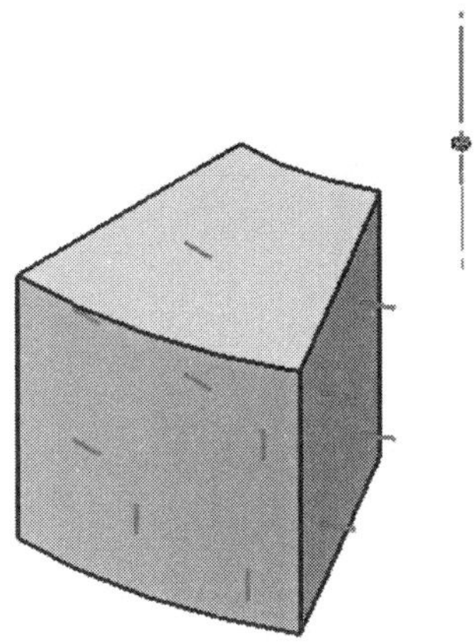

Compute > All

(계산)

Line Group > Supports = ...

(선 그룹) 반경방향 선과 접선방향 호를 선택

Principal Stress

(주응력)

Stress full tensor component (nodal values).1 > Visual Types = Average iso, Criteria, Filters Axis system = (Global Cylindrical, Component = C11

(응력 > 시각화 형태와 기준을 선택) σ_r

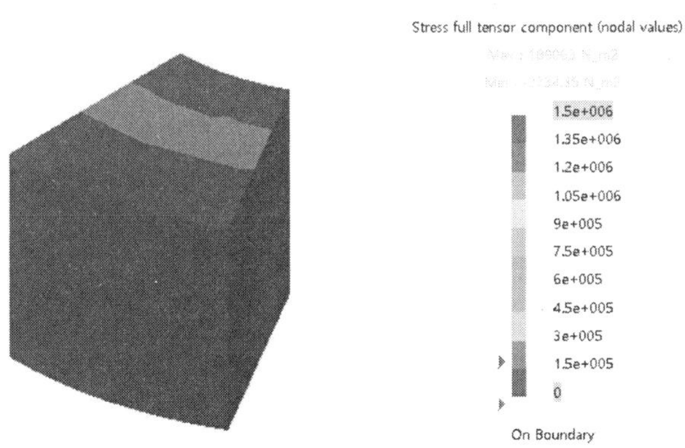

반경방향응력 σ_r (90° 후벽원통과 같은 결과)

Stress full tensor component (nodal values).1 > Visual Types = Average iso, Criteria, Filters Axis system = (Global Cylindrical, Component = C22

(응력 > 시각화 형태와 기준을 선택) σ_θ

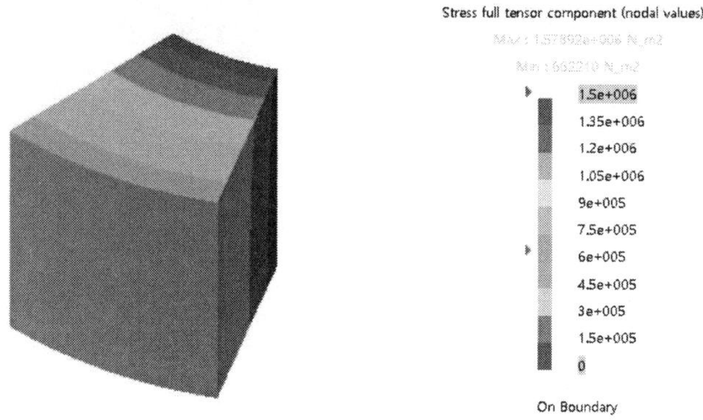

접선방향응력 σ_θ (90° 후벽원통과 같은 결과)

[원형만곡보] 다음과 같은 원형만곡보를 50 N으로 상하로 벌릴 때 응력과 변위 분포를 구하시오. (shell로 모델링)

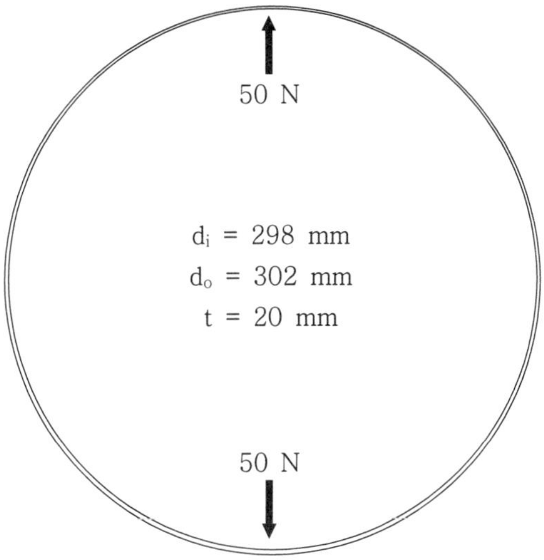

요점
-대칭을 이용하여 1/8만 shell로 모델링.
-대칭면에 해당 구속조건을 부여, 분포하중(집중하중)을 작용
-선택한 선을 따라 변위와 응력을 출력. 원통좌표계를 사용

Wireframe and Surface Design의 **요점**
-Arc로 단면을 그리고 Constraint로 칫수를 부여
-Extrude로 밀어 표면을 생성

Start > Mechanical Design > Wireframe and Surface Design

(시작 > 기계설계 > 선과 면 설계)

Product1 > Part1 (Part1.1) > Part1 > xy plane

(xy 평면)

Sketch

(스케치)

Arc > Center, Start Point, End

(호)

Constraint

(구속) 칫수를 부여. 반지름 150 mm

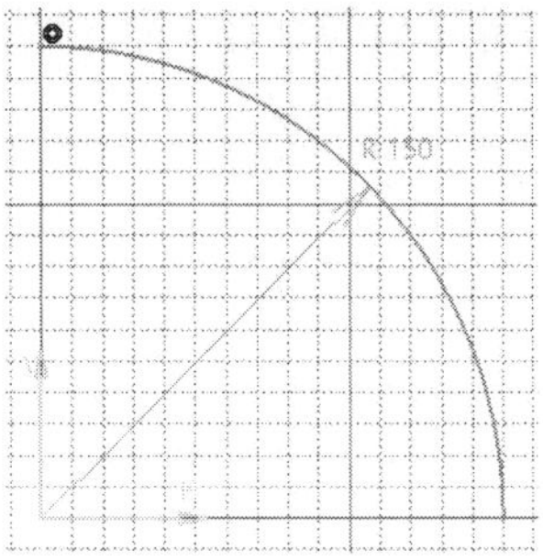

Exit Workbench

스케치에서 (나감)

Extrude > Direction = Default, Limit 1 Dimension = 10 mm

호를 10 mm (압출)하여 표면을 생성

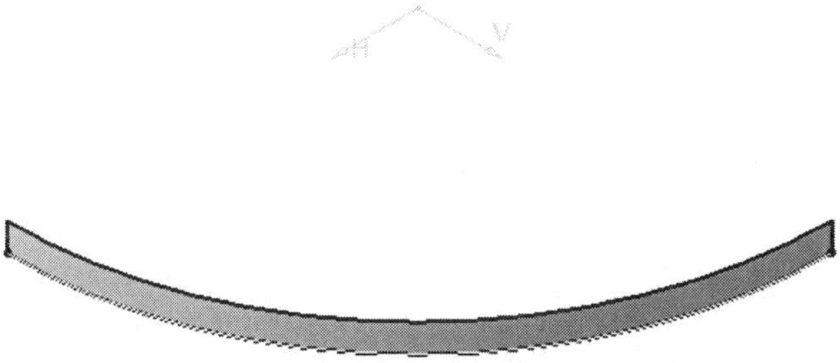

Apply Material > Metal > Steel, PartBody

(재료 부여 > 금속 > 강을 부품에)

Advanced Meshing Tools의 요점 -Static Analysis, Surface Mesher

Start > Analysis & Simulation > Advanced Meshing Tools

(해석과 시뮬레이션 > 요소망 도구)

New Analysis Case = Static Analysis

(정적 해석)

Surface Mesher > Type = Linear, Mesh size = 5 mm, Quad only

(표면 요소망)

Mesh The Part

(요소망) 생성

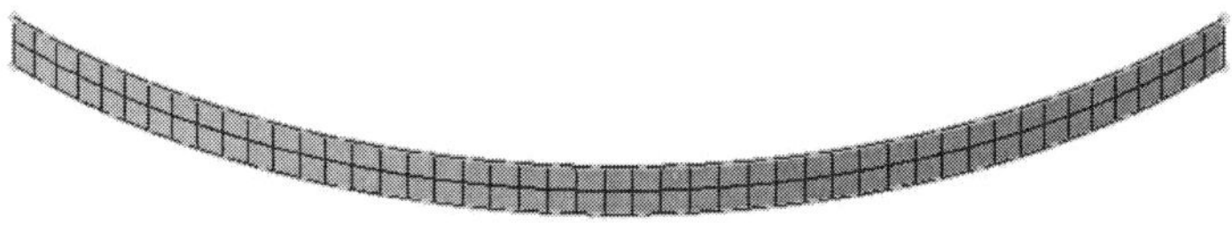

Generative Structural Analysis의 요점
-Static Analysis, 2D Property
-User-defined Restraint, Distributed Force
-Displacements, Principal Stress

Start > Analysis & Simulation > Generative Structural Analysis

(해석과 시뮬레이션 > 구조해석)

New Analysis Case = Static Analysis

(정적 해석)

2D Property > Supports = 1 Mesh part, Thickness = 2 mm

(2차원 속성) 두께 2 mm 부여

User-defined Restraint > Supports = ..., Restrain Translation 1, Rotation 2 & 3

User-defined Restraint > Supports = ..., Restrain Translation 2, Rotation 1 & 3

User-defined Restraint > Supports = ..., Restrain Translation 3, Rotation 1 & 2

(사용자 정의 구속 > 해당하는 면의 X축, Y축, Z축 방향 이동과 회전을 구속)

Distributed Force > Supports = ..., Force Vector Y = 25 N

(분포하중 > 해당하는 면에 하중성분을 작용) Y축 방향 25 N

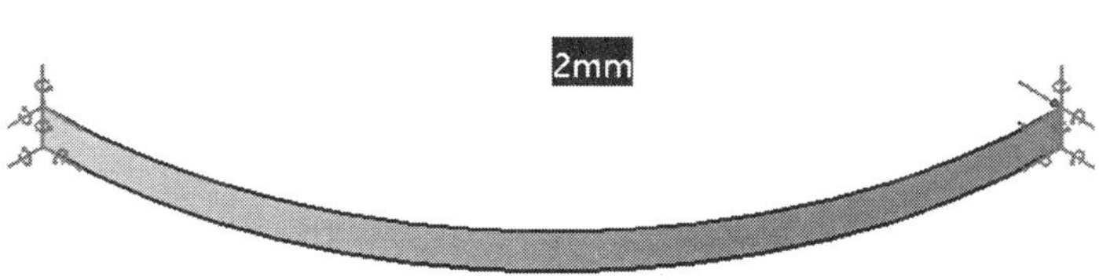

Compute > All

(계산)

Line Group > Supports = ...

(선 그룹)

Displacements > Visual Types = Average iso, Axis system = (Global) Cylindrical, Criteria = Vector component C1

(변위 > 시각화 형태와 기준을 선택) u_r

Customize View Parameters > Mesh = Shading Material

(시각화 변수를 사용자 선택)

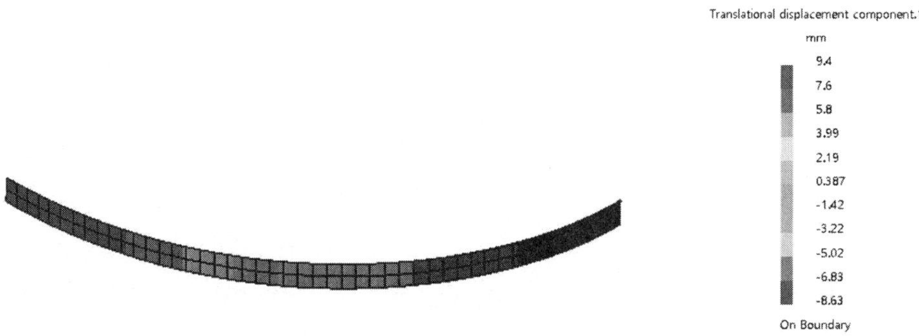

반경방향 변위 u_r

Translational displacement component.1 > Selections = Line Group.1

(변위 > 시각화 그룹을 선택)

Finite Element Model.1 > Static Case > Static Case Solution.1 > Translational displacement component.1 > Export Data

(변위 데이터를 출력)

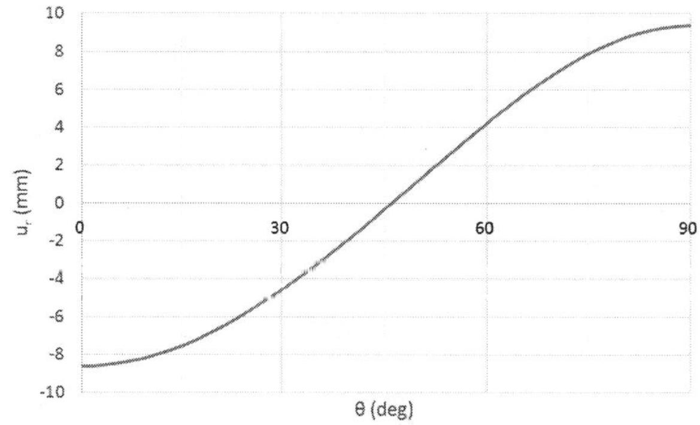

반경방향변위는 θ=0~45° -(안으로)이고, θ=45~90° +(밖으로)이다.

Principal Stress

(주응력)

Stress full tensor component (nodal values).1 > Visual Types =

Average iso, Axis system = (Global) Cylindrical, Criteria = Component C11, Layer = Lower

(응력 > 시각화 형태와 기준을 선택) σ_θ

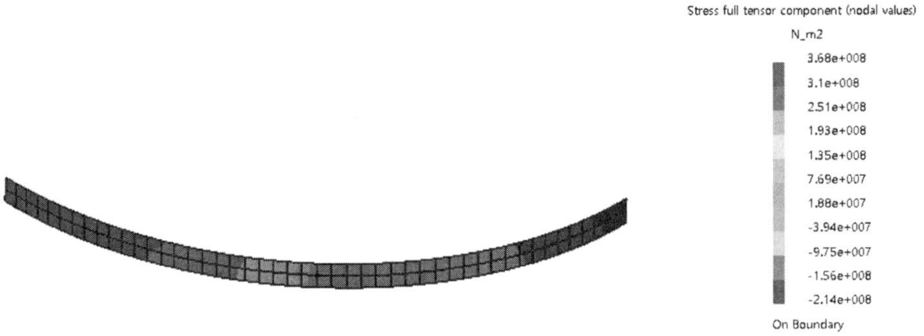

접선방향응력 σ_θ

Stress full tensor component (nodal values).1 > Selections = Line Group.1

(변위 > 시각화 그룹을 선택)

Finite Element Model.1 > Static Case > Static Case Solution.1 > Stress principal tensor symbol.1 > Export Data

(데이터를 출력)

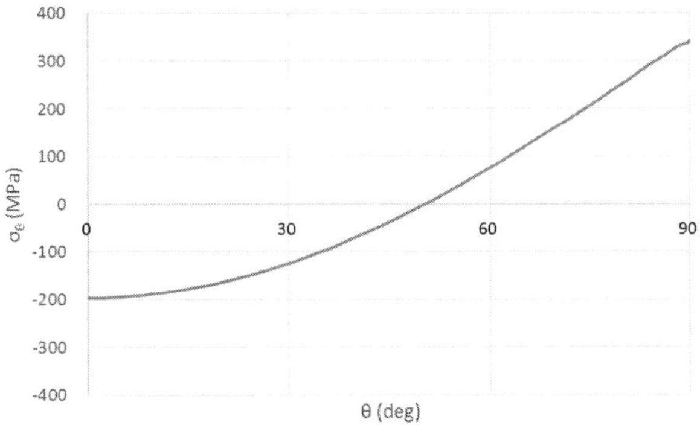

접선방향응력 σ_θ는 θ=50°에서 0이고 여기서 멀어질수록 증가한다.

[박벽원통] 다음과 같은 박벽원통에 내압 1.378 kPa을 가할 때 응력과 변위 분포를 구하시오. (shell 모델링)

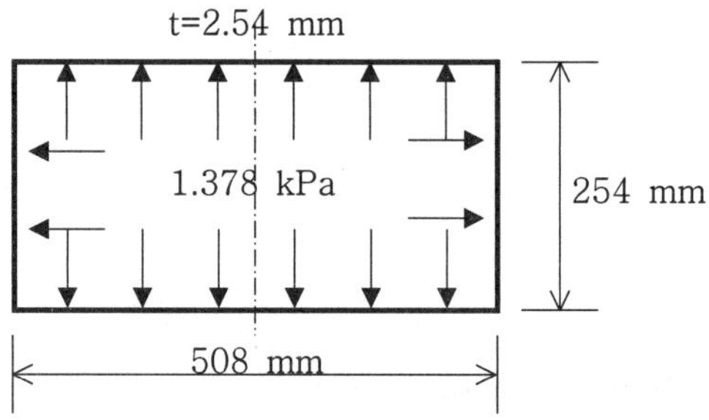

요점
-대칭을 이용하여 1/24만 shell로 모델링.
-대칭면에 해당 구속조건을 부여, 압력을 작용
-선택한 선을 따라 변위와 응력을 출력. 원통좌표계를 사용

Wireframe and Surface Design의 요점
-Profile로 단면을 그리고 Constraint로 칫수를 부여
-Revolve로 돌려 표면을 생성

Start > Mechanical Design > Wireframe and Surface Design
(시작 > 기계설계 > 선과 면 설계)

Product1 > Part1 (Part1.1) > Part1 > zx plane
(zx 평면)

Sketch
(스케치)

Profile
(윤곽)

Constraint
(구속) 칫수를 부여. 길이 254 mm, 반지름 127 mm

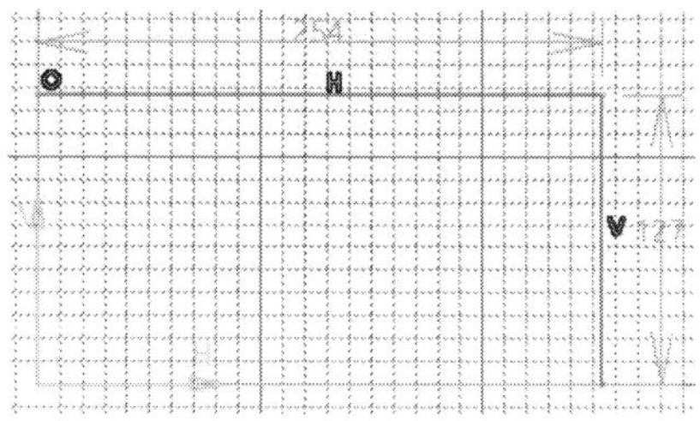

Exit Workbench

스케치에서 (나감)

Revolve > Revolution axis = Z Axis, Angle 1 = 30 deg

윤곽을 30° (회전)하여 표면을 생성

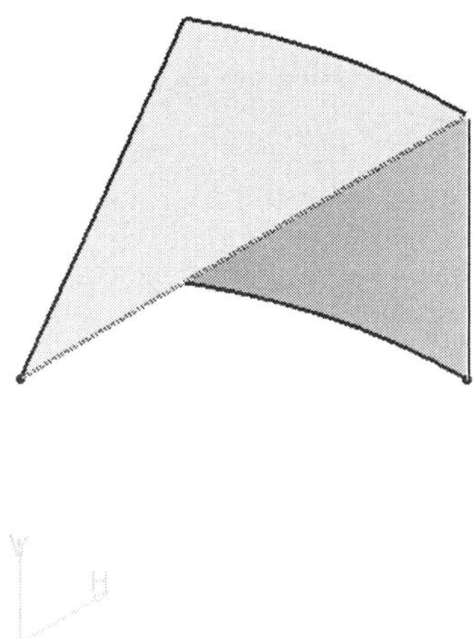

Axis system > Axis system type = Euler angles, Origin = Create Point (0, 0, 0), Angle 3 = 30 deg

(축계) Z축을 30° 회전한 국부좌표계를 생성

Apply Material > Metal > Steel, PartBody

(재료 부여 > 금속 > 강을 부품에)

Advanced Meshing Tools의 요점 -Static Analysis, Surface Mesher

Start > Analysis & Simulation > Advanced Meshing Tools

(해석과 시뮬레이션 > 요소망 도구)

New Analysis Case = Static Analysis

(정적 해석)

Surface Mesher > Type = Linear, Mesh size = 5 mm, Quad only

(표면 요소망)

Mesh The Part

(요소망)을 생성

Generative Structural Analysis의 요점
-Static Analysis, 2D Property
-User-defined Restraint, Pressure
-Displacements, Principal Stress

Start > Analysis & Simulation > Generative Structural Analysis

(해석과 시뮬레이션 > 구조해석)

New Analysis Case = Static Analysis

(정적 해석)

2D Property > Supports = 1 Mesh part, Thickness = 2.54 mm

(2차원 속성) 두께를 부여

User-defined Restraint > Supports = ..., Restrain Translation 2, Rotation 1 & 3

User-defined Restraint > Supports = ..., Axis System Current axis = Axis System.1, Restrain Translation 2, Rotation 1 & 3

User-defined Restraint > Supports = ..., Restrain Translation 3, Rotation 1 & 2

(사용자 정의 구속 > 해당하는 면의 X축, Y축, Z축 방향 이동과 회전을 구속)

Pressure > Pressure = -1378 N/m^2

(압력 > 해당하는 면에 압력을 작용) 압력 1378 N/m^2

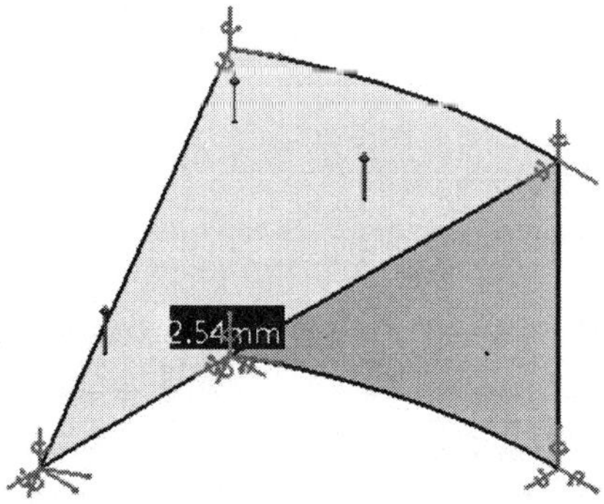

Compute > All

(계산)

Line Group > Supports = ...

(선 그룹)

Principal Stress

(주응력)

Stress full tensor component (nodal values).1 > Visual Types = Average iso, Axis system = (Global) Cylindrical, Criteria = Component C11, Layer = Upper

(응력 > 시각화 형태와 기준을 선택) σ_θ

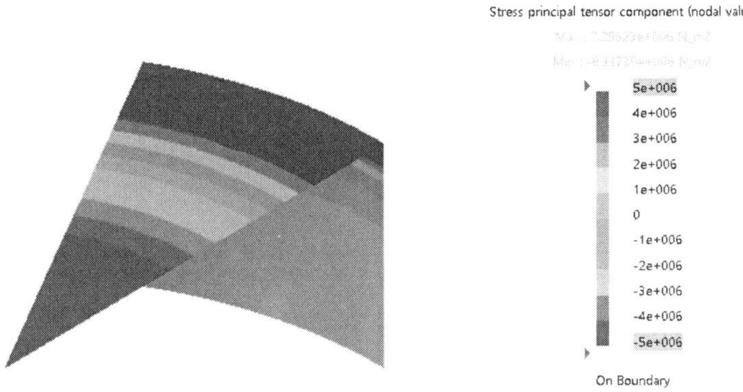

접선방향응력 σ_θ

Stress full tensor component (nodal values).1 > Selections = Line Group.1

(변위 > 시각화 그룹을 선택)

Finite Element Model.1 > Static Case > Static Case Solution.1 > Stress principal tensor symbol.1 > Export Data

(데이터를 출력)

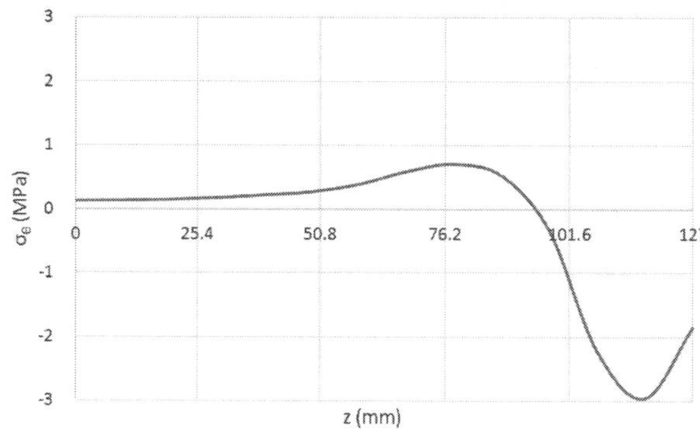

접선방향응력 σ_θ z=0에서 0.07 MPa이고 그 이후 증가하다 급격히 감소한다.

Principal Stress

(주응력)

Stress full tensor component (nodal values).1 > Visual Types = Average iso, Axis system = (Global) Cylindrical, Criteria = Component C22, Layer = Upper

(응력 > 시각화 형태와 기준을 선택) σ_z

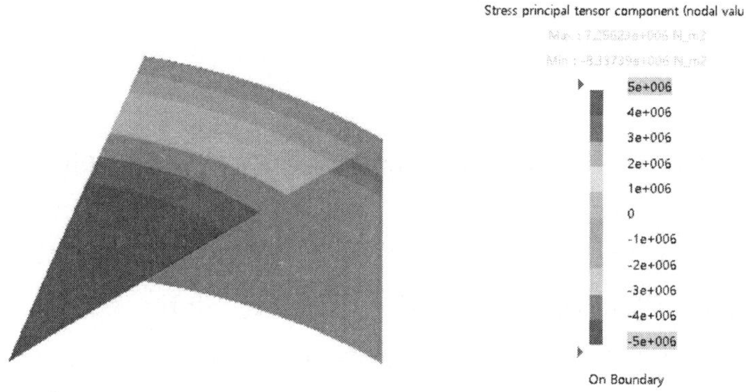

축방향 응력 σ_z

Stress full tensor component (nodal values).1 > Selections = Line Group.1

(변위 > 시각화 그룹을 선택)

Finite Element Model.1 > Static Case > Static Case Solution.1 > Stress principal tensor symbol.1 > Export Data

(데이터를 출력)

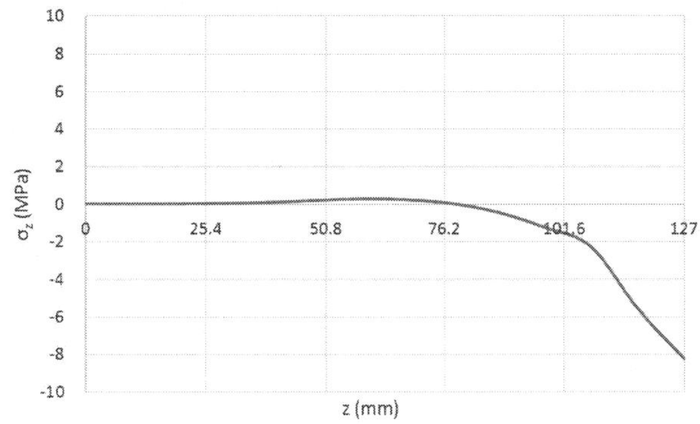

축방향 응력 σ_z z=0에서 0.035 MPa이고 그 이후 증가하다 급격히 감소한다.

[박벽원통] 다음과 같은 박벽원통에 물을 가득 채울 때 응력과 변위의 분포를 구하시오. (shell 모델링)

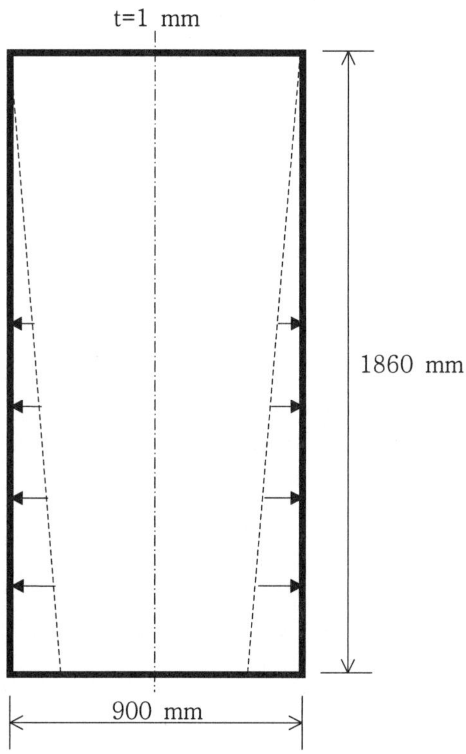

요점
-대칭을 이용하여 1/4만 shell로 모델링.
-대칭면에 해당 구속조건을 부여, 분포하중(수압)을 작용
-선택한 선을 따라 변위와 응력을 출력. 원통좌표계를 사용

Wireframe and Surface Design의 요점
-Profile로 단면을 그리고 Constraint로 칫수를 부여
-Revolve로 돌려 표면을 생성

Start > Mechanical Design > Wireframe and Surface Design

(시작 > 기계설계 > 선과 면 설계)

Part > Product1

(제품)

Product1 > Part1 (Part1.1) > Part1 > Partbody

(부품물체)

Product1 > Part1 (Part1.1) > Part1 > xy plane

(xy 평면)

Sketch

(스케치)

Profile

(윤곽)

Constraint

(구속) 칫수를 부여. 반지름 450 mm, 축방향 길이 1,860 mm

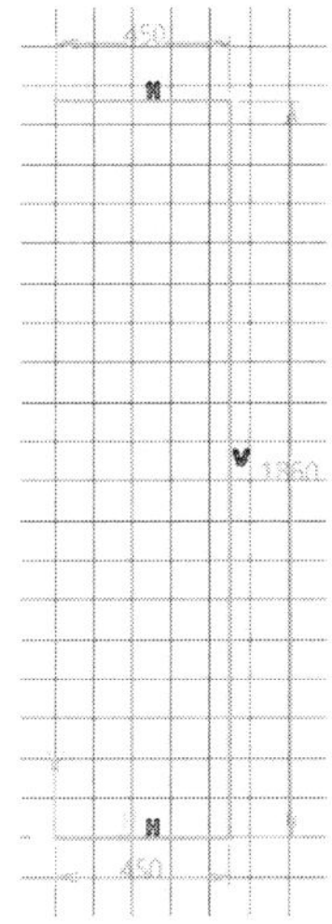

Exit Workbench

스케치에서 (나감)

Revolve > First angle = 90 deg, Second angle = 0 deg, Revolve Axis = Z Axis

윤곽을 Z축에 관하여 90° (회전)하여 표면을 생성

Apply Material > Metal > Steel, PartBody

(재료 부여 > 금속 > 강을 부품에)

Advanced Meshing Tools의 요점
-Static Analysis, Surface Mesher

Start > Analysis & Simulation > Advanced Meshing Tools
(해석과 시뮬레이션 > 요소망 도구)

New Analysis Case = Static Analysis
(정적 해석)

Surface Mesher > Type = Linear, Mesh size = 50 mm, Quad only
(표면 요소망)

Mesh The Part
(요소망)을 생성

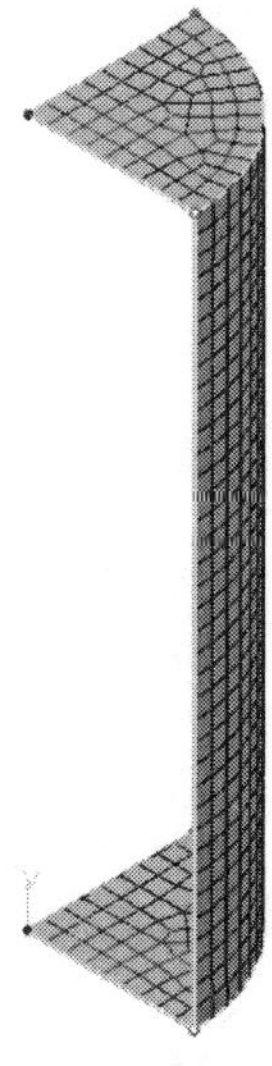

Generative Structural Analysis의 요점
-Static Analysis, 2D Property
-User-defined Restraint, Pressure
-Principal Stress

Start > Analysis & Simulation > Generative Structural Analysis
(해석과 시뮬레이션 > 구조해석)

New Analysis Case = Static Analysis
(정적 해석)

2D Property > Supports = 1 Mesh part, Thickness = 1 mm
(2차원 속성) 두께를 부여

User-defined Restraint > Supports = ..., Restrain Translation 1, Rotation 2 & 3

User-defined Restraint > Supports = ..., Restrain Translation 2, Rotation 1 & 3

User-defined Restraint > Supports = ..., Restrain Translation 3, Rotation 1 & 2

(사용자 정의 구속 > 해당하는 면의 X축, Y축, Z축 방향 이동과 회전을 구속)

Pressure > Pressure = -1e6 N/m^2 , Data Mapping > ...*.xls
(압력 > 해당하는 면에 하중성분을 작용) 다음과 같이 미리 작성된 테이블을 매핑

X(mm)	Y(mm)	Z(mm)	Coef()
0.000	450.000	1860	0
-116.469	434.667	1860	0
-225.000	389.711	1860	0
-318.198	318.198	1860	0
-389.711	225.000	1860	0
-434.667	116.469	1860	0
-450.000	0.000	1860	0
0.000	450.000	0	0.018
-116.469	434.667	0	0.018
-225.000	389.711	0	0.018
-318.198	318.198	0	0.018
-389.711	225.000	0	0.018
-434.667	116.469	0	0.018
-450.000	0.000	0	0.018

압력분포 테이블

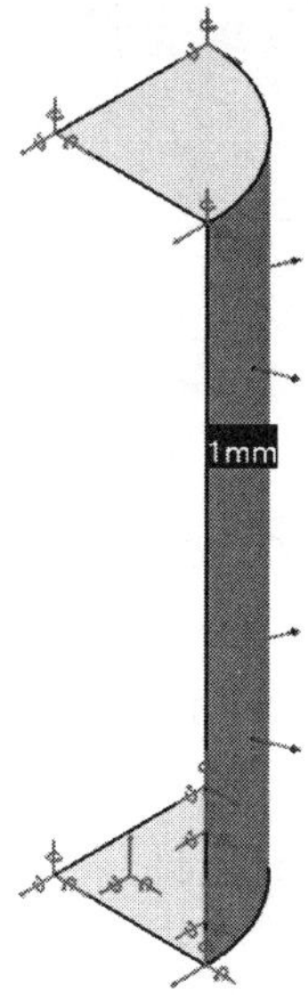

Compute > All

(계산)

Line Group > Supports = ...

(선 그룹)

Principal Stress

(주응력)

Stress full tensor component (nodal values).1 > Visual Types = Average iso, Axis system = Local (Cylindrical), Criteria = Component C11, Layer = Upper, Selections = Line Group.1

(응력 > 시각화 형태와 기준을 선택) σ_θ

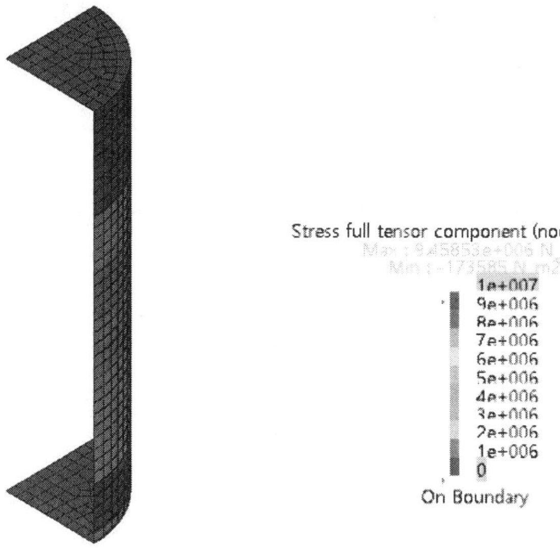

σ_θ

Stress full tensor component (nodal values).1 > Selections = Line Group.1

(변위 > 시각화 그룹을 선택)

Finite Element Model.1 > Static Case > Static Case Solution.1 > Stress principal tensor symbol.1 > Export Data

(데이터를 출력)

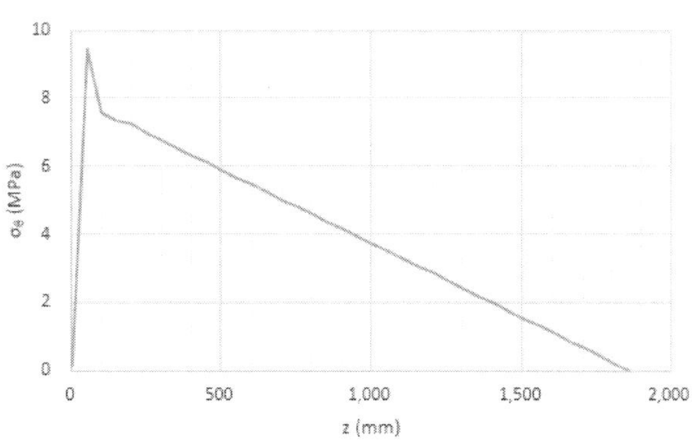

접선방향응력이 수심에 비례하여 증가한다.

[Toroid Shell] 다음과 같은 Toroid Shell에 내압 1 MPa을 가할 때 응력과 변위 분포를 구하시오.

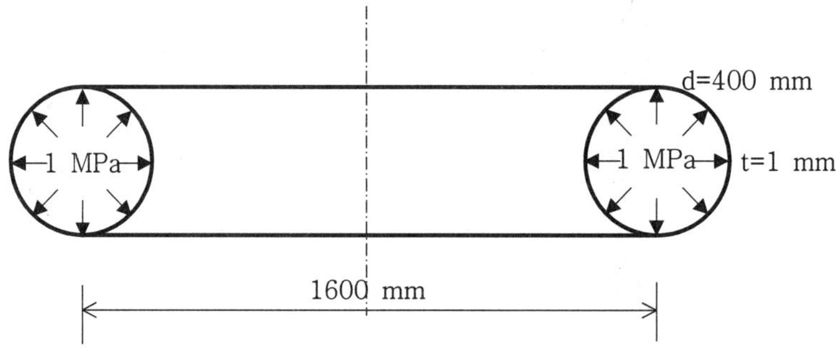

요점
-대칭을 이용하여 1/720만 shell로 모델링.
-대칭면에 해당 구속조건을 부여, 압력을 작용
-선택한 선을 따라 변위와 응력을 출력. 원통좌표계를 사용

Wireframe and Surface Design의 요점
-Arc로 단면을 그리고 Constraint로 칫수를 부여
-Revolve로 돌려 표면을 생성
-Axis로 국부좌표계를 생성

Start > Mechanical Design > Wireframe and Surface Design

(시작 > 기계설계 > 선과 면 설계)

Product1 > Part1 (Part1.1) > Part1 > zx plane

(zx 평면)

Sketch

(스케치)

Arc > Center, Start Point, End

(호)

Constraint

(구속) 칫수를 부여. Z축에서 중심까지 800 mm, 중심에서 Shell까지 200 mm

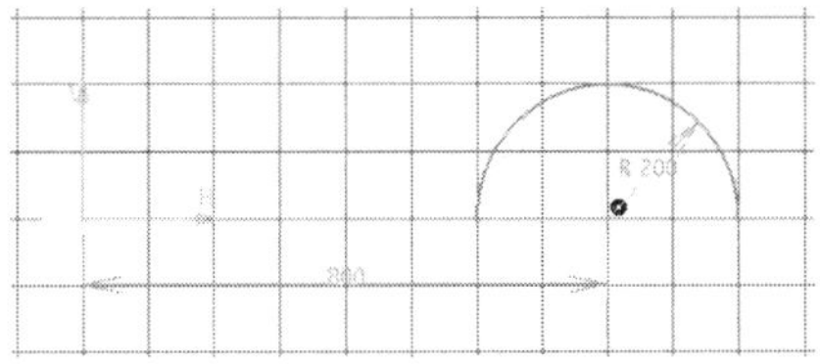

Exit Workbench

스케치에서 (나감)

Revolve > Revolution axis = Z Axis, Angle 1 = 1 deg

Z축에 관하여 1° (회전)하여 표면을 생성

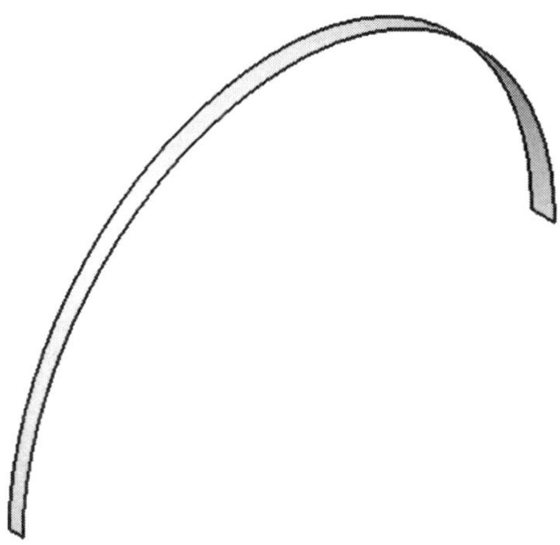

Axis system > Axis system type = Euler angles, Origin = Create Point (0, 0, 0), Angle 3 = 1 deg

(축계) Z축을 1° 회전한 국부좌표계

Apply Material > Metal > Steel, PartBody

(재료 부여 > 금속 > 강을 부품에)

Advanced Meshing Tools의 요점 -Static Analysis, Surface Mesher

Start > Analysis & Simulation > Advanced Meshing Tools

(해석과 시뮬레이션 > 요소망 도구)

New Analysis Case = Static Analysis

(정적 해석)

Surface Mesher > Type = Linear, Mesh size = 5 mm, Quad only

(표면 요소망)

Mesh The Part

(요소망)을 생성

Generative Structural Analysis의 요점
-Static Analysis, 2D Property
-User-defined Restraint, Pressure
-Principal Stress

Start > Analysis & Simulation > Generative Structural Analysis

(해석과 시뮬레이션 > 구조해석)

New Analysis Case = Static Analysis

(정적 해석)

2D Property > Supports = 1 Mesh part, Thickness = 1 mm

(2차원 속성) 두께를 부여

User-defined Restraint > Supports = ..., Restrain Translation 2, Rotation 1 & 3

User-defined Restraint > Supports = ..., Axis System Current axis = Axis System.1, Restrain Translation 2, Rotation 1 & 3

User-defined Restraint > Supports = ..., Restrain Translation 3, Rotation 1 & 2

(사용자 정의 구속 > 해당하는 면의 X축, Y축, Z축 방향 이동과 회전을 구속)

Pressure > Pressure = -1e6 N/m^2

(압력) 1e6 N/m^2

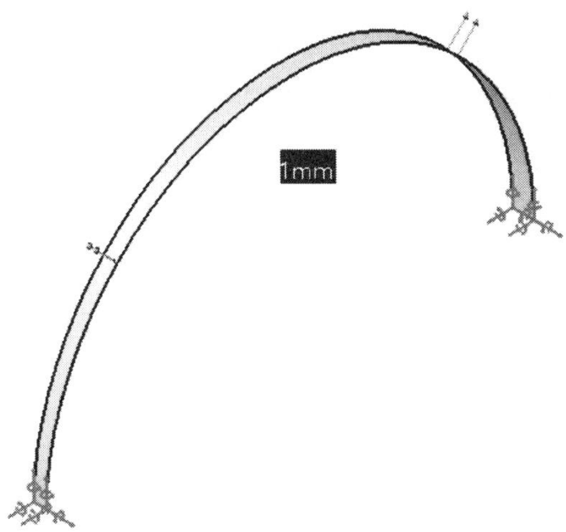

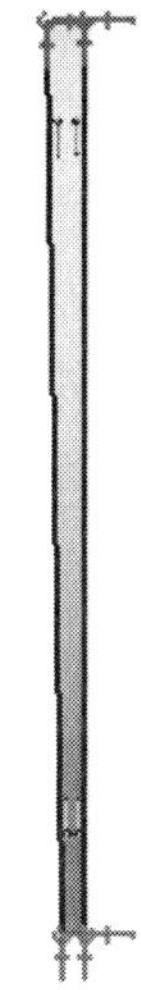

Compute > All

(계산)

Line Group > Supports = ...

(선 그룹)

Displacements > Visual Types = Average iso, Criteria = Vector component C3

(변위 > 시각화 형태와 기준을 선택) w

Customize View Parameters > Mesh = Shading Material

(시각화 변수를 사용자 선택)

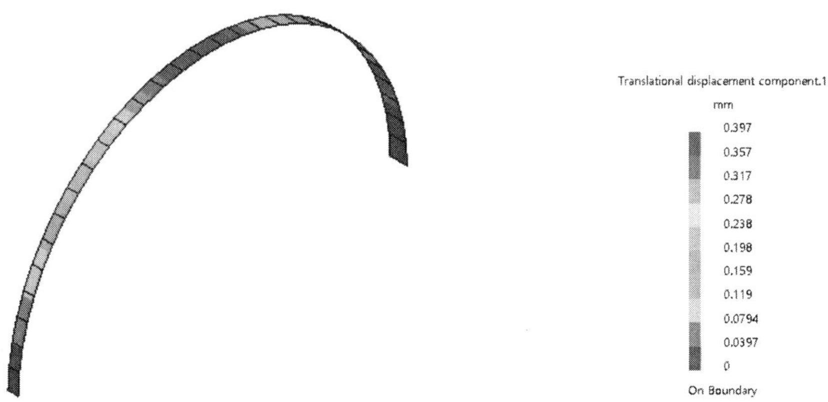

변위 w

Translational displacement component.1 > Selections = Line Group.1

(변위 > 시각화 그룹을 선택)

Finite Element Model.1 > Static Case > Static Case Solution.1 > Translational displacement component.1 > Export Data

(변위 데이터를 출력)

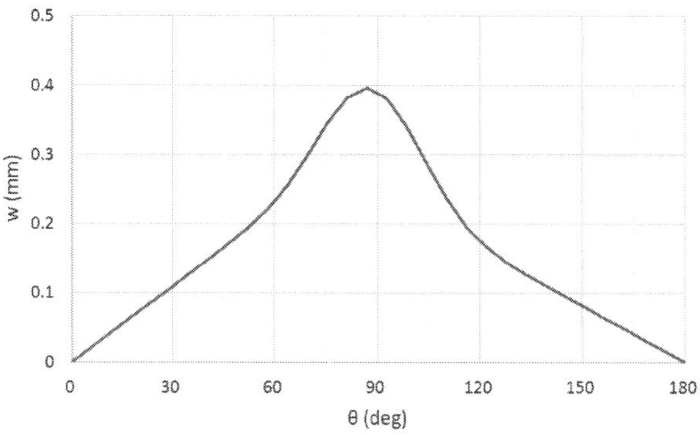

축방향 변위는 θ=90° 부근에서 최대이다.

Principal Stress

(주응력)

Stress full tensor component (nodal values).1 > Visual Types = Average iso, Axis system = Local (Cartesian), Criteria = Component C11, Layer = Upper

(응력 > 시각화 형태와 기준을 선택) σ_θ

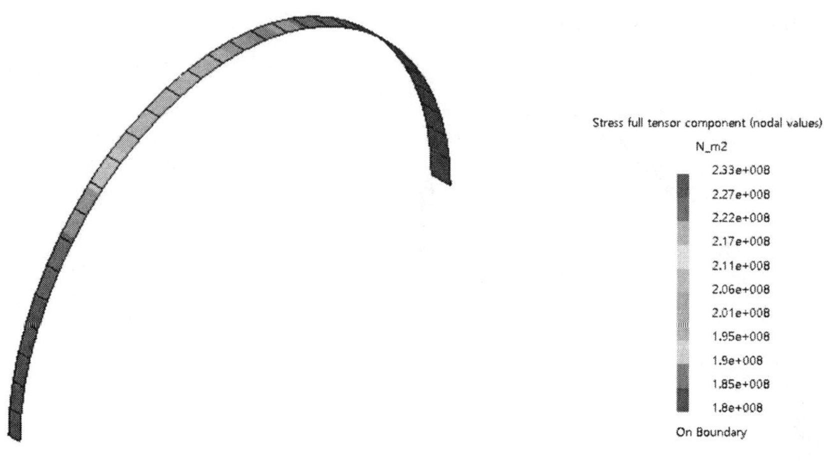

접선방향응력 σ_θ

Stress full tensor component (nodal values).1 > Selections = Line Group.1

(변위 > 시각화 그룹을 선택)

Finite Element Model.1 > Static Case > Static Case Solution.1 > Stress principal tensor symbol.1 > Export Data

(데이터를 출력)

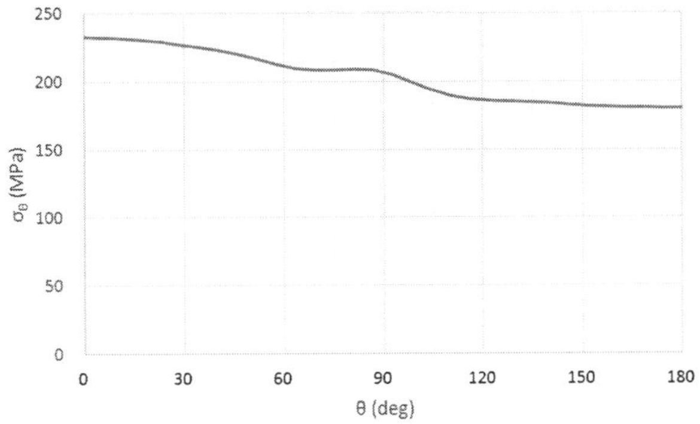

단면 원주 접선방향응력은 θ=0°에서 최대이고 θ=180°에서 최소이다.

Principal Stress

(주응력)

Stress full tensor component (nodal values).1 > Visual Types = Average iso, Axis system = Local (Cartesian), Criteria = Component C22, Layer = Upper

(응력 > 시각화 형태와 기준을 선택) σ_ϕ

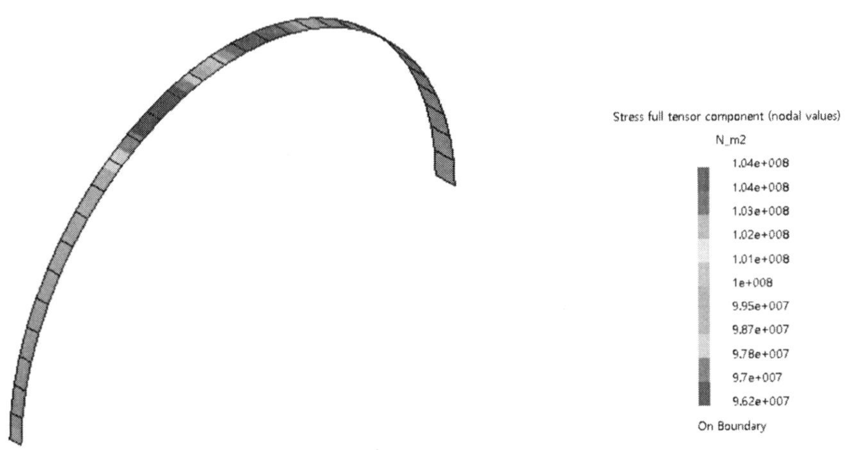

Z축에 관하여 회전하는 방향 응력 σ_ϕ

Stress full tensor component (nodal values).1 > Selections = Line

Group.1

(변위 > 시각화 그룹을 선택)

Finite Element Model.1 > Static Case > Static Case Solution.1 > Stress principal tensor symbol.1 > Export Data

(데이터를 출력)

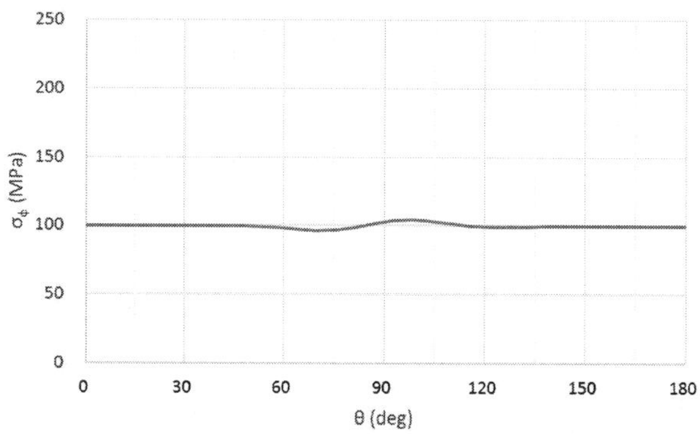

Z축에 관하여 회전하는 방향 응력 σ_ϕ는 100 MPa로 일정하다.

\- - -

[ㄴ자형 외팔보] 다음과 같은 단면인 외팔보(길이 1 m)의 끝을 1 kN으로 누를 때 응력과 변위 분포를 구하시오.

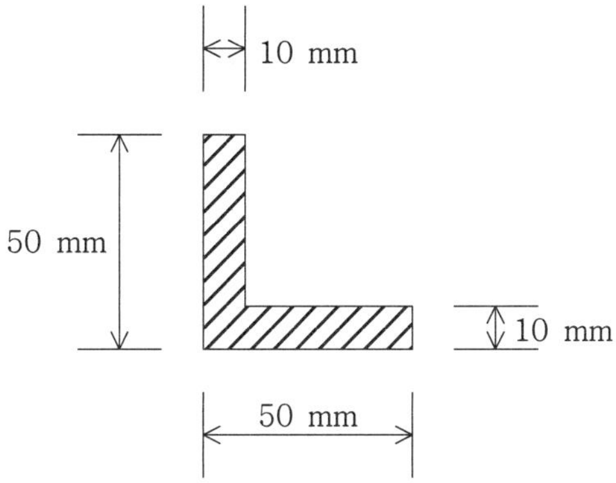

요점
-전체를 모델링.
-분포하중(집중하중)을 작용
-선택한 선을 따라 변위와 응력을 출력.

Part Design의 **요점**
-Profile로 단면을 그리고 Constraint로 칫수를 부여하고
-Pad로 밀어 입체를 생성

Start > Mechanical Design > Part Design

(시작 > 기계설계 > 부품설계)

Product1 > Part1 (Part1.1) > Part1 > yz plane

(yz 평면)

Sketch

(스케치)

Profile

(윤곽) 형상의 특징을 그림

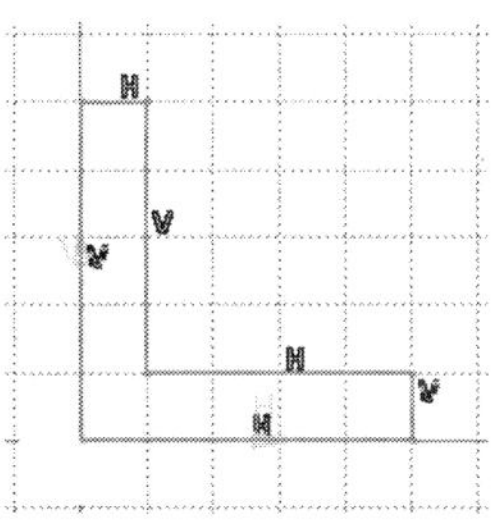

Exit Workbench

스케치에서 (나감)

Pad > First Limit Length = 1,000 mm

1,000 mm 밀어서 (입체를 생성)

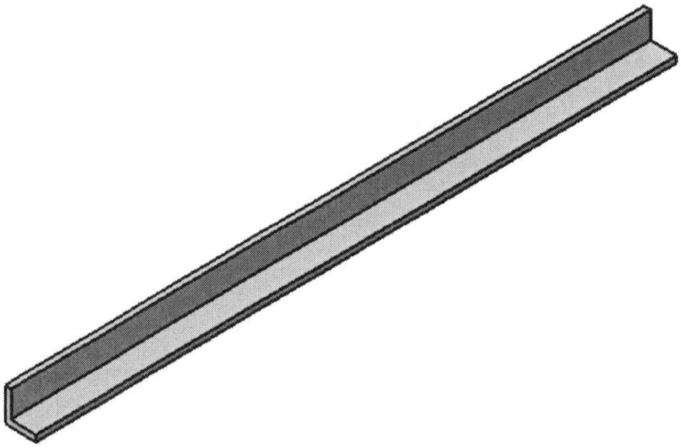

Apply Material > Metal > Steel, PartBody

(재료 부여 > 금속 > 강을 부품에)

Generative Structural Analysis의 요점
-Static Analysis, Mesh Size
-Clamp, Distributed Force
-Principal Stress

Start > Analysis & Simulation > Generative Structural Analysis

(해석과 시뮬레이션 > 구조해석)

New Analysis Case = Static Analysis

(정적 해석)

Finite Element Model.1 > Nodes and Elements > OCTREE Tetrahedron Mesh.1:Part1.1 > Global Size = 20 mm, Proportional sag = 0.2, Element type = Parabolic

(절점과 요소 > 사면체 요소망 > 전체적 크기와 비례 처짐, 요소형태)

Clamp > Supports = ...

(고정 > 해당하는 면의 X축, Y축, Z축 방향 이동을 구속)

Distributed Force > Supports = ..., Force Vector Z = -1,000 N

(분포하중 > 해당하는 면에 하중성분을 작용) Z축 방향 -1,000 N

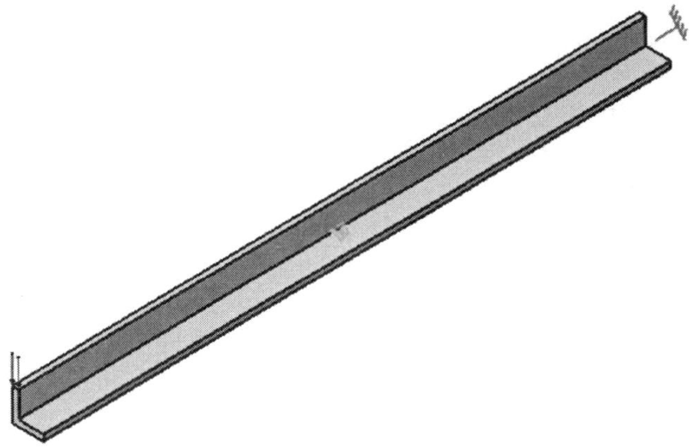

Compute > All

(계산)

Line Group > Supports = ...

(선 그룹)

Displacements > Visual Types = Average iso, Criteria = Vector component C3

(변위 > 시각화 형태와 기준을 선택) w

Customize View Parameters > Mesh = Shading Material

(시각화 변수를 사용자 선택)

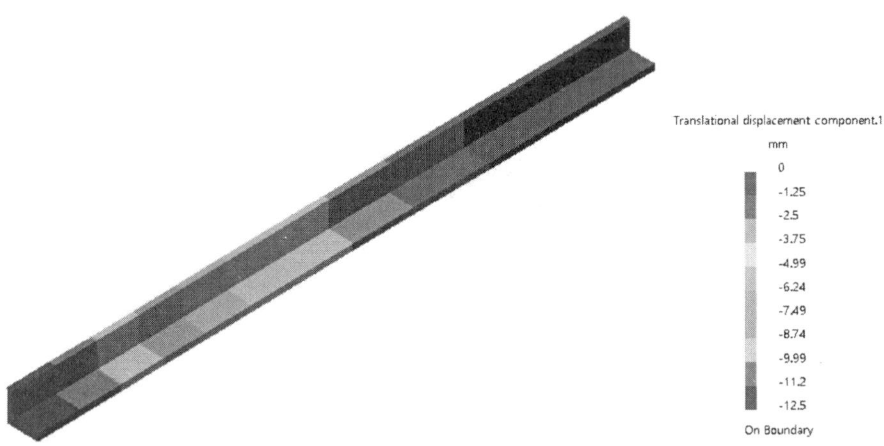

처짐 w

Translational displacement component.1 > Selections = Line Group.1

(변위 > 시각화 그룹을 선택)

Finite Element Model.1 > Static Case > Static Case Solution.1 > Translational displacement component.1 > Export Data

(변위 데이터를 출력)

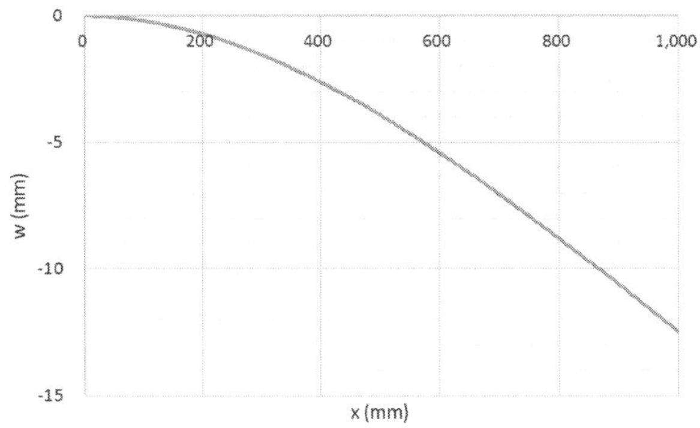

처짐 w는 3차곡선이다.

Principal Stress

(주응력)

Stress full tensor component (nodal values).1 > Visual Types = Average iso, Criteria = Tensor component C11

(응력 > 시각화 형태와 기준을 선택) σ_x

굽힘응력 σ_x

Stress full tensor component (nodal values).1 > Selections = Line Group.1

(변위 > 시각화 그룹을 선택)

Finite Element Model.1 > Static Case > Static Case Solution.1 > Stress principal tensor symbol.1 > Export Data

(데이터를 출력)

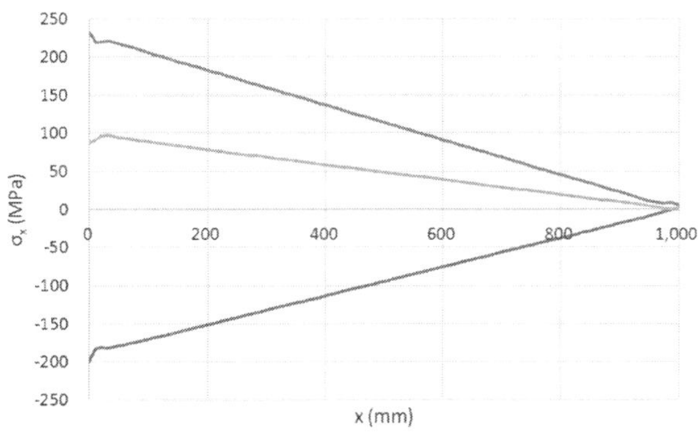

굽힘응력은 하중점까지 거리에 비례한다.

– – –

[ㄷ자형 외팔보] 다음과 같은 단면인 외팔보(길이 1 m)의 끝을 1 kN으로 누를 때 응력과 변위 분포를 구하시오.

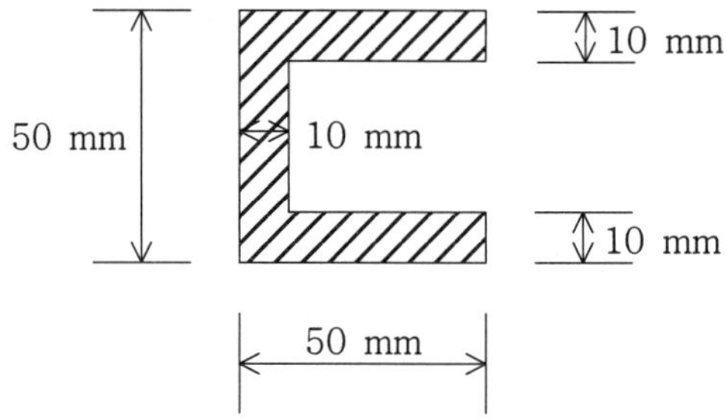

요점
-전체를 모델링.
-분포하중(집중하중)을 작용
-선택한 선을 따라 변위와 응력을 출력.

Part Design의 **요점**
-Profile로 단면을 그리고 Constraint로 칫수를 부여하고
-Pad로 밀어 입체를 생성

Start > Mechanical Design > Part Design

(시작 > 기계설계 > 부품설계)

Product1 > Part1 (Part1.1) > Part1 > yz plane

(yz 평면)

Sketch

(스케치)

Profile

(윤곽) 형상의 특징을 그림

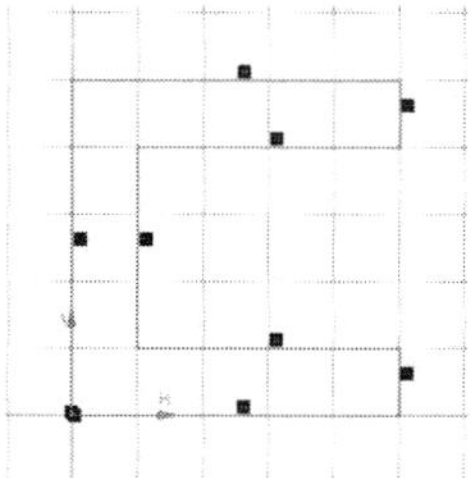

Exit Workbench

스케치에서 (나감)

Pad > First Limit Length = 1,000 mm

1,000 mm 밀어서 (입체를 생성)

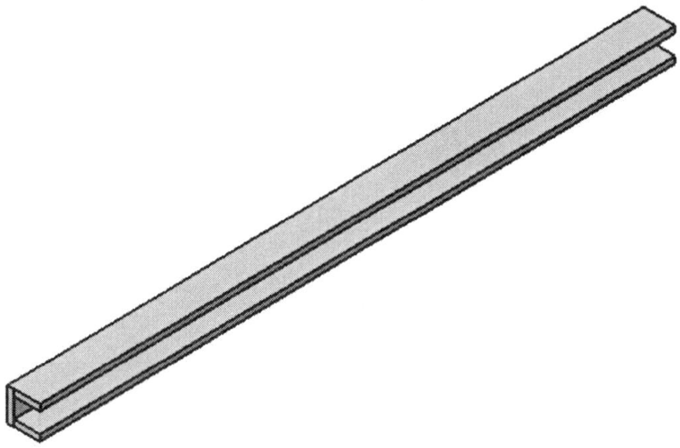

Apply Material > Metal > Steel, PartBody

(재료 부여 > 금속 > 강을 부품에)

Generative Structural Analysis의 요점
-Static Analysis, Mesh Size
-Clamp, Distributed Force
-Displacements, Principal Stress

Start > Analysis & Simulation > Generative Structural Analysis

(해석과 시뮬레이션 > 구조해석)

New Analysis Case = Static Analysis

(정적 해석)

Finite Element Model.1 > Nodes and Elements > OCTREE Tetrahedron Mesh.1:Part1.1 > Global Size = 20 mm, Proportional sag = 0.2, Element type = Parabolic

(절점과 요소 > 사면체 요소망 > 전체적 크기와 비례 처짐, 요소형태)

Clamp > Supports = ...

(고정 > 해당하는 면의 X축, Y축, Z축 방향 이동을 구속)

Distributed Force > Supports = ..., Force Vector Z = -1,000 N

(분포하중 > 해당하는 면에 하중성분을 작용) Z축 방향 -1,000 N

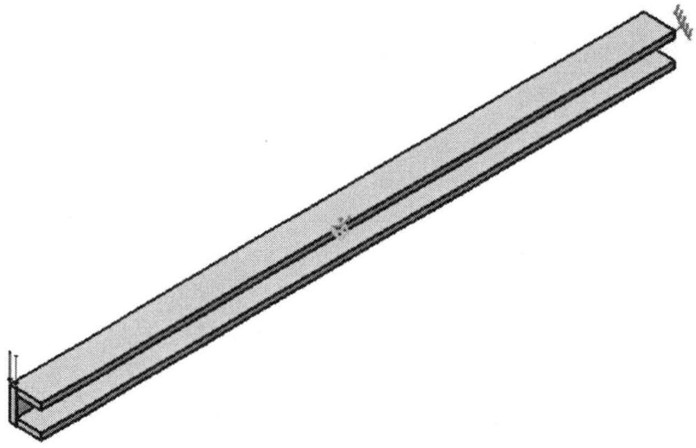

Compute > All

(계산)

Line Group > Supports = ...

(선 그룹)

Displacements > Visual Types = Average iso, Criteria = Vector component C2

(변위 > 시각화 형태와 기준을 선택) w

Customize View Parameters > Mesh = Shading Material

(시각화 변수를 사용자 선택)

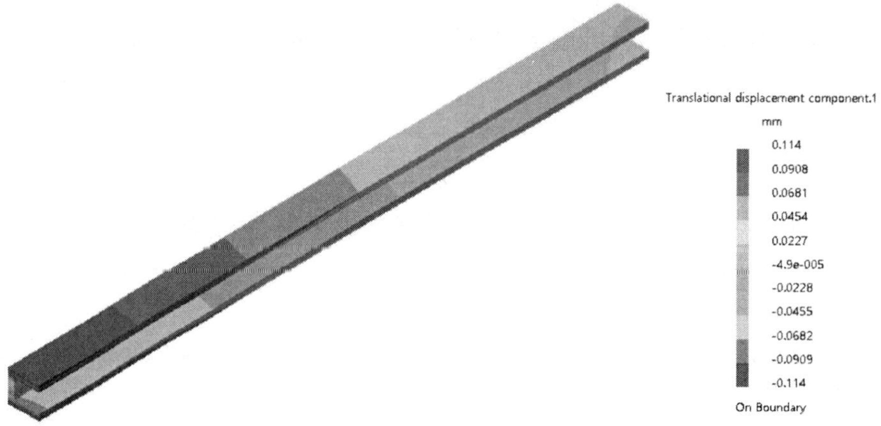

처짐 v

Translational displacement component.1 > Selections = Line Group.1

(변위 > 시각화 그룹을 선택)

Finite Element Model.1 > Static Case > Static Case Solution.1 > Translational displacement component.1 > Export Data

(변위 데이터를 출력)

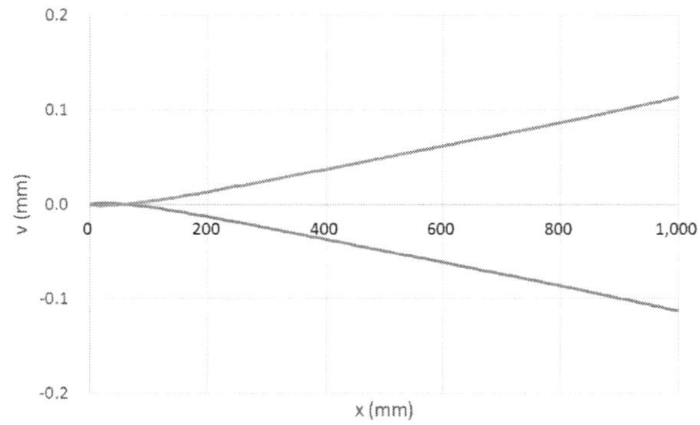

단면이 회전하므로 Y축 방향 변위가 선형적으로 증가한다.

Principal Stress

(주응력)

Stress full tensor component (nodal values).1 > Visual Types = Average iso, Criteria = Tensor component C11

(응력 > 시각화 형태와 기준을 선택) σ_x

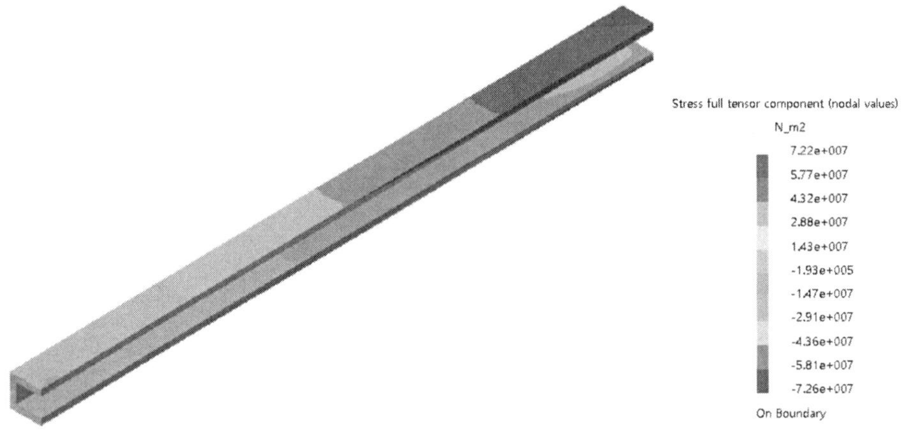

굽힘응력 σ_x

Stress full tensor component (nodal values).1 > Selections = Line

Group.1

(변위 > 시각화 그룹을 선택)

Finite Element Model.1 > Static Case > Static Case Solution.1 > Stress principal tensor symbol.1 > Export Data

(데이터를 출력)

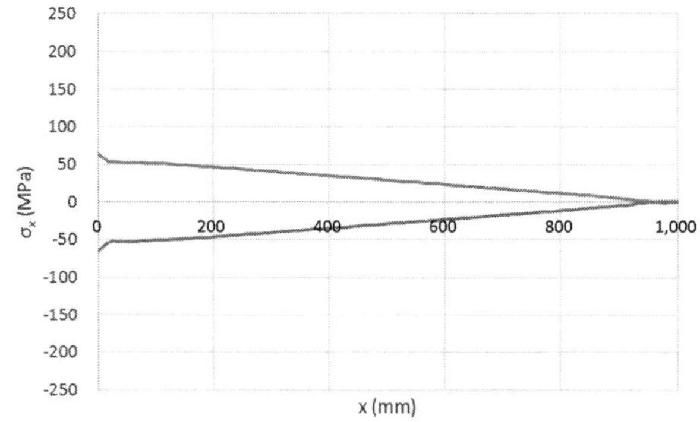

굽힘응력은 하중점까지 거리에 비례한다.

– – –

[타원봉] 타원봉(단면의 장반경 40 mm, 단반경 10 mm, 길이 1 m)을 1 N m로 비틀 때 응력과 변위 분포를 구하시오.

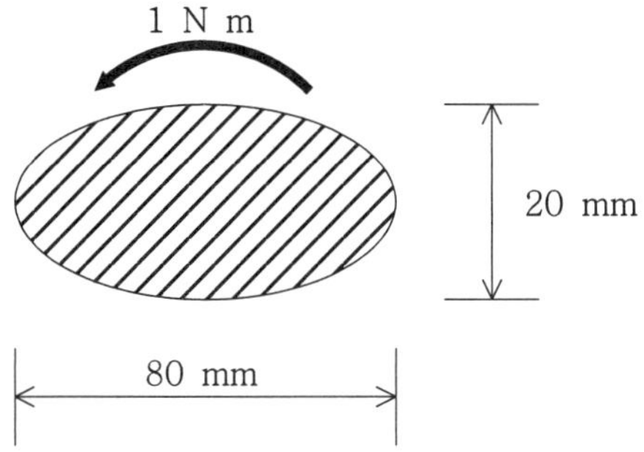

요점
-전체를 모델링.
-모멘트 작용
-선택한 단면 상 변위와 응력을 출력.

Part Design의 요점
-Ellipse로 단면을 그리고 Constraint로 칫수를 부여하고
-Pad로 밀어 입체를 생성
-Point로 양단면에 점을 생성

Start > Mechanical Design > Part Design

(시작 > 기계설계 > 부품설계)

Product1 > Part1 (Part1.1) > Part1 > yz plane

(yz 평면)

Sketch

(스케치)

Ellipse > Center (0, 0, 0), Major Semi-axis Endpoint (40, 0, 0), Minor Semi-axis Endpoint (0, 20, 0)

(타원) 중심 (0, 0, 0), 장축 종점 (40, 0, 0), 단축 종점 (0, 20, 0)

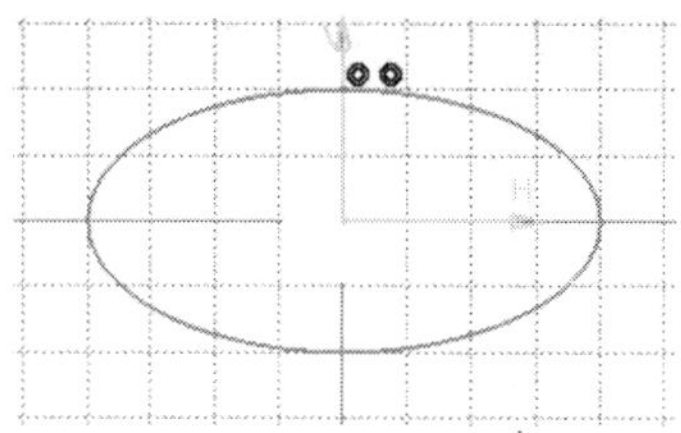

Exit Workbench

스케치에서 (나감)

Pad > First Limit Length = 1,000 mm

1,000 mm 밀어서 (입체를 생성)

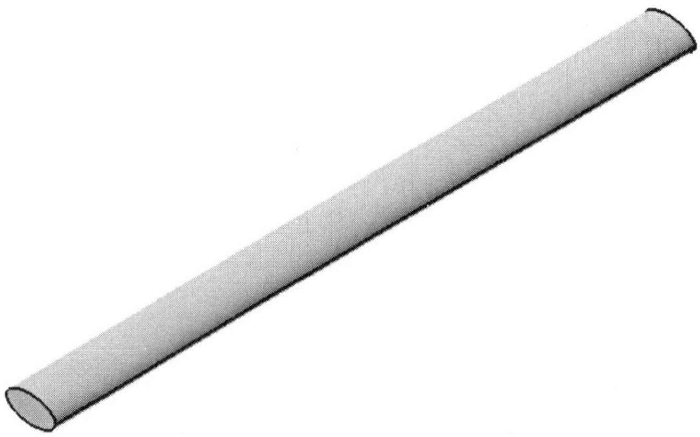

Point > Point type = Coordinates (0, 0, 0), (1000, 0, 0)

양단의 중심에 (점을 생성)

Apply Material > Metal > Steel, PartBody

(재료 부여 > 금속 > 강을 부품에)

Generative Structural Analysis의 요점

-Static Analysis, Mesh Size

-Smooth Virtual Part

-Clamp, Moment

-Displacements, Principal Stress

Start > Analysis & Simulation > Generative Structural Analysis

(해석과 시뮬레이션 > 구조해석)

New Analysis Case = Static Analysis

(정적 해석)

Finite Element Model.1 > Nodes and Elements > OCTREE Tetrahedron Mesh.1:Part1.1 > Global Size = 20 mm, Proportional sag

= 0.2, Element type = Parabolic

(절점과 요소 > 사면체 요소망 > 전체적 크기와 비례 처짐, 요소형태)

Clamp > Supports = ...

(고정)

Smooth Virtual Part > Supports = ..., Handler = ...

(가상부품) 단면을 단면 중심점에 묶음

User-defined Restraint > Supports = ..., Restrain Translation 2

User-defined Restraint > Supports = ..., Restrain Translation 3

(사용자 정의 구속 > 해당하는 면의 Y축, Z축 방향 이동을 구속)

Moment > Supports = ..., Moment Vector X = 1 N m

(모멘트)

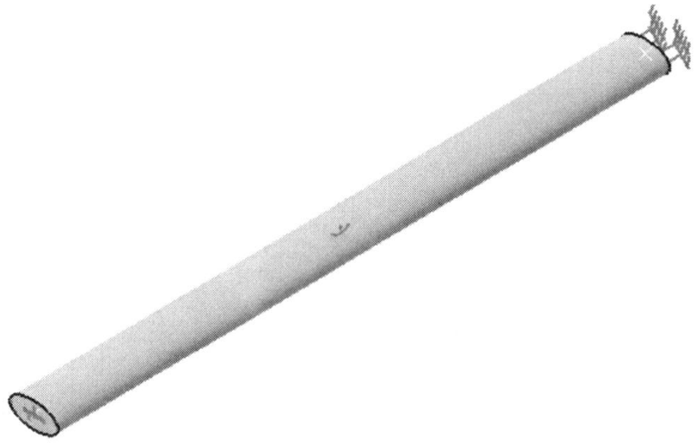

Compute > All

(계산)

Displacements > Visual Types = Average iso, Criteria = Vector component C1

(변위 > 시각화 형태와 기준을 선택) u

Customize View Parameters > Mesh = Shading Material

(시각화 변수를 사용자 선택)

Cut Plane Analysis >

(단면 해석)

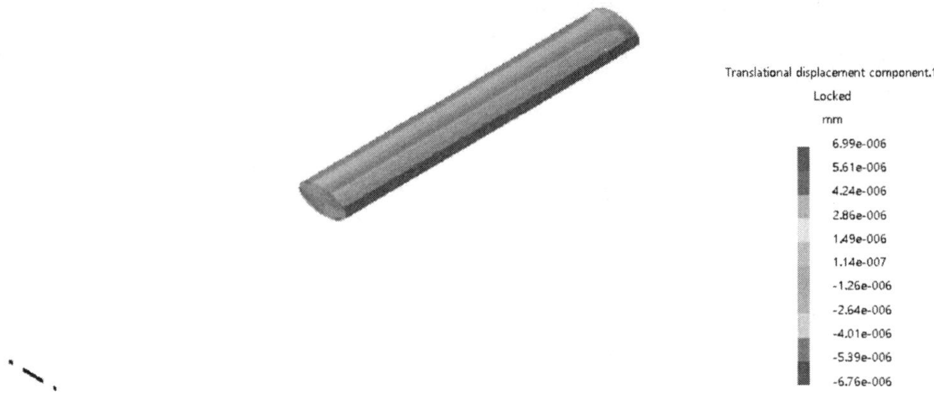

길이방향 변위 u

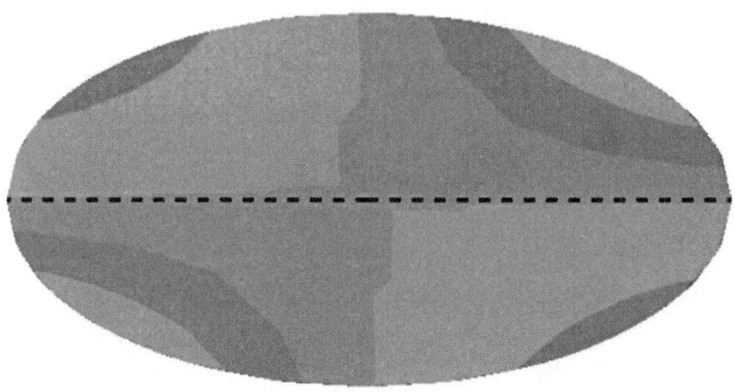

단면 수직방향 변위 w. 1, 3 사분면은 w<0, 2, 4 사분면은 w>0

Principal Stress

(주응력)

Stress full tensor component (nodal values).1 > Visual Types = Average iso, Criteria = Principal Shearing

(응력 > 시각화 형태와 기준을 선택) τ

Cut Plane Analysis >

(단면 해석)

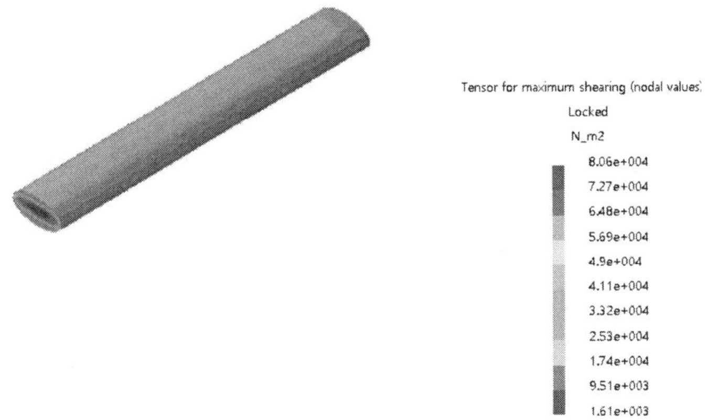

타원봉 중앙단면 전단응력의 분포 τ

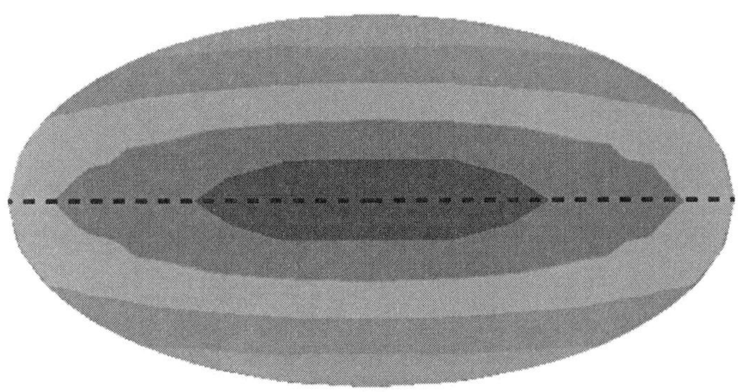

전단응력 τ의 분포. 표면은 단반경쪽에 가까울수록 응력이 높다.

CATIA로 배우는 유한요소법

PART II

응용 구조해석

[억지끼워맞춤] 다음 경우 1 억지끼워맞춤에 대하여 응력과 변위분포를 구하시오.

<Table 5-1> 죔새량 측정 결과 (단위 : mm)

구 분		보 스		부 싱		죔새량	내경 수축량 (측정값)
		외경	내경	외경	내경		
스틸 부싱	경우 1	140	80.02	80.10	65.17	0.08	0.06
	경우 2	155	95.02	95.10	80.27	0.08	0.06
동 부싱	경우 3	150	85.02	85.17	70.21	0.15	0.13
	경우 4	165	105.01	105.21	90.23	0.20	0.17

요점
-대칭을 이용하여 1/8만 모델링
-대칭면에 해당 구속조건을 부여, 접촉연결 속성으로 죔새를 부여
-선택한 선을 따라 변위와 응력을 출력. 원통좌표계를 사용

Assembly Design의 요점
-Rectangle로 단면을 그리고 Constraint로 칫수를 부여하고
-Shaft로 돌려 입체(Boss)를 생성
-Rectangle로 단면을 그리고 Constraint로 칫수를 부여하고
-Shaft로 돌려 입체(Bushing)를 생성

Start > Mechanical Design > Assembly Design

(시작 > 기계설계 > 조립설계)

Part > Product1

(제품)

Product1 > Part1 (Part1.1) > Part1 > Partbody

(부품물체)

Product1 > Part1 (Part1.1) > Part1 > yz plane

(yz 평면)

Sketch

(스케치)

Rectangle

(직사각형)

Constraint

(구속) 칫수를 부여

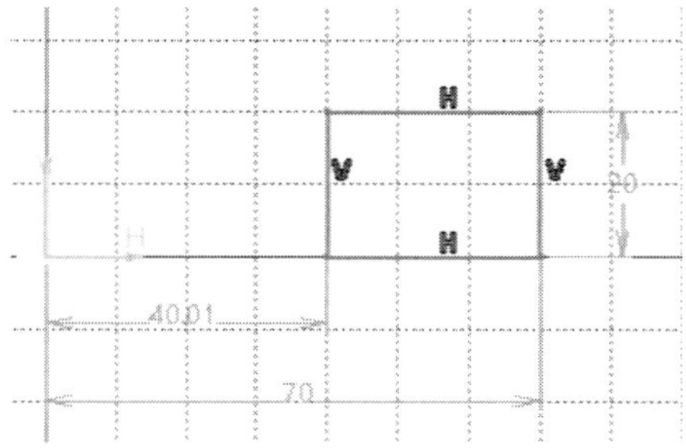

Exit Workbench

스케치에서 (나감)

Shaft > First angle = 90deg, Axis Section = Z Axis

(축) 스케치한 것을 Z축에 관하여 90° 회전하여 입체를 생성

Apply Material > Metal > Steel, PartBody

(재료 부여 > 금속 > 강을 부품에)

Product1

(제품)

Part > Product1

(제품)

Product1 > Part1 (Part1.1) > Part1 > Partbody

(부품물체)

Product1 > Part1 (Part1.1) > Part1 > yz plane

(yz 평면)

Sketch

(스케치)

Rectangle

(직사각형)

Constraint

(구속) 칫수를 부여

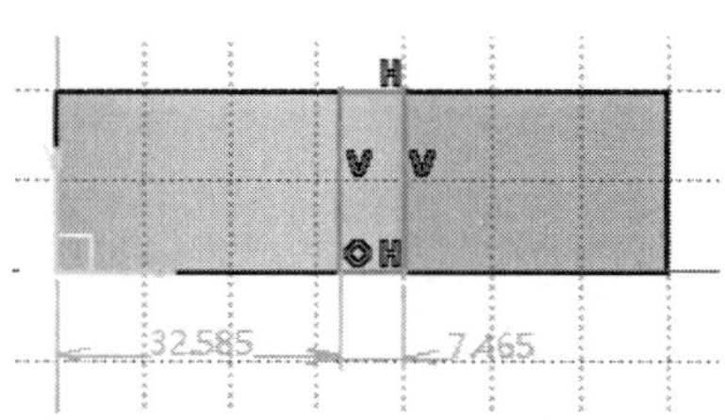

Shaft > First angle = 90deg, Axis Section = Z Axis

(축) 스케치한 것을 Z축에 관하여 90° 회전하여 입체를 생성

Apply Material > Metal > Steel, PartBody

(재료 부여 > 금속 > 강을 부품에)

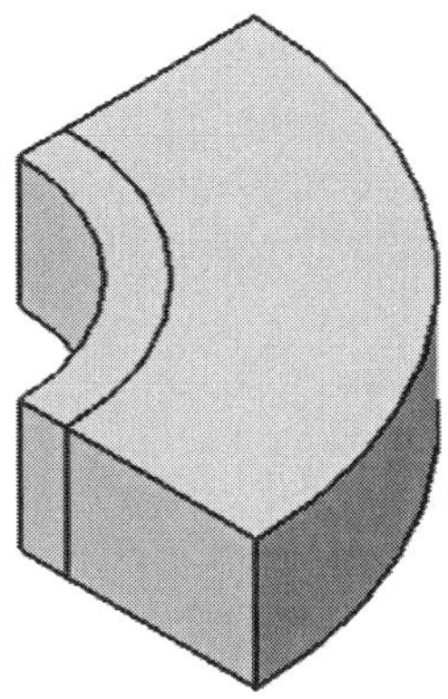

Generative Structural Analysis의 요점
-Static Analysis, Mesh Size
-User-defined Restraint, Contact Connection Property
-Displacements, Principal Stress

Start > Analysis & Simulation > Generative Structural Analysis

(해석과 시뮬레이션 > 구조해석)

New Analysis Case = Static Analysis

Finite Element Model.1 > Nodes and Elements > OCTREE Tetrahedron Mesh.1:Part1.1 > Global Size = 5 mm, Proportional sag = 0.2, Element type = Parabolic, Local Size = 2 mm (접촉면)

(절점과 요소 > 사면체 요소망 > 전체적 크기와 비례 처짐, 요소형태)

General Analysis Connection > First Component = Boss 내표면, Second Component= Bush 외표면

Contact Connection Property > Supports =General Analysis Connection.1, Clearance = -0.04 mm(죔새)

User-defined Restraint > Supports = ..., Restrain Translation 1
User-defined Restraint > Supports = ..., Restrain Translation 2
User-defined Restraint > Supports = ..., Restrain Translation 3

(사용자 정의 구속 > 해당하는 면의 X축, Y축, Z축 방향 이동을 구속)
Line Group > Support = 2 Edges

(선 그룹)

Compute

(계산)

Displacements > Visual Types = Average iso, Axis system = (Global) Cylindrical, Criteria = Vector component C1

(변위 > 시각화 형태와 기준을 선택) u_r

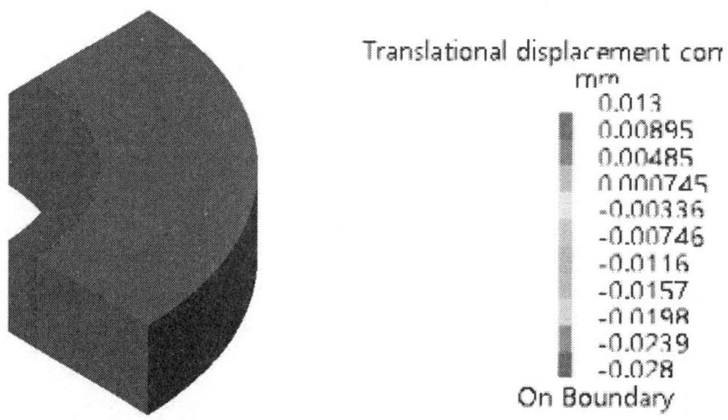

반경방향변위 u_r

Translational displacement component.1 > Selections = Line Group.1

(변위 > 시각화 그룹을 선택)

Finite Element Model.1 > Static Case > Static Case Solution.1 > Translational displacement component.1 > Export Data

(변위 데이터를 출력)

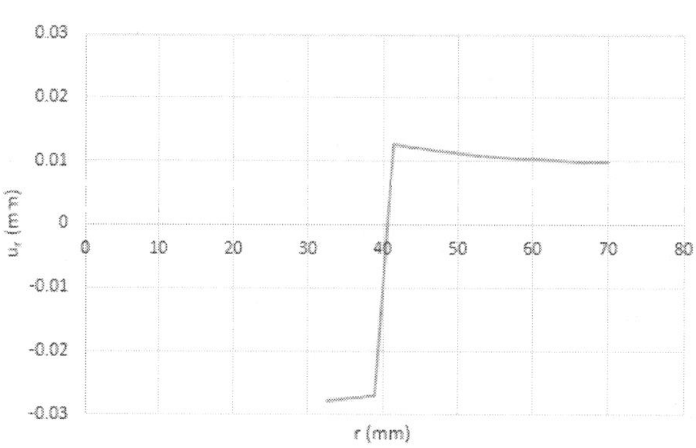

반경방향변위 u_r은 접촉면 r=40 mm에서 좀새 0.04 mm만큼 벌어진다.

Principal Stress

(주응력)

Stress full tensor component (nodal values).1 > Visual Types = Average iso, Criteria, Filters Axis system = (Global Cylindrical, Component = C11

(응력 > 시각화 형태와 기준을 선택) σ_r

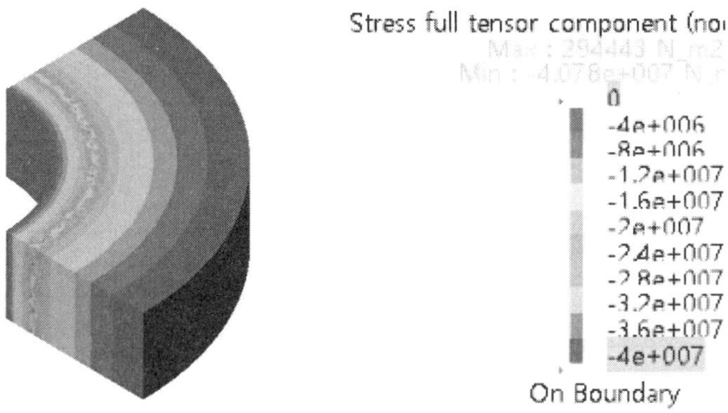

반경방향응력 σ_r

Stress full tensor component (nodal values).1 > Selections = Line Group.1

(변위 > 시각화 그룹을 선택)

Finite Element Model.1 > Static Case > Static Case Solution.1 > Stress principal tensor symbol.1 > Export Data

(데이터를 출력)

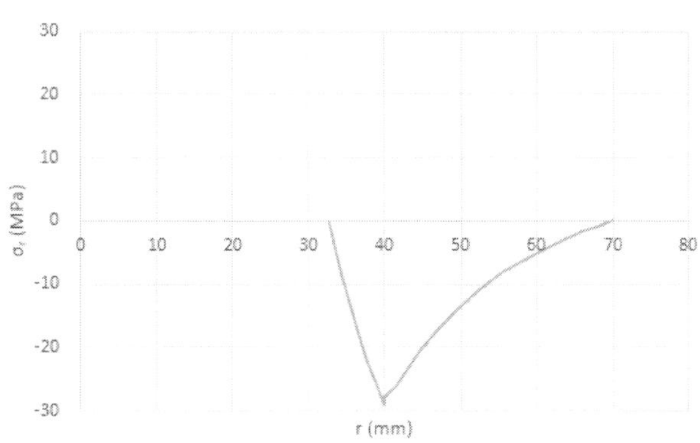

반경방향응력 σ_r은 접촉면 r=40 mm에서 최대 크기이다.

[키] 다음과 같이 허브를 키로 고정한 축을 1 kN m로 비틀 때 응력 분포를 구하시오.

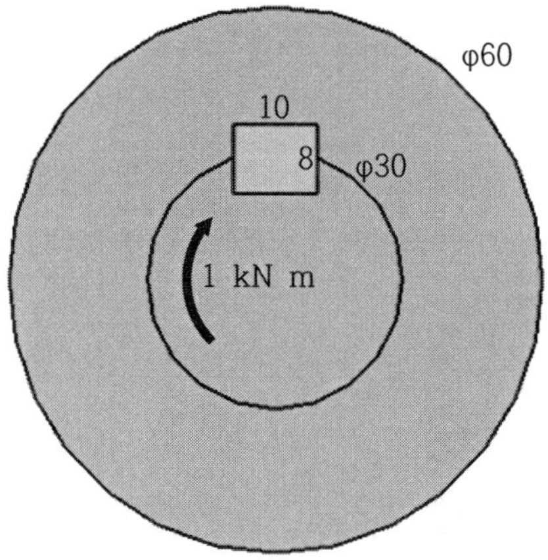

요점
-대칭을 이용하여 1/8만 모델링
-대칭면에 해당 구속조건을 부여, 접촉연결. 모멘트를 작용
-응력을 가시화.

Assembly Design의 요점
-Circle로 단면을 그리고 Constraint로 칫수를 부여하고
-Pad로 밀어 입체(Shaft)를 생성
-Rectangle로 단면을 그리고 Constraint로 칫수를 부여하고
-Pad로 밀어 입체(Key)를 생성
-Circle로 단면을 그리고 Constraint로 칫수를 부여하고
-Pad로 밀어 입체(Hub)를 생성
-Circle/Rectangle 로 단면을 그리고 Constraint로 칫수를 부여하고
-Pocket으로 밀어 입체(Hub)를 수정

Start > Mechanical Design > Assembly Design

(시작 > 기계설계 > 조립설계)

Part > Product1

(제품)

Product1 > Part1 (Part1.1) > Part1 > Partbody

(부품물체)

Product1 > Part1 (Part1.1) > Part1 > xy plane

(xy 평면)

Sketch

(스케치)

Circle

(원)

Constraint

(구속) 지름 30 mm

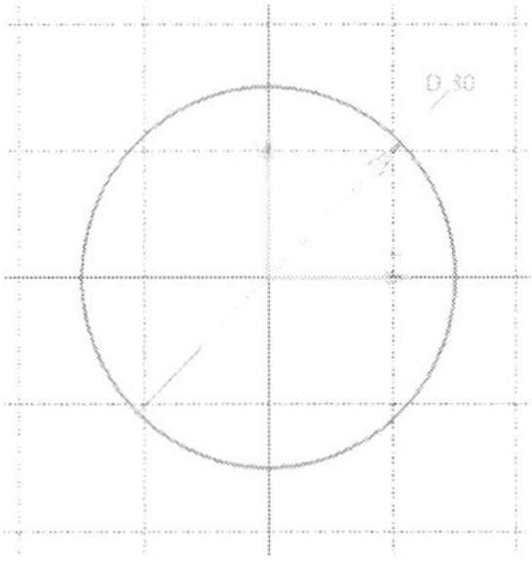

Exit Workbench

스케치에서 (나감)

Pad > First Limit Length = 20 mm

밀어서 (입체를 생성)

Product1 > Part1 (Part1.1) > Part1 > xy plane

(xy 평면)

Sketch

(스케치)

Rectangle

(직사각형)

Constraint

(구속)

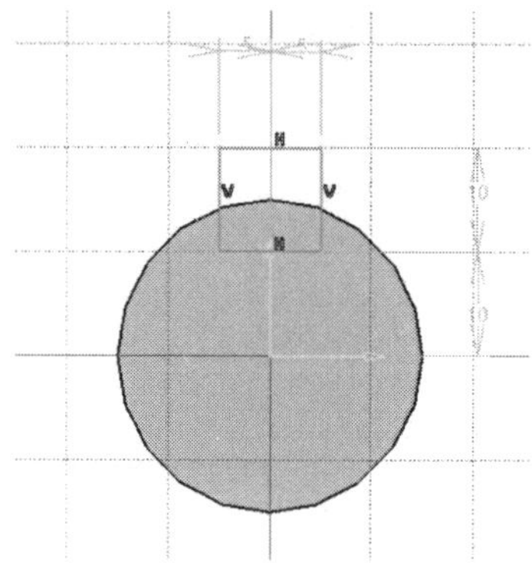

Pocket > Type = Dimension, Depth = 15 mm, Selection = Sketch.2

밀어서 (제거)

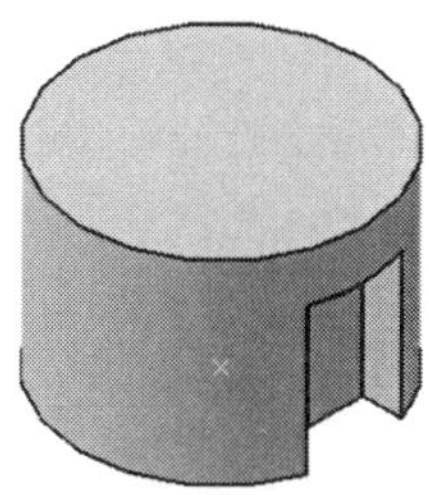

Apply Material > Metal > Steel, PartBody

(재료 부여 > 금속 > 강을 부품에)

Product1

(제품)

Part

(부품)

Product1 > Part2 (Part2.1) > Part2 > Partbody

(부품물체)

Product1 > Part2 (Part2.1) > Part2 > xy plane

(xy 평면)

Sketch

(스케치)

Rectangle

(직사각형)

Constraint

(구속) 너비 10 mm, 높이 8 mm

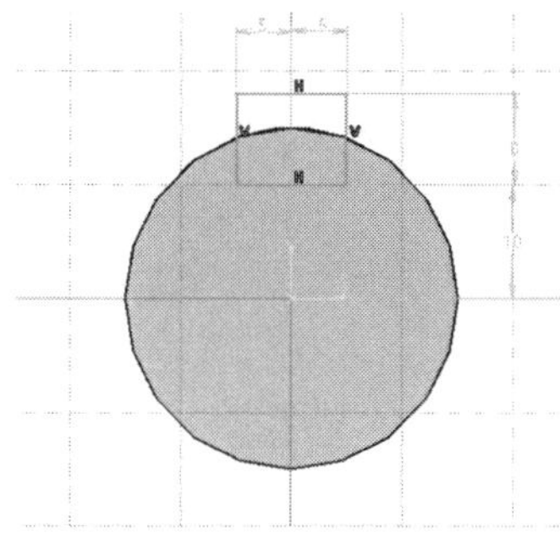

Exit Workbench

스케치에서 (나감)

Pad > First Limit Length = 15 mm

15 mm 밀어서 (입체를 생성)

Point > Point type = Coordinates (0, 0, 0)

(점)

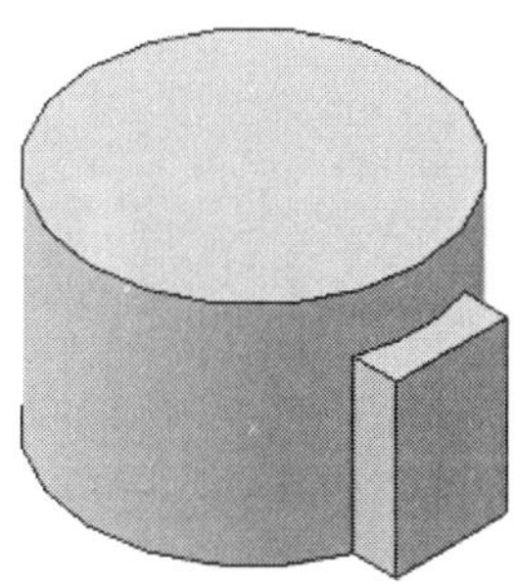

Apply Material > Metal > Steel, PartBody

(재료 부여 > 금속 > 강을 부품에)

Product1

(제품)

Part

(부품)

Product1 > Part3 (Part3.1) > Part3 > Partbody

(부품물체)

Product1 > Part3 (Part3.1) > Part3 > xy plane

(xy 평면)

Sketch

(스케치)

Circle

(원)

Constraint

(구속) 지름 60 mm

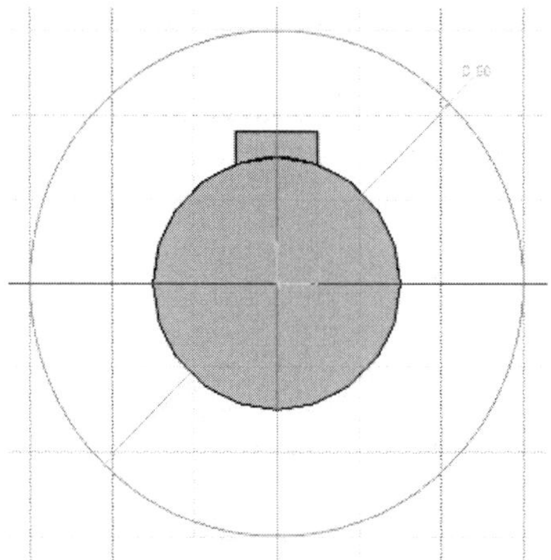

Exit Workbench

스케치에서 (나감)

Pad > First Limit Length = 20 mm

20 mm 밀어서 (입체를 생성)

Product1 > Part3 (Part3.1) > Part3 > xy plane

(xy 평면)

Sketch

(스케치)

Rectangle / Circle

(직사각형 / 원)

Constraint

(구속)

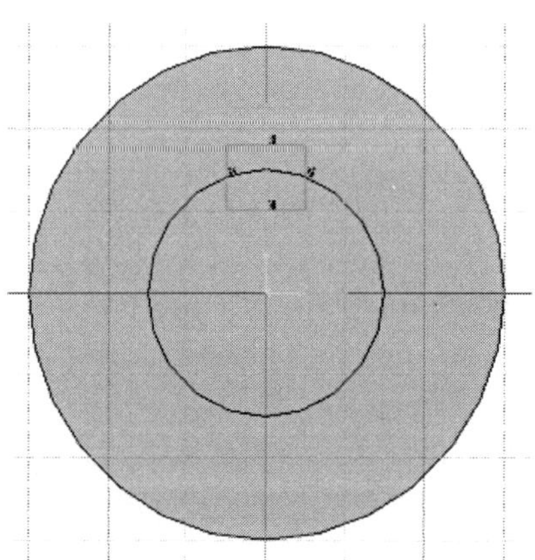

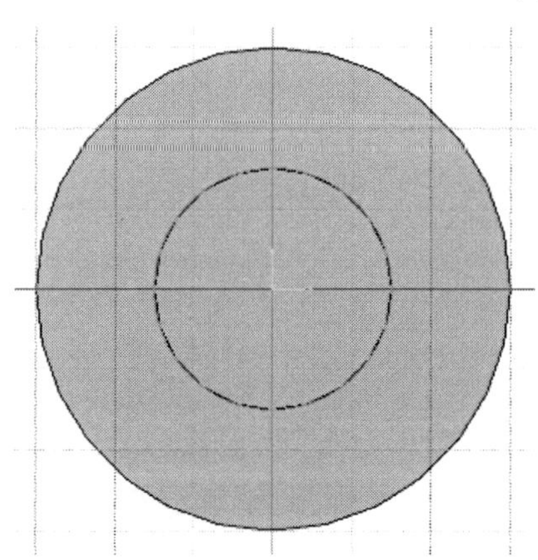

Pocket > Type = Dimension, Depth = 20 mm, Selection = ...

20 mm밀어서 (제거)

Apply Material > Metal > Steel, PartBody

(재료 부여 > 금속 > 강을 부품에)

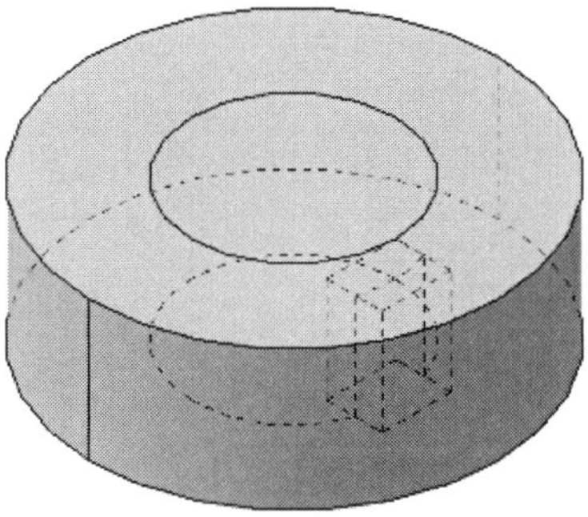

Generative Structural Analysis의 요점
-Static Analysis, Mesh Size
-Smooth Virtual Part
-Clamp, User-defined Restraint, Moment
-Principal Stress

Start > Analysis & Simulation > Generative Structural Analysis

(해석과 시뮬레이션 > 구조해석)

New Analysis Case = Static Analysis

(정적 해석)

Finite Element Model.1 > Nodes and Elements > OCTREE Tetrahedron Mesh.1:Part1.1 > Global Size = 5 mm, Proportional sag = 0.2, Element type = Parabolic, Local Size = 2 mm (접촉면)

Finite Element Model.1 > Nodes and Elements > OCTREE Tetrahedron Mesh.2:Part2.1 > Global Size = 5 mm, Proportional sag = 0.2, Element type = Parabolic, Local Size = 2 mm (접촉면)

Finite Element Model.1 > Nodes and Elements > OCTREE Tetrahedron Mesh.3:Part3.1 > Global Size = 5 mm, Proportional sag = 0.2, Element type = Parabolic, Local Size = 2 mm (접촉면)

(절점과 요소 > 사면체 요소망 > 전체적 크기와 비례 처짐, 요소형태)

General Analysis Connection > First component = ..., Second component = ... (접촉면 1)

(일반해석 연결)

Contact Connection Property > Supports = General Analysis Connection.1

(접촉연결 속성)

접촉면 5까지 반복

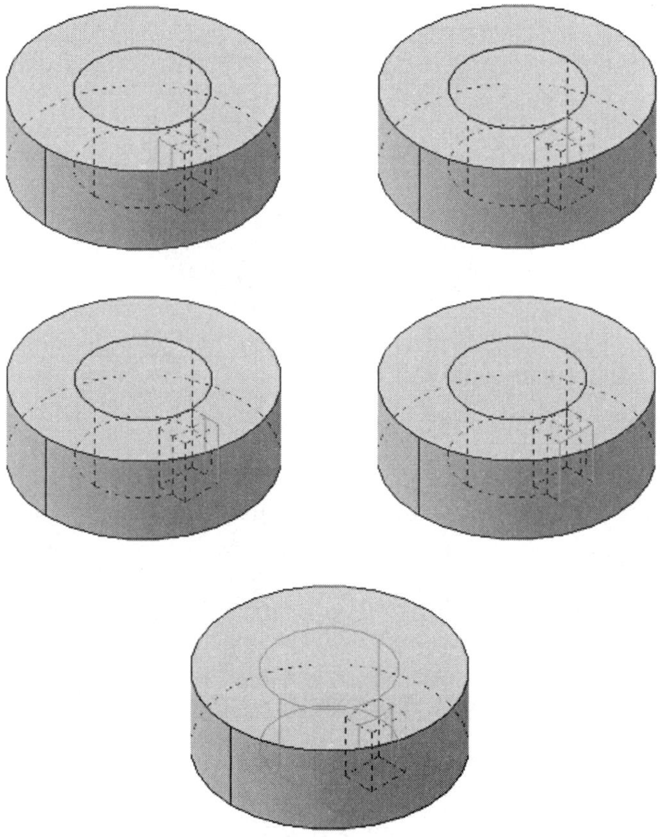

Smooth Virtual Part > Supports = ... (축의 측면), Handler = ... (축의 중심)

(가상 부품)

Clamp > Supports = ... (허브의 외면)

(고정)

User-defined Restraint > Supports = ... (z=0 대칭면), Restrain Translation 3

(사용자 정의 구속)

Moment > Supports = ... (축의 중심), Moment Vector Z = 500 N m

(모멘트) 500 N m

Compute > All

(계산)

Stress full tensor component (nodal values).1 > Visual Types = Average iso, Criteria = Von Mises

(응력) σ_{VM}

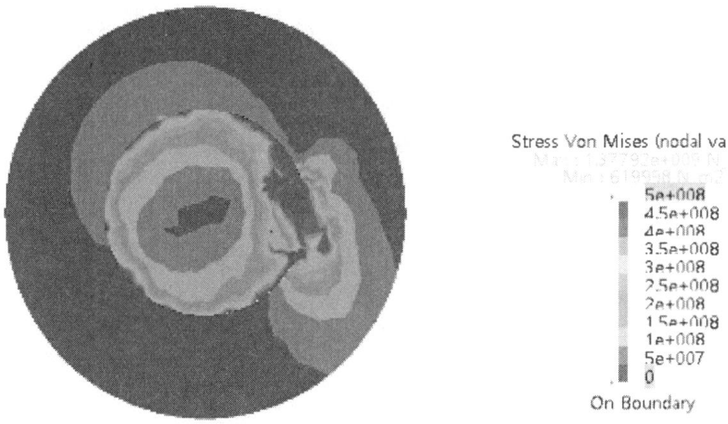

von Mises 응력 σ_{VM}

[볼트의 체결압력압축범위] M20 볼트로 두께 20 mm인 강판 2개를 20 kN으로 체결할 때 응력 분포를 구하시오.

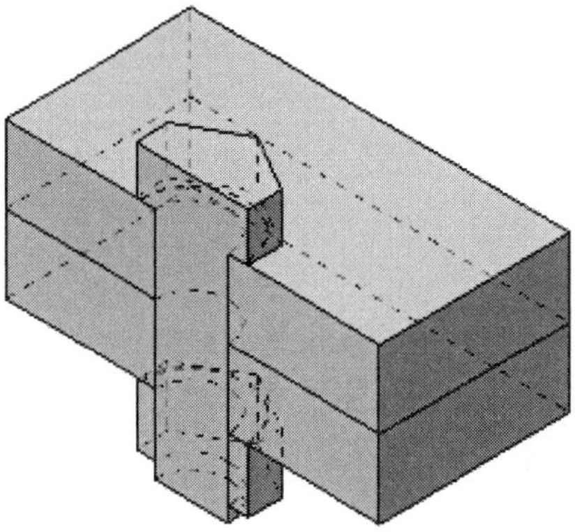

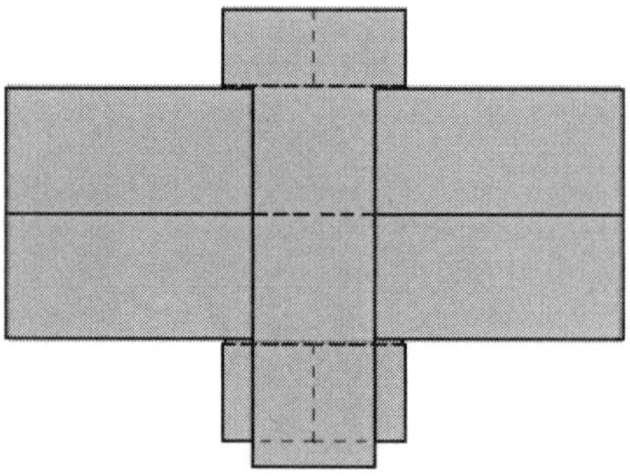

요점
-대칭을 이용하여 1/2만 모델링
-대칭면에 해당 구속조건을 부여, 접촉연결. 볼트체결력을 작용
-선택한 선을 따라 응력을 가시화.

Assembly Design의 요점
-Rectangle로 단면을 그리고 Constraint로 칫수를 부여하고
-Pad로 밀어 입체(Plate 1)를 생성
-이것을 저장하고 기존 부품으로 추가(Plate 2)
-Profile로 단면을 그리고 Constraint로 칫수를 부여하고
-Shaft로 돌려 입체(Bolt)를 생성
-Hexagon으로 단면을 그리고 Constraint로 칫수를 부여하고
-Pocket으로 밀어 입체(Bolt)를 수정
-Hexagon/Circle으로 단면을 그리고 Constraint로 칫수를 부여하고
-Pad로 밀어 입체(Nut)를 생성
-Profile로 단면을 그리고 Constraint로 칫수를 부여하고
-Pocket으로 밀어 입체(Nut)를 수정

Start > Mechanical Design > Assembly Design

(시작 > 기계설계 > 조립설계)

Part > Product1

(부품을 제품에)

Product1 > Part1 (Part1.1) > Part1 > Partbody

(부품물체)를 염

Product1 > Part1 (Part1.1) > Part1 > xy plane

(xy 평면)

Sketch

(스케치)

Rectangle

(직사각형)

Constraint

(구속) 칫수를 부여. 가로, 세로 50 mm

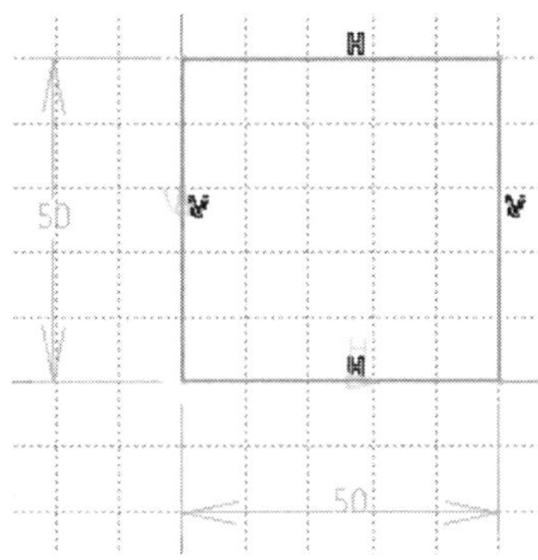

Exit Workbench

스케치에서 (나감)

Pad > First Limit Length = 20 mm

20 mm 밀어서 (입체를 생성)

Circle

(원) 지름 20 mm

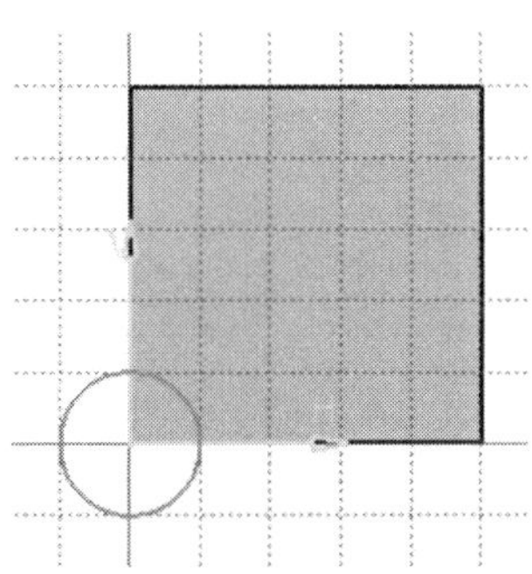

Exit Workbench

스케치에서 (나감)

Pocket > First limit Depth = 20 mm

20 mm 밀어서 (제거)

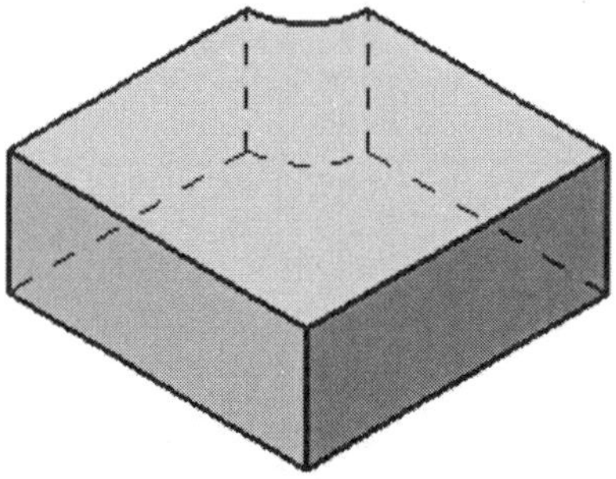

Apply Material > Metal > Steel, PartBody

(재료 부여 > 금속 > 강을 부품에)

Product1

(제품) 1

File > Save

(저장)

Existing Component > Part1.CATPart

(기존 부품)

Management > Drag along Z axis Part1 (Part1.2)

(조작 > Z축을 따라 끔)

Fix Component > Part1 (Part1.1)

(고정)

Contact Constraint ...

(접촉 구속)

Update All

(업데이트)

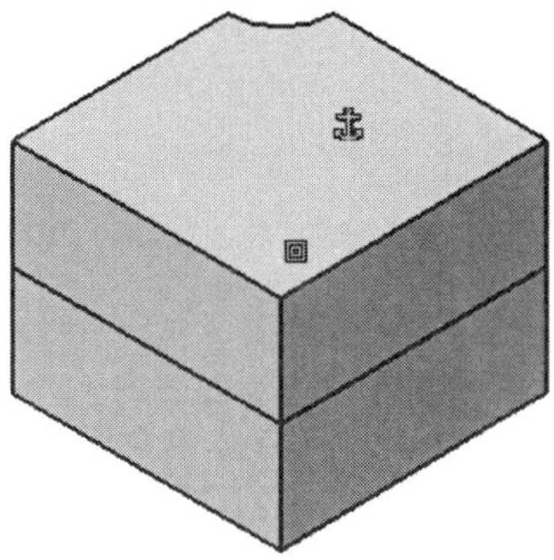

Part > Product1

(제품)

Part2 (Part2.1) > PartBody

(부품 물체)

zx plane > Sketch

(스케치)

Parameters for Compass Manipulation > Rotation Increment = 180 deg

(좌표계 조작 매개변수 > 회전 증분)

Profile

(윤곽)

Constraint

(구속) 머리 반지름 14.1 mm, 머리 높이 12.5 mm, 돌출 높이 20 mm

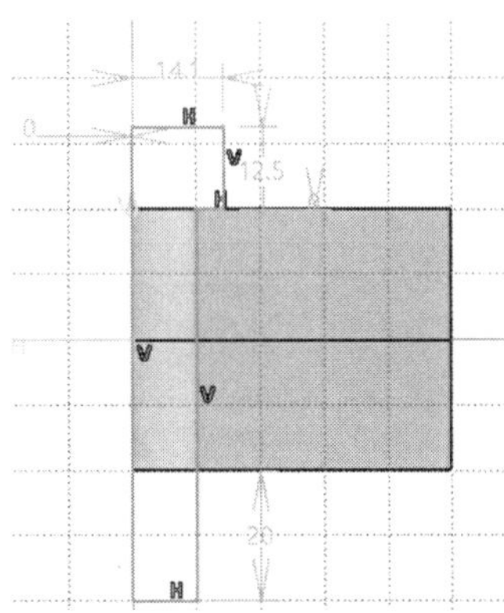

Exit Workbench

스케치에서 (나감)

Shaft > First angle = 90deg, Axis Section = Z Axis

(축) 스케치한 것을 X축에 관하여 90° 회전하여 입체를 생성

Sketch

(스케치)

Hexagon

(육각형)

Constraint

(구속) 육각형 맞변 거리 30 mm

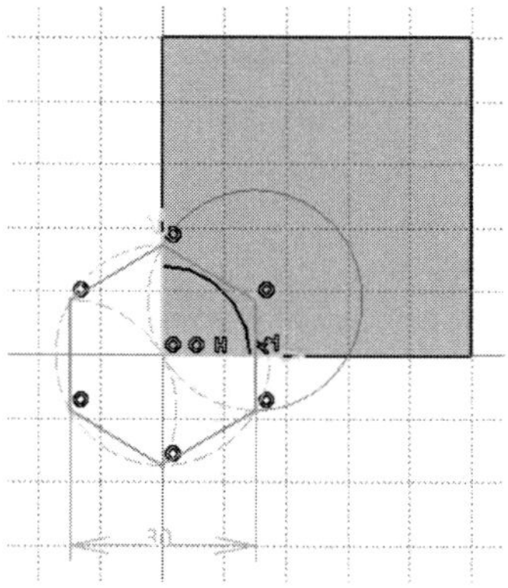

Exit Workbench

스케치에서 (나감)

Pad > First Limit Length = 12.3 mm

12.3 mm 밀어서 (입체를 생성)

Sketch

(스케치)

Profile

(윤곽)

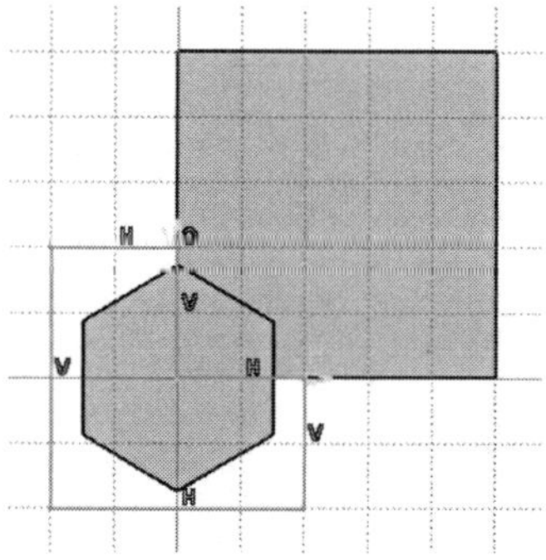

Exit Workbench

스케치에서 (나감)

Pocket > First limit Depth = 12.3 mm

밀어서 (제거)

Apply Material > Metal > Steel, PartBody

(재료 부여 > 금속 > 강을 부품에)

Rectangle

(직사각형) 가로 4.25 mm, 세로 0.5 mm

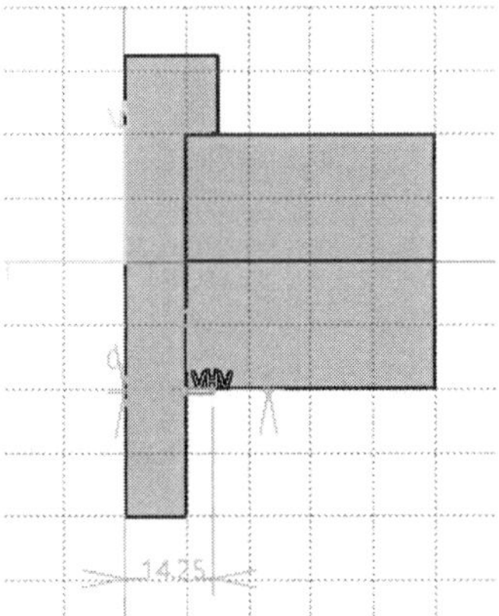

Hexagon

(육각형) 맞변 거리 30 mm

Circle

(원) 지름 20 mm

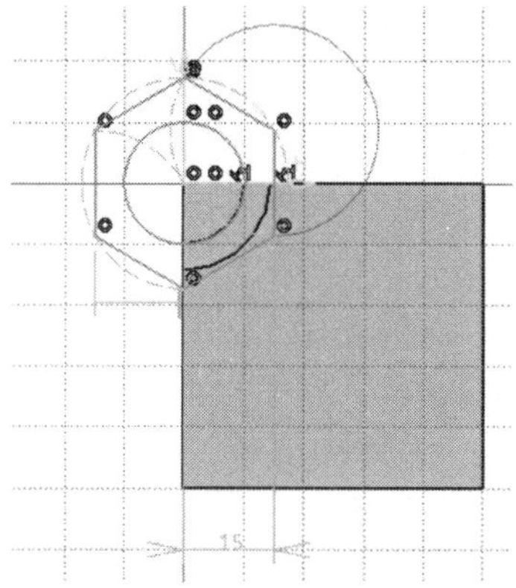

Pad > First Limit Length = 15.4 mm

15.4 mm 밀어서 (입체를 생성)

Profile

(윤곽)

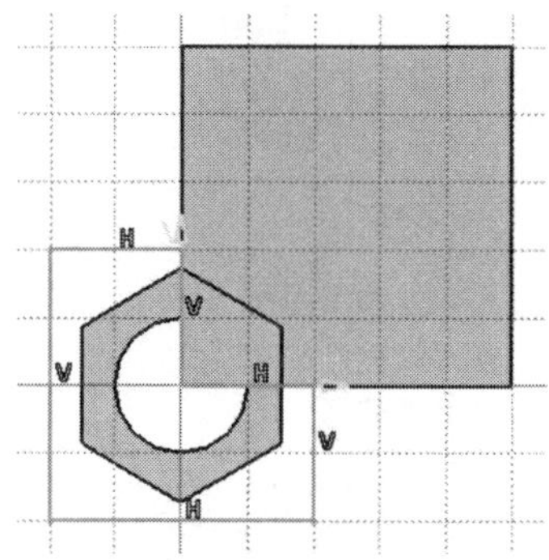

Pocket > First limit Depth = 15.4 mm

15.4 mm 밀어서 (제거)

Apply Material > Metal > Steel, PartBody

(재료 부여 > 금속 > 강을 부품에)

Generative Structural Analysis의 요점
-Static Analysis, Mesh Size
-User-defined Restraint, Bolt Tightening Connection Property
-Principal Stress

Start > Analysis & Simulation > Generative Structural Analysis
(해석과 시뮬레이션 > 구조해석)

New Analysis Case = Static Analysis
(정적해석)

Finite Element Model.1 > Nodes and Elements > OCTREE Tetrahedron Mesh.1:Part1.1 > Global Size = 5 mm, Proportional sag = 0.2, Element type = Parabolic, Local Size = 2 mm (접촉면)

Finite Element Model.1 > Nodes and Elements > OCTREE Tetrahedron Mesh.2:Part1.2 > Global Size = 5 mm, Proportional sag = 0.2, Element type = Parabolic, Local Size = 2 mm (접촉면)

Finite Element Model.1 > Nodes and Elements > OCTREE Tetrahedron Mesh.3:Part2.1 > Global Size = 5 mm, Proportional sag = 0.2, Element type = Parabolic, Local Size = 2 mm (접촉면)

Finite Element Model.1 > Nodes and Elements > OCTREE Tetrahedron Mesh.4:Part3.1 > Global Size = 5 mm, Proportional sag =

0.2, Element type = Parabolic, Local Size = 2 mm (접촉면)

(절점과 요소 > 사면체 요소망 > 전체적 크기와 비례 처짐, 요소형태)

General Analysis Connection > First Component = 볼트 머리 접촉면, Second Component= 강판 1 접촉면

General Analysis Connection > First Component = 강판 1 접촉면, Second Component= 강판 2 접촉면

General Analysis Connection > First Component = 강판 2 접촉면, Second Component= 너트 접촉면

General Analysis Connection > First Component = 강판 1 접촉면, Second Component= 볼트 자루 접촉면

General Analysis Connection > First Component = 강판 2 접촉면, Second Component= 볼트 자루 접촉면

General Analysis Connection > First Component = 너트 접촉면, Second Component= 볼트 자루 접촉면

(일반해석 연결)

Contact Connection Property > Supports =General Analysis Connection.1

(General Analysis Connection.6까지 반복)

(접촉연결 속성)

User-defined Restraint > Supports = ..., Restrain Translation 1

User-defined Restraint > Supports = ..., Restrain Translation 2

User-defined Restraint > Supports = ..., Restrain Translation 3

(사용자 정의 구속 > 해당하는 면의 X축, Y축, Z축 방향 이동을 구속)

Line Group > Support = 2 Edges (강판 1 상하 가장자리)

(선 그룹)

Bolt Tightening Connection Property.1 > Supports = General Analysis Connection.7, Tightening force = 5000 N, Orientation = Same

(볼트 체결 연결) 체결력 5,000 N

Compute > All

(계산)

Principal Stress

(주응력)

Stress full tensor component (nodal values).1 > Visual Types =

Average iso, Criteria = Tensor component C33

(응력 > 시각화 형태와 기준을 선택) σ_z

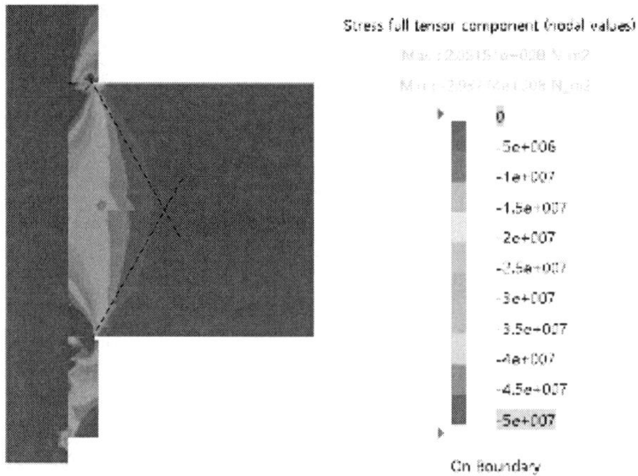

응력 σ_z. 이론적으로 수직방향에서 30° 기울어진 점선 내부 영역만 압축되는 것으로 취급하는 것과 일치한다.

[볼트 너트 체결] 다음과 같이 M20 볼트와 너트로 체결할 때 응력 분포를 구하시오.

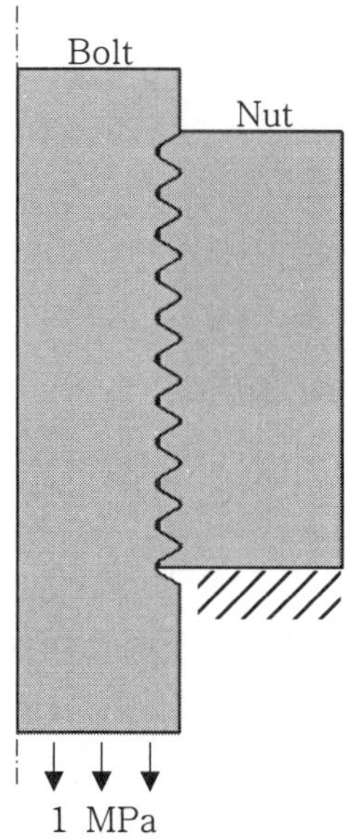

요점
-대칭을 이용하여 1/24만 모델링
-대칭면에 해당 구속조건을 부여, 접촉연결. 압력(균일응력)을 작용.
-선택한 선을 따라 변위와 응력을 출력.

Assembly Design의 요점
-Rectangle로 단면을 그리고 Constraint로 칫수를 부여하고
-Shaft로 돌려 입체(Bolt)를 생성
-Profile/Corner로 단면을 그리고 Constraint로 칫수를 부여하고
-Groove로 돌려 입체(Bolt)를 수정
-Rectangular Pattern으로 입체(Bolt)를 수정
-Axis System으로 국부좌표계를 생성
-Rectangle로 단면을 그리고 Constraint로 칫수를 부여하고
-Shaft로 돌려 입체(Nut)를 생성
-Profile/Corner로 단면을 그리고 Constraint로 칫수를 부여하고
-Groove로 돌려 입체(Nut)를 수정
-Rectangular Pattern으로 입체(Nut)를 수정

Start > Mechanical Design > Assembly Design

(시작 > 기계설계 > 조립설계)

Part > Product1

(제품)

Product1 > Part1 (Part1.1) > Part1 > Partbody

(부품물체)

Product1 > Part1 (Part1.1) > Part1 > xy plane

(xy 평면)

Sketch

(스케치)

Rectangle

(직사각형)

Constraint

(구속) 칫수를 부여. 가로 10 mm, 세로 40 mm

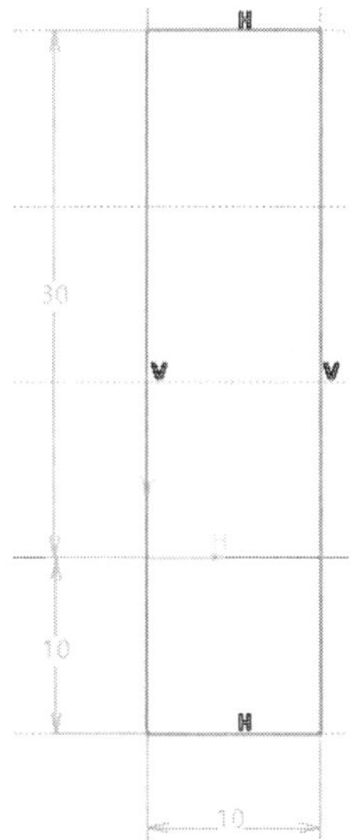

Exit Workbench

스케치에서 (나감)

Shaft > First angle = 15deg, Axis Section = Z Axis

(축) 스케치한 것을 Z축에 관하여 15° 회전하여 입체를 생성

Product1 > Part1 (Part1.1) > Part1 > xy plane

(xy 평면)

Sketch

(스케치)

Profile

(윤곽)

Corner

(모서리)

Constraint

(구속) 칫수를 부여. 축방향 2.188 mm, 반경방향 1.353 mm

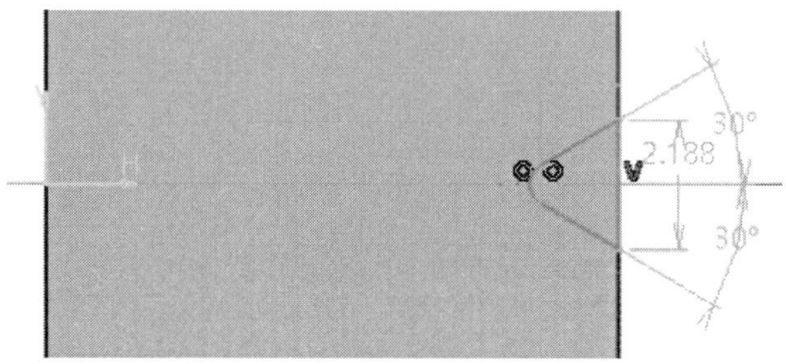

Exit Workbench

스케치에서 (나감)

Groove > First angle = 15deg, Axis Section = Z Axis

(홈) 스케치한 것을 Z축에 관하여 15° 회전하여 홈을 팜

Rectangular Pattern > First Direction Instances = 11, Spacing = 2.5 mm, Reference Direction = Z Axis

(직사각형 패턴) Z축 방향으로 2.5 mm 간격으로 11개

Axis System > Axis system type = Euler angles > Angle 3 = 15deg

Z축에 관하여 15° 회전한 국부좌표계를 생성

Apply Material > Metal > Steel, PartBody

(재료 부여 > 금속 > 강을 부품에)

Part > Product1

(제품)

Product1 > Part2 (Part2.1) > Part2 > Partbody

(부품물체)

Product1 > Part2 (Part2.1) > Part2 > xy plane

(xy 평면에) 그림

Sketch

(스케치)

Rectangle

(직사각형)

Constraint

(구속) 칫수를 부여. 가로 11.354 mm, 세로 26.25 mm

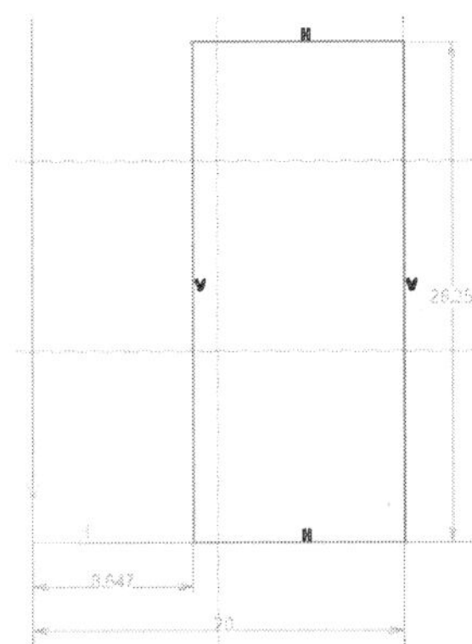

Exit Workbench

스케치에서 (나감)

Shaft > First angle = 15deg, Axis Section = Z Axis

(축) 스케치한 것을 Z축에 관하여 15° 회전하여 입체를 생성

Product1 > Part2 (Part2.1) > Part2 > xy plane

(xy 평면)

Sketch

(스케치)

Profile

(윤곽)

Corner

(모서리)

Constraint

(구속) 칫수를 부여. 축방향 1.875 mm, 반경방향 1.353 mm

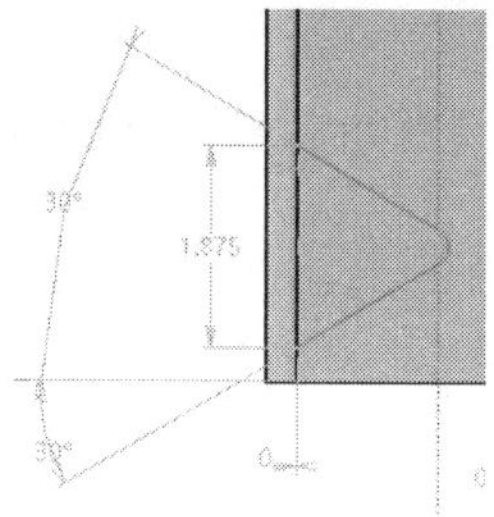

Exit Workbench

스케치에서 (나감)

Groove > First angle = 15deg, Axis Section = Z Axis

(홈) 스케치한 것을 Z축에 관하여 15° 회전하여 홈을 팜

Rectangular Pattern > First Direction Instances = 11, Spacing = 2.5 mm, Reference Direction = Z Axis

(직사각형 패턴) Z축 방향으로 2.5 mm 간격으로 11개

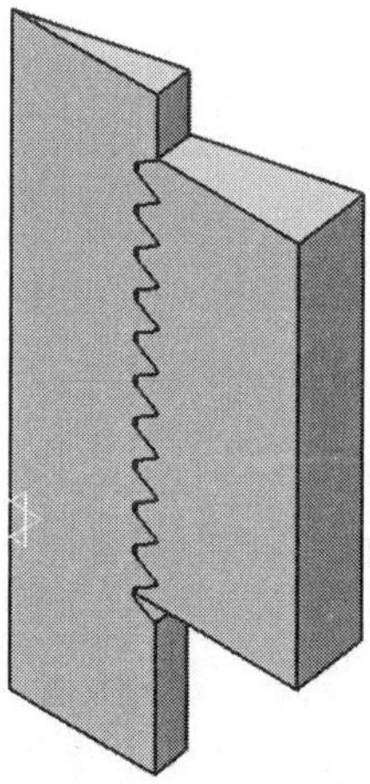

Apply Material > Metal > Steel, PartBody

(재료 부여 > 금속 > 강을 부품에)

Generative Structural Analysis의 요점
-Static Analysis, Mesh Size
-User-defined Restraint, Pressure
-Displacements, Principal Stress

Start > Analysis & Simulation > Generative Structural Analysis

(해석과 시뮬레이션 > 구조해석)

New Analysis Case = Static Analysis

(정적 해석)

Finite Element Model.1 > Nodes and Elements > OCTREE Tetrahedron Mesh.1:Part1.1 > Global Size = 1 mm, Proportional sag = 0.2, Element type = Parabolic

(볼트)

Finite Element Model.1 > Nodes and Elements > OCTREE Tetrahedron Mesh.1:Part1.1 > Global Size = 1 mm, Proportional sag = 0.2, Element type = Parabolic

(너트)

(절점과 요소 > 사면체 요소망 > 전체적 크기와 비례 처짐, 요소형태)

User-defined Restraint > Supports = ..., Restrain Translation 1

User-defined Restraint > Supports = ..., Axis System Type = User Current axis = Axis System.1, Restrain Translation 1

User-defined Restraint > Supports = ..., Restrain Translation 3

(사용자 정의 구속 > 해당하는 면의 X축, Y축, Z축 방향 이동을 구속)

Pressure > Pressure = -1e6 N/m^2

(압력 > 해당하는 면에 하중성분을 작용) 1e6 N/m^2

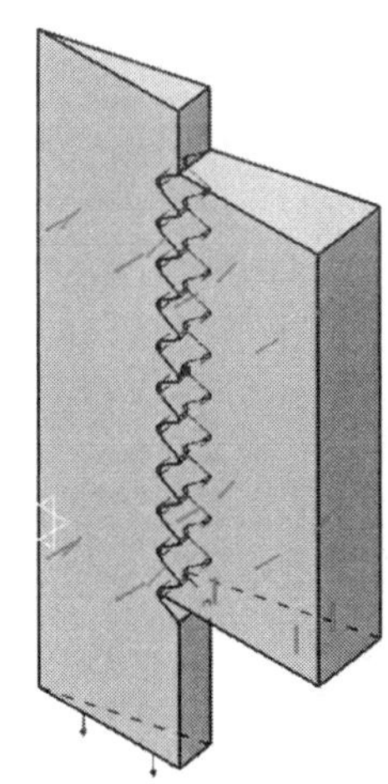

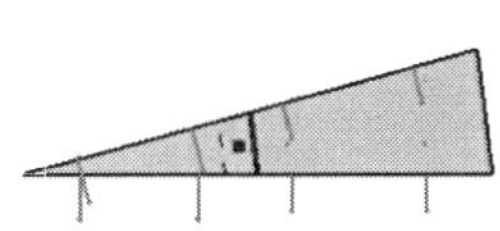

General Analysis Connection > First component = ..., Second component = ...

(일반해석 연결) 접촉면을 지정

Contact Connection Property > Supports = General Analysis Connection.1

(접촉연결 속성) 접촉면

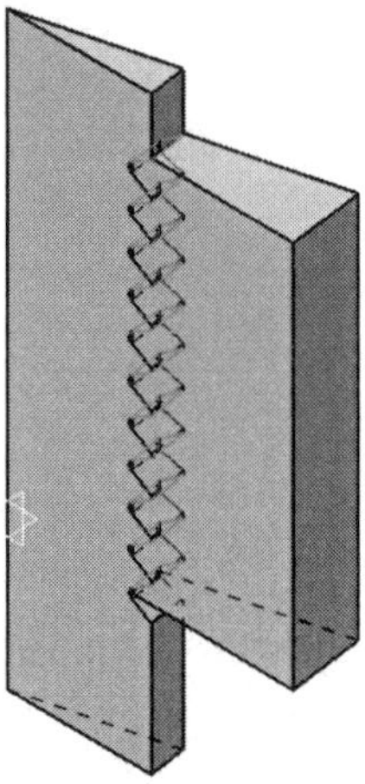

Compute > All

(계산)

Translational displacement component.1 > Criteria = Vector component C3

(변위 > 시각화 그룹을 선택) w

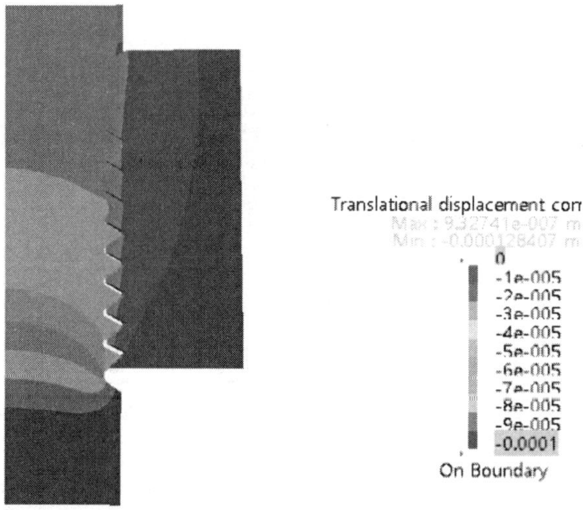

축방향 변위 w

Line Group > Supports = ...

(선 그룹)

Stress full tensor component (nodal values).1 > Visual Types = Average iso, Axis system = (Manual) Cylindrical, Criteria = Von Mises

(응력) σ_{VM}

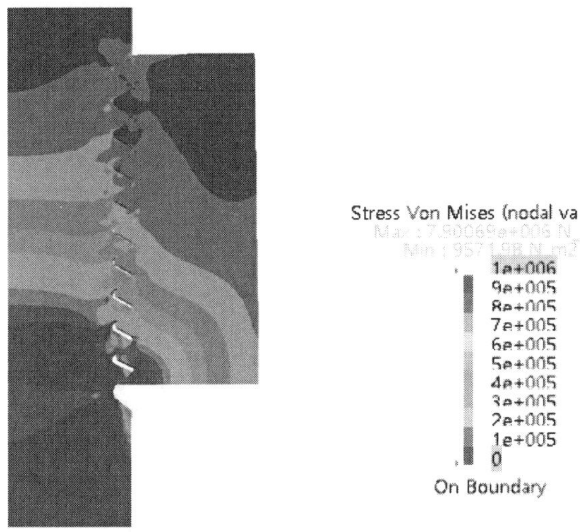

von Mises 응력 σ_{VM}

Stress full tensor component (nodal values).1 > Visual Types = Average iso, Axis system = (Manual) Cylindrical, Criteria = Von Mises, Selections = Line Group.1

(응력 > 시각화 그룹을 선택)

Finite Element Model.1 > Static Case > Static Case Solution.1 > Stress principal tensor symbol.1 > Export Data

(데이터를 출력)

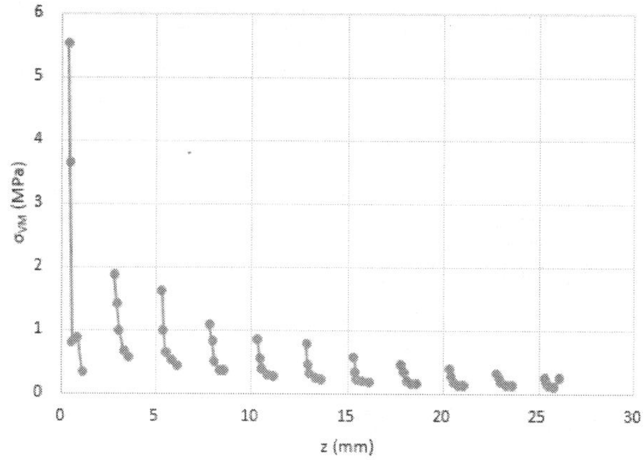

나사산 접촉응력은 볼트 자루쪽에 가까울수록 크다.

[리벳 겹치기 이음] 다음과 같은 리벳 겹치기 이음이 인장력을 받을 때 5개 리벳 각각의 하중분담율을 구하시오.

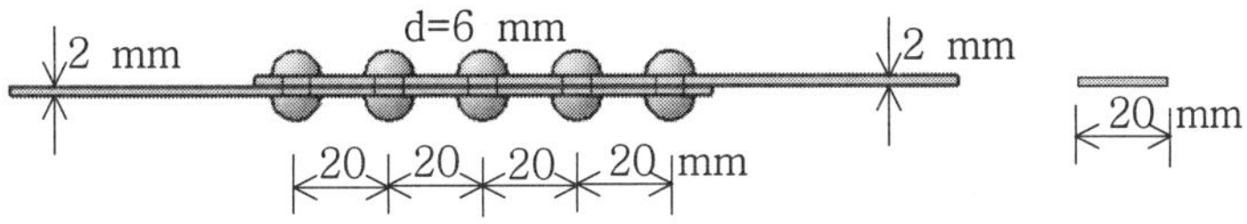

요점
-대칭을 이용하여 1/2만 모델링
-대칭면에 해당 구속조건을 부여, 접촉연결. 분포하중(집중하중)을 작용
-선택한 선을 따라 응력을 출력.

Assembly Design의 요점
-Rectangle로 단면을 그리고 Constraint로 칫수를 부여하고
-Pad로 밀어 입체(Plate1)를 생성
-Circle로 단면을 그리고 Constraint로 칫수를 부여하고
-Pocket으로 밀어 입체(Plate1)를 수정
-저장
-Arc/Profile로 단면을 그리고 Constraint로 칫수를 부여하고
-Shaft로 돌려 입체(Rivet)를 생성
-기존부품(Plate1)을 불러 추가(Plate2)
-Fix/Coincidence로 조립

Start > Mechanical Design > Assembly Design

(시작 > 기계설계 > 조립설계)

Part > Product1

(제품)

Product1 > Part1 (Part1.1) > Part1 > Partbody

(부품물체)

Product1 > Part1 (Part1.1) > Part1 > xy plane

(xy 평면에) 그림

Sketch

(스케치)

Rectangle

(직사각형)

Constraint

(구속) 가로 150 mm, 세로 10 mm

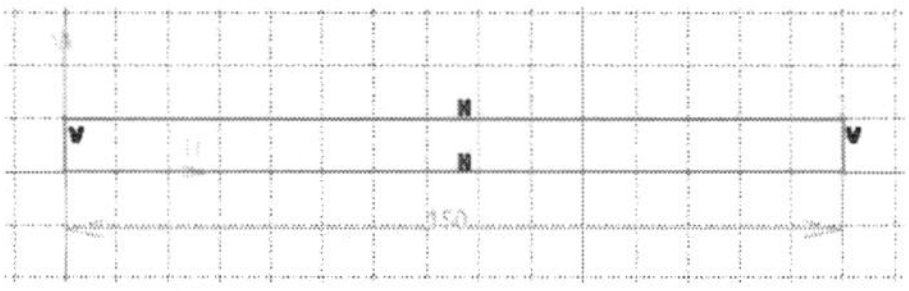

Exit Workbench

스케치에서 (나감)

Pad > First Limit Length = 2 mm

2 mm 밀어서 (입체를 생성)

Sketch

(스케치)

Circle

(원)

Constraint

(구속) 지름 9 mm

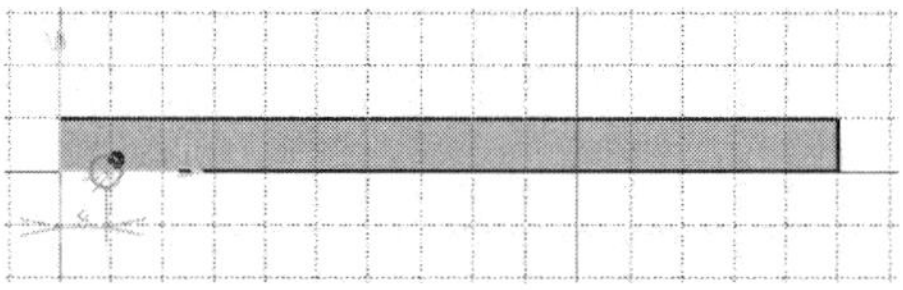

Exit Workbench

스케치에서 (나감)

Pocket > First limit Depth = 2 mm

2 mm 밀어서 (제거)

Rectangular Pattern > First Direction Instances = 5, Spacing = 20 mm, Reference Direction = X Axis

(직사각형 패턴) X축 방향 20 mm 간격으로 5개

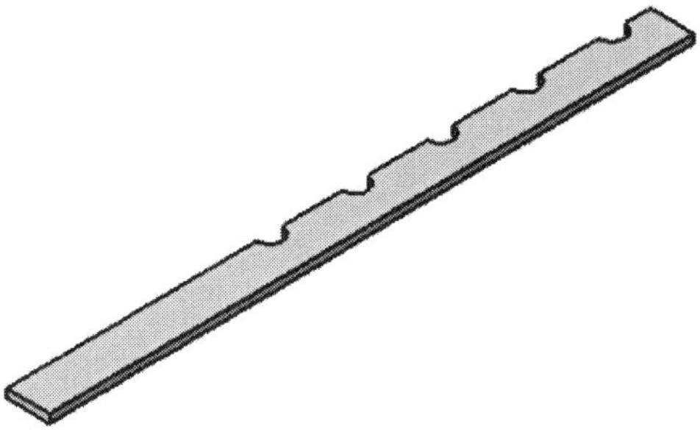

Apply Material > Metal > Steel, PartBody

(재료 부여 > 금속 > 강을 부품에)

Product1

(제품)

Save

(저장)

Part

(부품)

Product1 > Part2 (Part2.1) > Part2 > Partbody

(부품물체)

Product1 > Part2 (Part2.1) > Part2 > xy plane

(xy 평면)

Sketch

(스케치)

Circle

(원)

Constraint

(구속) 가장자리에서 중심까지 9 mm, 반지름 3 mm

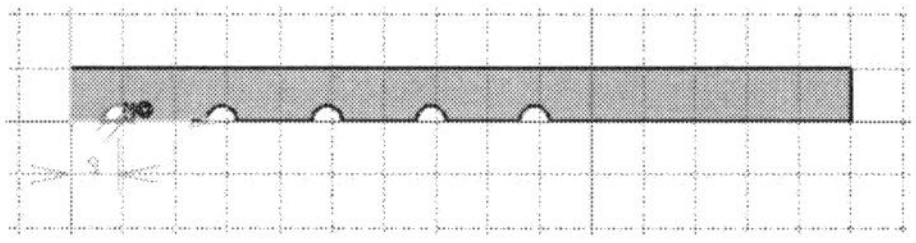

Exit Workbench

스케치에서 (나감)

Pad > First Limit Length = 2 mm

2 mm 밀어서 (입체를 생성)

Sketch

(스케치)

Arc

(호)

Profile

(윤곽)

Constraint

(구속) 가장자리에서 중심까지 9 mm, 반지름 5 mm

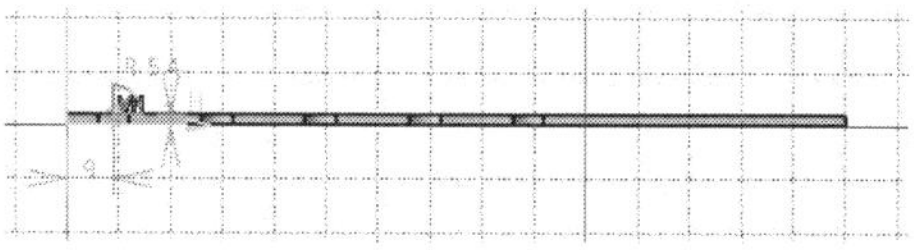

Shaft > First angle = 180deg, Axis Section = Z Axis

(축) 스케치한 것을 Z축에 관하여 180° 회전하여 입체를 생성

Mirror > Mirroring element = ..., Mirroring object = ...

(거울)

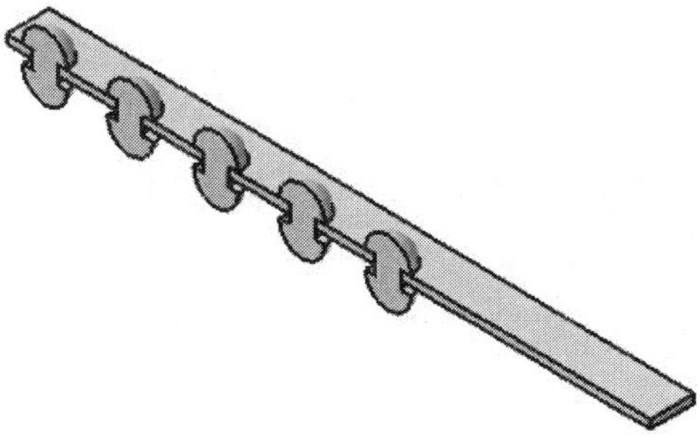

Apply Material > Metal > Steel, PartBody

(재료 부여 > 금속 > 강을 부품에)

Product1

(제품)

Existing Component > Part.1

(기존 부품)

Fix

(고정)

Coincidence

축을 (일치시킴)

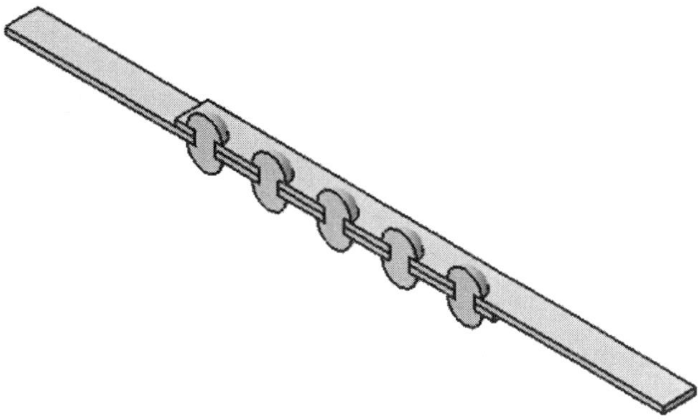

Generative Structural Analysis의 요점
-Static Analysis, Mesh Size
-User-defined Restraint, Distributed Force, Contact Connection Property
-Principal Stress

Start > Analysis & Simulation > Generative Structural Analysis

(해석과 시뮬레이션 > 구조해석)

New Analysis Case = Static Analysis

(정적 해석)

Finite Element Model.1 > Nodes and Elements > OCTREE Tetrahedron Mesh.1:Part1.1 > Global Size = 2 mm, Proportional sag = 0.2, Element type = Parabolic, Local Size = 1 mm (접촉면)

Finite Element Model.1 > Nodes and Elements > OCTREE Tetrahedron Mesh.2:Part2.1 > Global Size = 2 mm, Proportional sag = 0.2, Element type = Parabolic, Local Size = 1 mm (접촉면)

Finite Element Model.1 > Nodes and Elements > OCTREE Tetrahedron Mesh.3:Part1.2 > Global Size = 2 mm, Proportional sag = 0.2, Element type = Parabolic, Local Size = 1 mm (접촉면)

(절점과 요소 > 사면체 요소망 > 전체적 크기와 비례 처짐, 요소형태)

General Analysis Connection > First component = ..., Second component = ... (Part1.1과 1.2 접촉면)

Contact Connection Property > Supports = General Analysis Connection.1

(일반해석 연결, 접촉 연결 속성) 1

General Analysis Connection > First component = ..., Second component = ... (Part2 머리와 Part1.1 접촉면)
Contact Connection Property > Supports = General Analysis Connection.2

(일반해석 연결, 접촉연결 속성) 2

General Analysis Connection > First component = ..., Second component = ... (Part2 머리와 Part1.2 접촉면)
Contact Connection Property > Supports = General Analysis Connection.3

(일반해석 연결, 접촉연결 속성) 3

(Part2 측면과 Part1.1 접촉면, Part2 측면과 Part1.2 접촉면에 대하여 반복)

User-defined Restraint > Supports = ... (Part1.2의 끝단면), Restrain Translation 1,2,3
User-defined Restraint > Supports = ... (y=0 대칭면), Restrain Translation 2
User-defined Restraint > Supports = ... (Part1.1의 끝단면), Restrain Translation 2,3

(사용자 정의 구속)

Pressure > Pressure = -1e6 N/m^2

(압력 > 해당하는 면에 하중성분을 작용) 1e6 N/m^2

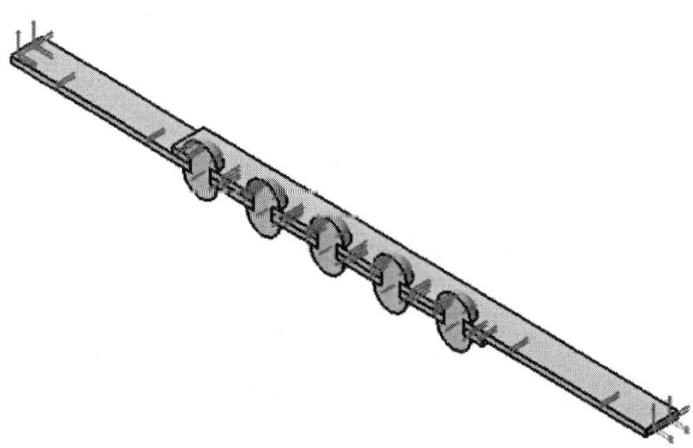

Line Group > Supports = ... (Part1.1의 y=0, z=0인 선)

Line Group > Supports = ... (Part1.2의 y=0, z=0인 선)

(선 그룹)

Compute > All

(계산)

Stress full tensor component (nodal values).1 > Visual Types = Average iso, Criteria = Component C11

(응력 > 시각화 그룹을 선택) σ_x

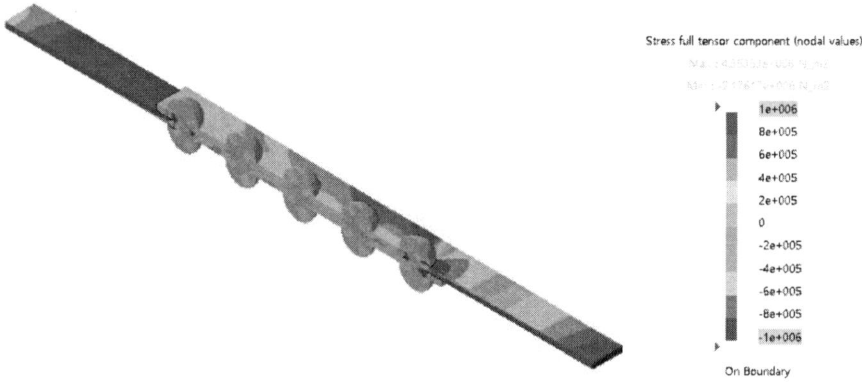

응력 σ_x

Stress full tensor component (nodal values).1 > Visual Types = Average iso, Criteria = Component C11, Selections = Line Group.1 & Line Group.2

(응력 > 시각화 그룹을 선택)

Finite Element Model.1 > Static Case > Static Case Solution.1 > Stress principal tensor symbol.1 > Export Data

(데이터를 출력)

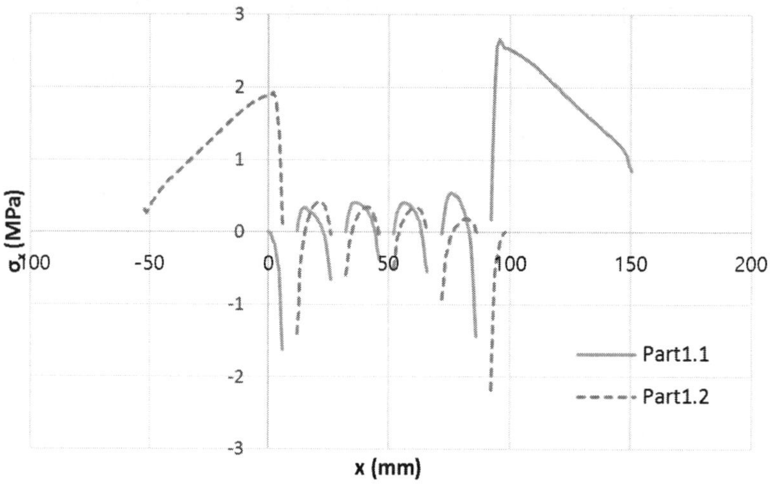

리벳과 강판의 접촉응력은 외부로 갈수록 증가한다.

[리벳 고정] 다음과 같이 강판을 리벳 4개로 벽에 고정하고, 하중 70 kN을 가할 때 리벳이 받는 전단력을 구하시오.

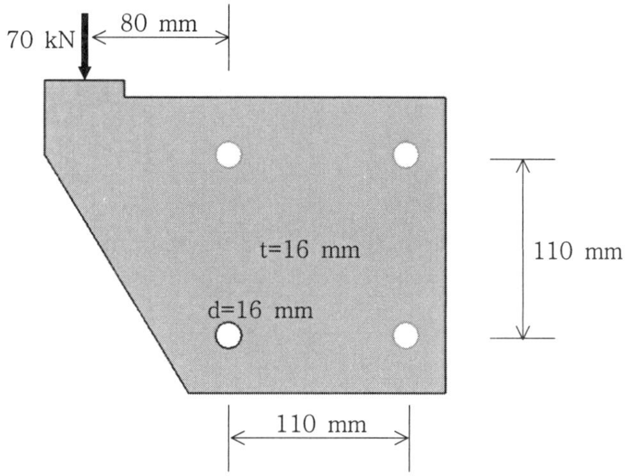

요점
-대칭을 이용하여 1/2만 모델링
-대칭면에 해당 구속조건을 부여, 접촉연결. 분포하중(집중하중)을 작용
-응력을 가시화.

Assembly Design의 요점
-Profile로 단면을 그리고 Constraint로 칫수를 부여하고
-Pad로 밀어 입체(Plate)를 생성
-Circle로 단면을 그리고 Constraint로 칫수를 부여하고
-Pocket으로 밀어 입체(Plate)를 수정
-Rectangular Pattern으로 입체(Plate)를 수정
-Circle로 단면을 그리고 Constraint로 칫수를 부여하고
-Pad로 밀어 입체(Rivet)를 생성
-Rectangular Pattern으로 입체(Rivet)를 수정

Start > Mechanical Design > Assembly Design

(시작 > 기계설계 > 조립설계)

Part > Product1

(제품)

Product1 > Part1 (Part1.1) > Part1 > Partbody

(부품물체)

Product1 > Part1 (Part1.1) > Part1 > xy plane

(xy 평면에) 그림

Sketch

(스케치)

Profile

(윤곽) 형상의 특징을 그림

Constraint

(구속) 칫수를 부여. 좌상에서 가로 90, 세로 35 mm. 우하에서 가로 160, 세로 180 mm

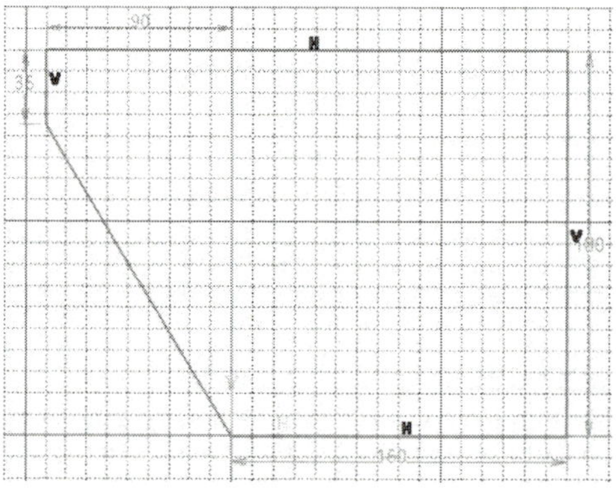

Exit Workbench

스케치에서 (나감)

Pad > First Limit Length = 8 mm

8 mm 밀어서 (입체를 생성)

Product1 > Part1 (Part1.1) > Part1 > yz plane

(yz 평면)

Sketch

(스케치)

Circle

(원)

Constraint

(구속) 가장자리에서 중심까지 25 mm, 지름 16 mm

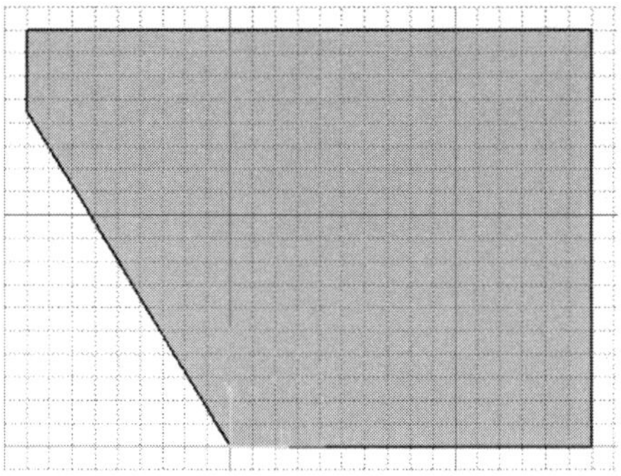

Exit Workbench

스케치에서 (나감)

Pocket > First limit Depth = 8 mm

8 mm 밀어서 (제거)

Rectangular Pattern > First Direction Instances = 2, Spacing = 110 mm, Reference Direction = X Axis, Second Direction Instances = 2, Spacing = 110 mm, Reference Direction = Y Axis

(직사각형 패턴) X축 방향 110 mm 간격으로 2개, Y축 방향 110 mm 간격으로 2개

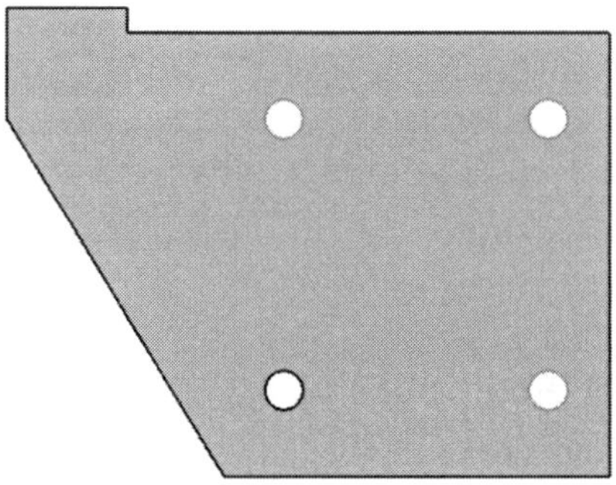

Apply Material > Metal > Steel, PartBody

(재료 부여 > 금속 > 강을 부품에)

Assembly Design

(시작 > 기계설계 > 조립설계)

Part > Product1

(제품)

Product1 > Part1 (Part1.1) > Part1 > Partbody

(부품물체)

Product1 > Part1 (Part1.1) > Part1 > xy plane

(xy 평면)

Sketch

(스케치)

Rectangle

(직사각형)

Constraint

(구속) 칫수를 부여

Circle

(원)

Constraint

(구속)

Exit Workbench

스케치에서 (나감)

Pad > First Limit Length = 8 mm

밀어서 (입체를 생성)

Rectangular Pattern > First Direction Instances = 2, Spacing = 110 mm, Reference Direction = X Axis, Second Direction Instances = 2, Spacing = 110 mm, Reference Direction = Y Axis

(직사각형 패턴) X축 방향 110 mm 간격으로 2개, Y축 방향 110 mm 간격으로 2개

Apply Material > Metal > Steel, PartBody

(재료 부여 > 금속 > 강을 부품에)

Generative Structural Analysis의 요점
-Static Analysis, Mesh Size
-User-defined Restraint, Distributed Force, Contact Connection Property
-Principal Stress

Start > Analysis & Simulation > Generative Structural Analysis

(해석과 시뮬레이션 > 구조해석)

New Analysis Case = Static Analysis

(정적 해석)

Finite Element Model.1 > Nodes and Elements > OCTREE Tetrahedron Mesh.1:Part1.1 > Global Size = 10 mm, Proportional sag

= 0.2, Element type = Parabolic, Local Size = 2 mm (접촉면)

(평판)

Finite Element Model.1 > Nodes and Elements > OCTREE Tetrahedron Mesh.1:Part1.1 > Global Size = 5 mm, Proportional sag = 0.2, Element type = Parabolic, Local Size = 2 mm (접촉면)

(리벳)

(절점과 요소 > 사면체 요소망 > 전체적 크기와 비례 처짐, 요소형태)

User-defined Restraint > Supports = ..., Restrain Translation 1, 2, & 3

User-defined Restraint > Supports = ..., Restrain Translation 3

(사용자 정의 구속 > 해당하는 면의 X축, Y축, Z축 방향 이동을 구속)

Distributed Force > Supports = ..., Force Vector Y = -35,000 N

(분포하중 > 해당하는 면에 하중성분을 작용) Y축 방향 -35,000 N

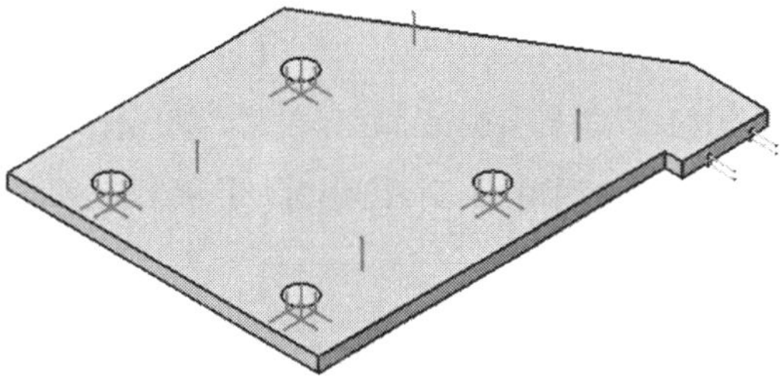

General Analysis Connection > First component = ..., Second component = ...

(일반해석 연결)

Contact Connection Property > Supports = General Analysis Connection.1

(접촉연결 속성)

Compute > All

(계산)

Stress full tensor component (nodal values).1 > Visual Types = Average iso, Criteria = Von Mises

(응력) σ_{VM}

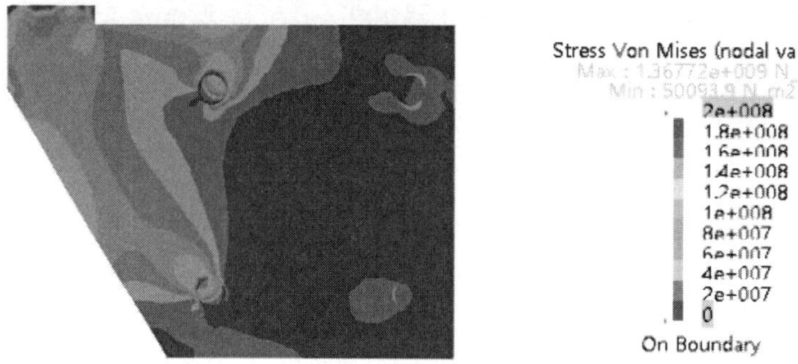

von Mises 응력 σ_{VM}

Line Group > Supports = ...

(선 그룹)

Stress full tensor component (nodal values).1 > Visual Types = Average iso, Axis system = (Manual) Cylindrical, Criteria = Component C11, Selections = Line Group.1

(변위 > 시각화 그룹을 선택) σ_r

Finite Element Model.1 > Static Case > Static Case Solution.1 > Stress principal tensor symbol.1 > Export Data

(데이터를 출력)

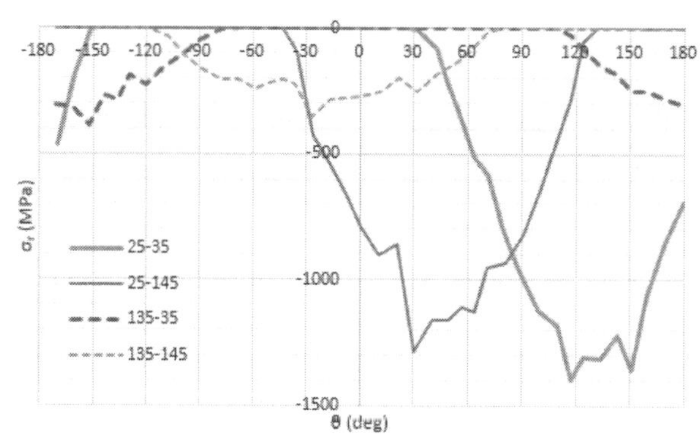

리벳과 강판의 접촉응력 σ_r은 하중점에서 80 mm만큼 떨어진 25-35나 25-145에서 크다.

[기어] 다음과 같이 피니언과 기어를 물리고, 피니언에 1 kN m를 가할 때 응력 분포를 구하시오.

	기어	피니언
잇수	30	20
모듈	20	→
압력각	20°	→

요점

-대칭을 이용하여 1/2만 모델링. 값과 공식, 매개변수와 관계를 사용.
-대칭면에 해당 구속조건을 부여, 접촉연결. 모멘트를 작용
-응력을 가시화.

Generative Shape Design의 요점

-Parameter로 모듈, 잇수, 압력각을 입력
-Formula로 피치원 반지름, 기초원 반지름, 이뿌리원 반지름, 이끝원 반지름의 공식을 입력
-Law로 involute 곡선의 x, y좌표의 계산법칙을 입력
-Point로 점을 생성하고 Spline으로 연결하고 Symmetry로 이 반대쪽 곡선을 생성
-Circle로 이뿌리원과 이끝원을 그리고 involute 곡선을 다듬음
-Circular Pattern으로 나머지 이를 생성하고 Join으로 결합하고 Trim으로 연결
-Pad로 밀어 입체(Pinion)를 생성
-저장

Tools > Options > General > Parameters and Measure > Knowledge > Parameter Tree View > ☑ With value, ☑ With formula

(값과 공식이 보이게 함)

Tools > Options > Infrastructure > Part Infrastructure > Display > ☑ Parameters, ☑ Relations

(매개변수와 관계가 보이게 함)

Start > Shape > Generative Shape Design

(형상 > 일반 형상설계)

Formula > New Parameter of Type = Real, (name) z, (value) 20

(잇수) z=20

Formula > New Parameter of Type = Real, (name) m, (value) 20

(모듈) m=20

Formula > New Parameter of Type = Angle, (name) a, (value) 20deg

(압력각) a=20°

Formula > Add Formula > r, m*z/2*1mm

(피치원 반지름) r

Formula > Add Formula > rb, r*cos(a)

(기초원 반지름) rb

Formula > Add Formula > rf, r−1.25*m*1mm

(이뿌리원 반지름) rf

Formula > Add Formula > rk, r+m*1mm

(이끝원 반지름) rk

Law > New Parameter of Type = Real, t, New Parameter of Type = Length, x, x=rb*sin((t*PI*1rad))−rb*t*PI*cos(t*PI*1rad)

(involute 곡선 x좌표)

Law > New Parameter of Type = Real, t, New Parameter of Type = Length, y, y=(rb*cos(t*PI*1rad))+((rb*t*PI)*sin(t*PI*1rad))

(involute 곡선 y좌표)

Point > Point type = On plane, Plane = xy plane, H = Relations₩Law.1 .Evaluate(0), V = Relations₩Law.1 .Evaluate(0)

Point > Point type = On plane, Plane = xy plane, V = Relations₩Law.1 .Evaluate(0), V = Relations₩Law.2 .Evaluate(0)

(involute 곡선 상 점 1 생성)

Point > Point type = On plane, Plane = xy plane, H = Relations₩Law.1 .Evaluate(0), V = Relations₩Law.1 .Evaluate(0.1)

Point > Point type = On plane, Plane = xy plane, V = Relations₩Law.1 .Evaluate(0), V = Relations₩Law.2 .Evaluate(0.1)

(involute 곡선 상 점 2 생성)

Point > Point type = On plane, Plane = xy plane, H = Relations₩Law.1 .Evaluate(0), V = Relations₩Law.1 .Evaluate(0.15)

Point > Point type = On plane, Plane = xy plane, V = Relations₩Law.1 .Evaluate(0), V = Relations₩Law.2 .Evaluate(0.15)

(involute 곡선 상 점 3 생성)

Point > Point type = On plane, Plane = xy plane, H = Relations₩Law.1 .Evaluate(0), V = Relations₩Law.1 .Evaluate(0.2)

Point > Point type = On plane, Plane = xy plane, V = Relations₩Law.1 .Evaluate(0), V = Relations₩Law.2 .Evaluate(0.2)

(involute 곡선 상 점 4 생성)

Point > Point type = On plane, Plane = xy plane, H = Relations₩Law.1 .Evaluate(0), V = Relations₩Law.1 .Evaluate(0.25)

Point > Point type = On plane, Plane = xy plane, V = Relations₩Law.1 .Evaluate(0), V = Relations₩Law.2 .Evaluate(0.25)

(involute 곡선 상 점 5 생성)

Spline > Point.1 ~ Point.5

(스플라인)

Circle > Center = Point.7, Support = xy plane, Radius = rb

(원) 기초원

Extrapolate > Boundary = Point.1, Extrapolated = Spline.1, Type = Length, Length = (rb-rf)*1.5, Continuity = Curvature

외부로 (연장)

Plane > Plane type = Angle/Normal to plane, Rotation axis = Z Axis, Reference = yz plane, Angle =-2*PI/z/4-tan(a)+ a

피치원 이두께각의 반만큼 회전한 (면)을 생성

Circle > Center = Point.7, Support = xy plane, Radius = rf

(원) 이뿌리원

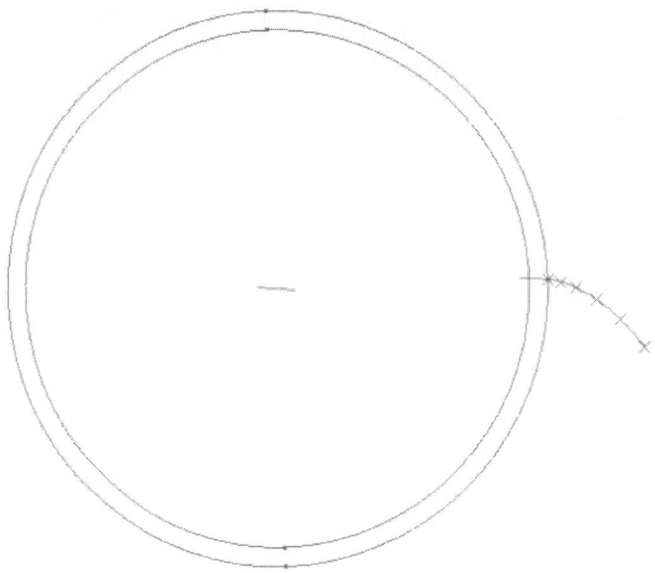

Corner > Element.1 = Circle.2, Element.2 = Extrapol.1

(모서리) r=4 mm

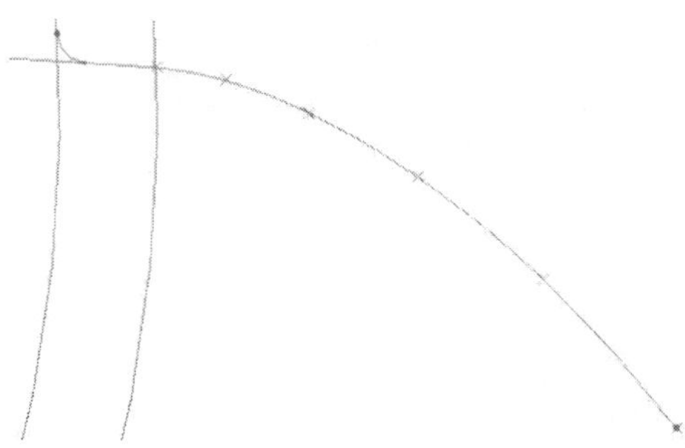

Trim > Trimed elements = Extrapol. & Corner.1

(다듬음)

Symmetry > Element = Trim.1, Reference = Plane.1

(대칭)

Circle > Center = Point.7, Support = xy plane, Radius = rk

(원) 이끝원

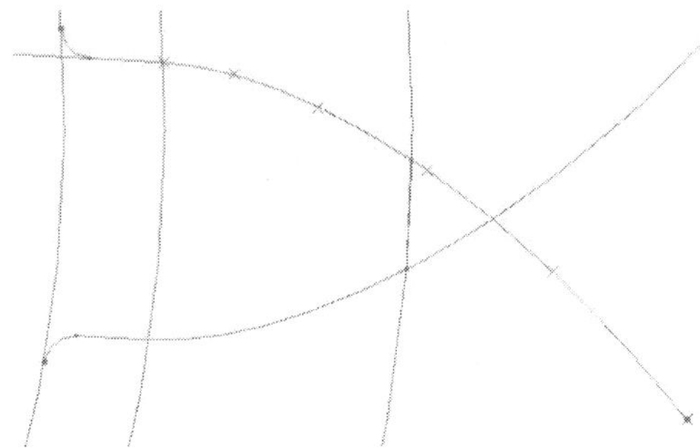

Trim > Trimed elements = Extrapol. & Corner.1

(다듬음)

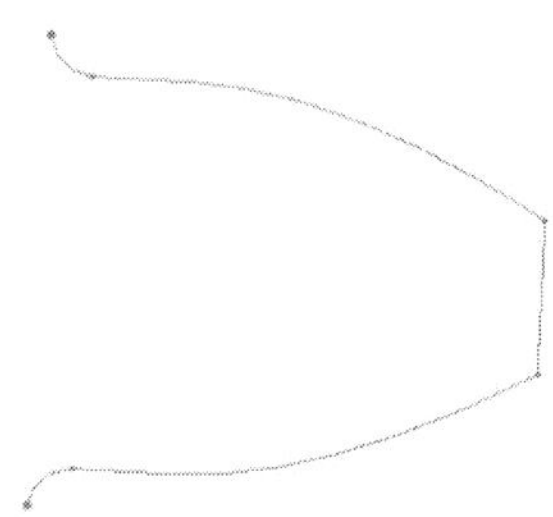

Circular Pattern > Parameters = Complete crown, Instance = 20, Angular spacing = 18deg, Reference element = Z Axis, Object = Trim.2

(원형 패턴) 18° 간격으로 20개

Join > Elements To Join > CircPattern.1, Trim.2

(결합)

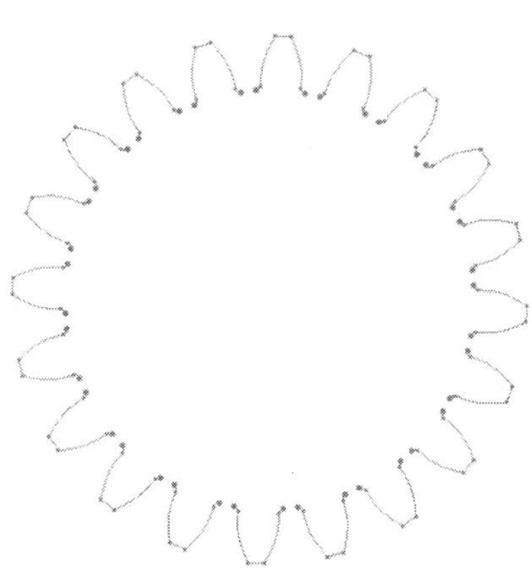

Trim > Trimmed elements = Join.1, Circle.2

(다듬음)

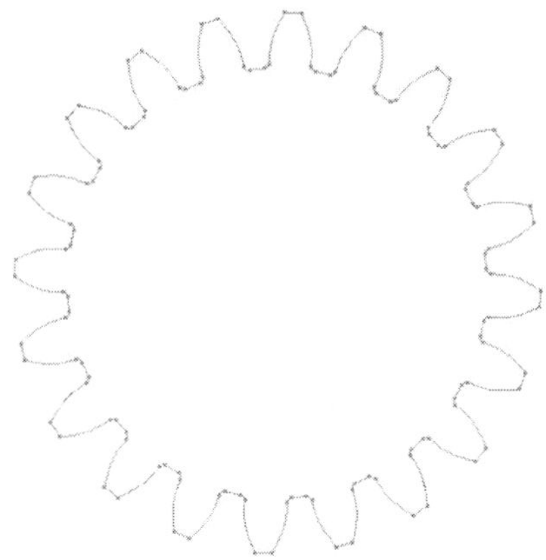

Pad > Type = Dimension, Length = 20 mm, Selection = Trim.3

20 mm 밀어서 (입체를 생성)

Sketch

(스케치)

Circle

(원)

Pocket > Type = Dimension, Depth = 20 mm, Selection = Sketch.1

20 mm 밀어서 (제거)

Apply Material > Metal > Steel, PartBody

(재료 부여 > 금속 > 강을 부품에)

Assembly Design의 요점
-기존부품을 추가하여 Gear.
-Parameter로 잇수를 수정
-Fix/Offset Constraint로 조립

Start > Mechanical Design > Assembly Design

(시작 > 기계설계 > 조립설계)

Save

(저장)

Existing Component > Part.2

(기존 부품)

Formula > New Parameter of Type = Real, (name) z, (value) 30

(공식 > 매개변수 잇수를 입력) z=30

Fix Component

(부품 고정)

Manipulation > Drag along Y axis

(조작 > Y축 방향으로 끔)

Offset Constraint > 500 mm

(거리 구속) 축간거리 500 mm

Generative Structural Analysis의 요점
-Static Analysis, Mesh Size
-Smooth Virtual Part
-User-defined Restraint, Moment, Contact Connection Property
-Principal Stress

Start > Analysis & Simulation > Generative Structural Analysis

(해석과 시뮬레이션 > 구조해석)

New Analysis Case = Static Analysis

(정적 해석)

Finite Element Model.1 > Nodes and Elements > OCTREE

Tetrahedron Mesh.1:Part1.1 > Global Size = 25 mm, Proportional sag = 0.2, Element type = Parabolic, Local Size = 5 mm, (접촉면)

(피니언)

Finite Element Model.1 > Nodes and Elements > OCTREE Tetrahedron Mesh.1:Part1.1 > Global Size = 25 mm, Proportional sag = 0.2, Element type = Parabolic, Local Size = 5 mm, (접촉면)

(기어)

(절점과 요소 > 사면체 요소망 > 전체적 크기와 비례 처짐, 요소형태)

Smooth Virtual Part > Supports = (피니언 내면), Handler = (피니언 중심)

(가상부품)

General Analysis Connection > First component = ..., Second component = ...

(일반해석 연결)

Contact Connection Property > Supports = General Analysis Connection.1

(접촉연결 속성)

User-defined Restraint > Supports = ..., Restrain Translation 1, 2, 3 (기어의 내면)

User-defined Restraint > Supports = ..., Restrain Translation 2 (피니언과 기어의 측면)

User-defined Restraint > Supports = ..., Restrain Translation 1, 2, 3 & Rotation 1, 2 (피니언의 중심)

(사용자 정의 구속 > 해당하는 면의 X축, Y축, Z축 방향 이동을 구속)

Moment > Supports = (피니언의 중심), Moment Vector Z = 1000 Nm

(모멘트) 1000 Nm

Compute > All

(계산)

Stress full tensor component (nodal values).1 > Visual Types = Average iso, Criteria = Von Mises

(응력) σ_{VM}

이 1개만 물리기 시작할 때 von Mises 응력 σ_{VM}

[스냅 링] 다음과 같은 스냅 링을 20 N으로 벌릴 때, 응력과 변위 분포를 구하시오.

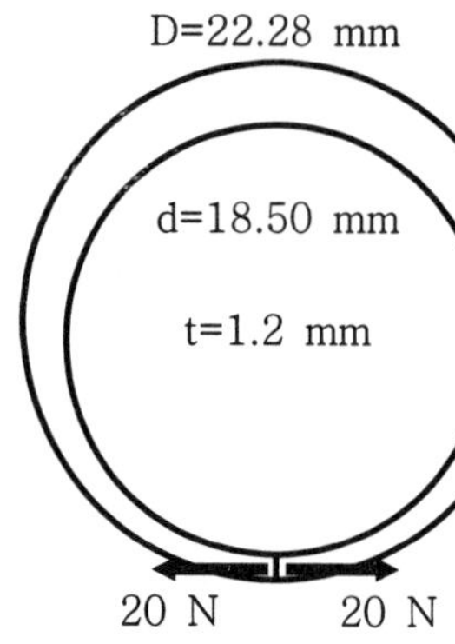

요점
-대칭을 이용하여 1/4만 모델링
-대칭면에 해당 구속조건을 부여, 분포하중(집중하중)을 작용
-선택한 선을 따라 응력을 출력.

Part Design의 요점
-Arc/Line으로 단면을 그리고 Constraint로 칫수를 부여하고
-Pad로 밀어 입체를 생성

Start > Mechanical Design > Part Design

(시작 > 기계설계 > 부품설계)

Product1 > Part1 (Part1.1) > Part1 > xy plane

(xy 평면)

Sketch

(스케치)

Arc > Center, Start Point, End

(호)

Line

(선)

Constraint

(구속) 칫수를 부여. 반지름 9.25 mm, 11.14 mm. 최대두께 2.7 mm

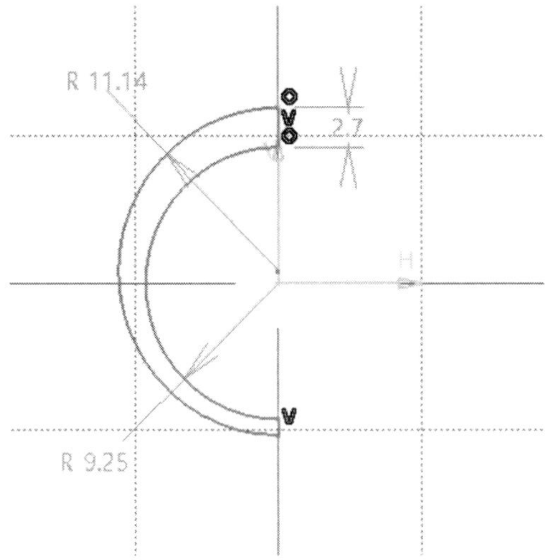

Pad > First Limit Length = 5 mm

5 mm 밀어서 (입체를 생성)

Apply Material > Metal > Steel, PartBody

(재료 부여 > 금속 > 강을 부품에)

Generative Structural Analysis의 요점 -Static Analysis, Mesh Size -User-defined Restraint, Distributed Force -Principal Stress

Start > Analysis & Simulation > Generative Structural Analysis

(해석과 시뮬레이션 > 구조해석)

New Analysis Case = Static Analysis

(정적 해석)

Finite Element Model.1 > Nodes and Elements > OCTREE Tetrahedron Mesh.1:Part1.1 > Global Size = 1 mm, Proportional sag = 0.2, Element type = Parabolic

(절점과 요소 > 사면체 요소망 > 전체적 크기와 비례 처짐, 요소형태)

User-defined Restraint > Supports = ..., Restrain Translation 1
User-defined Restraint > Supports = ..., Restrain Translation 2
User-defined Restraint > Supports = ..., Restrain Translation 3

(사용자 정의 구속 > 해당하는 면의 X축, Y축, Z축 방향 이동을 구속)

Distributed Force > Supports = ..., Force Vector Y = 25 N

(분포하중 > 해당하는 면에 하중성분을 작용) Y축 방향 25 N

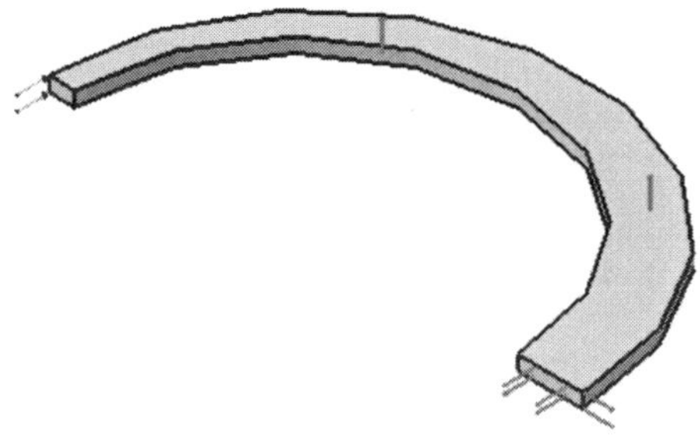

Compute > All

(계산)

Line Group > Supports = ...

(선 그룹)

Stress full tensor component (nodal values).1 > Visual Types = Average iso, Criteria, Filters Axis system = (Global Cylindrical, Component = C22

(응력 > 시각화 형태와 기준을 선택) σ_θ

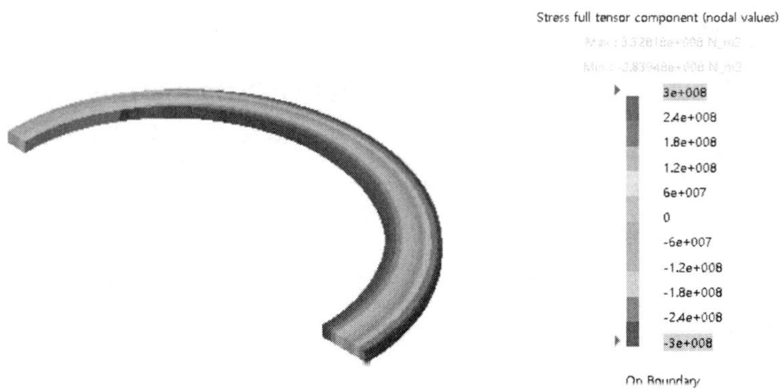

접선방향응력 σ_θ

Customize View Parameters > Mesh = Shading Material

(시각화 변수를 사용자 선택)

Line Group > Supports = ...

(선 그룹)

Finite Element Model.1 > Static Case > Static Case Solution.1 > Stress principal tensor symbol.1 > Export Data

(데이터를 출력)

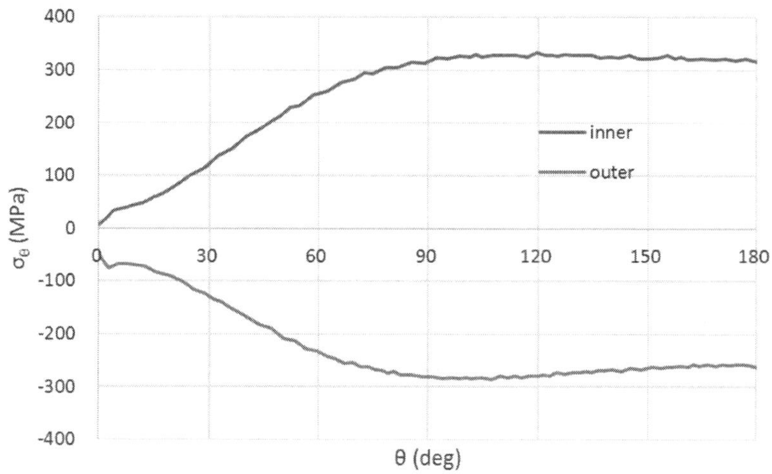

굽힘응력 σ_θ는 증가하다 θ=90° 이후 거의 일정하다.

(선 그룹)

Displacements > Visual Types = Average iso, Axis system = (Manual) Cylindrical, Origin (0, 0.81, 0), Criteria = Vector component C1

(변위 > 시각화 형태와 기준을 선택) u_r

Customize View Parameters > Mesh = Shading Material

(시각화 변수를 사용자 선택)

Translational displacement component.1 > Criteria = Vector component C1

(변위 > 시각화 그룹을 선택)

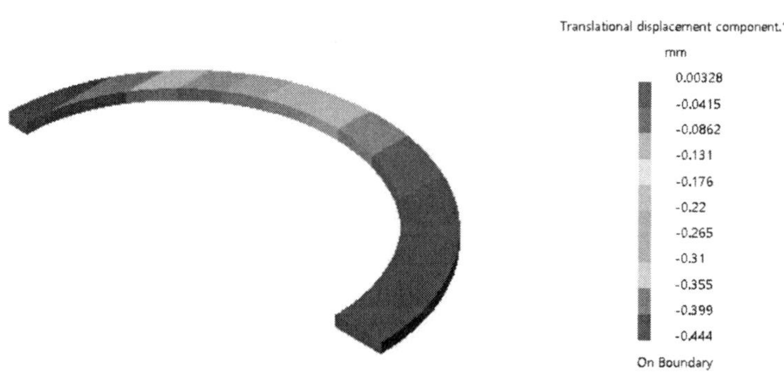

반경방향변위 u_r

[헬리컬 스프링] 다음과 같은 압축헬리컬스프링(피치 8 mm, 코일지름 29 mm, 와이어지름 4 mm, 권수 6)을 30 mm만큼 누를 때 응력분포를 구하시오.

요점
-전체를 모델링
-강제변위를 부여.
-응력을 가시화.

Wireframe and Surface Design의 **요점**
-Helix로 나선을 생성

Start > Mechanical Design > Wireframe and Surface Design

(시작 > 기계설계 > 선과 면 설계)

Helix > Starting Point = Create Point (14.5, 0, 0), Axis = Z Axis, Pitch = 8 mm, Height = 60 mm

(나선) 시점 (14.5, 0, 0), Z축 방향 피치 8 mm, 높이 60 mm

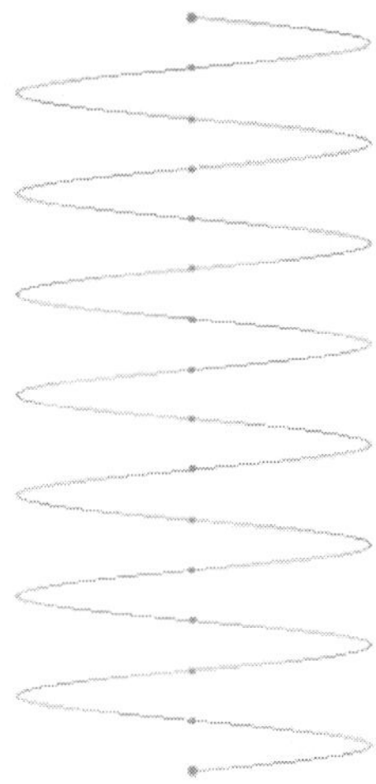

Plane > Plane type = Normal to curve

(평면) 나선에 수직인 평면을 생성

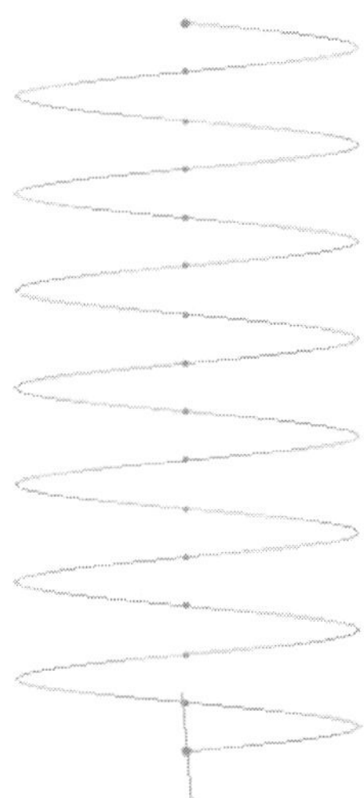

Part Design의 요점

-나선의 수직인 평면에 Circle로 단면을 그리고 Constraint로 칫수를 부여하고

-Rib로 나선을 따라 밀어 입체를 생성

-Rectangle로 단면을 그리고 Constraint로 칫수 부여

-Pocket으로 밀어 입체를 수정

Start > Mechanical Design > Part Design

(시작 > 기계설계 > 부품설계)

Sketch

생성한 평면에 (스케치)

Circle

(원)

Constraint

(구속) 지름 4 mm

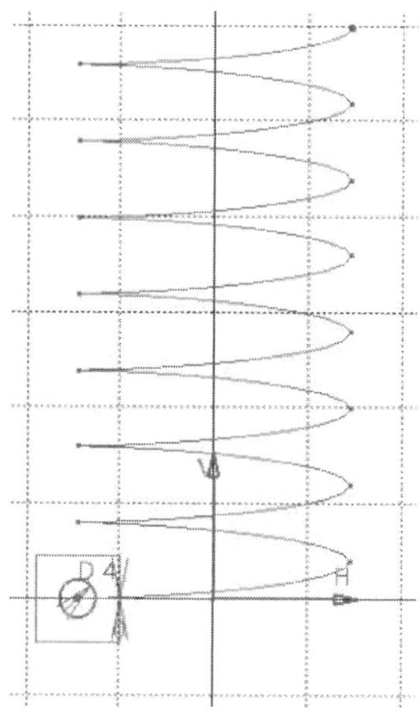

Exit Workbench

스케치에서 (나감)

Rib > Center curve = Helix.1

선을 따라 밀어 입체를 생성

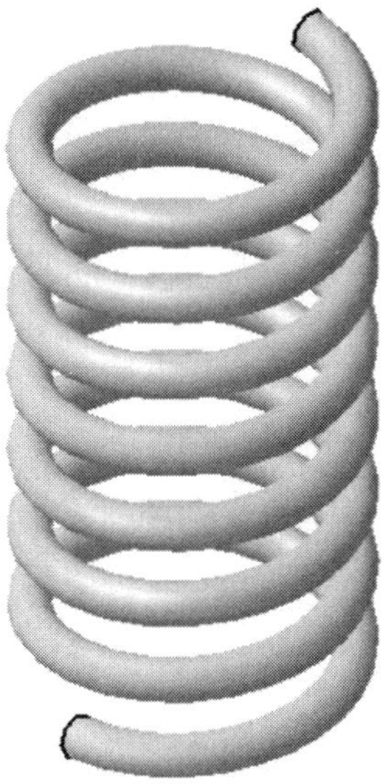

Product1 > Part1 (Part1.1) > Part1 > yz plane

(yz 평면)

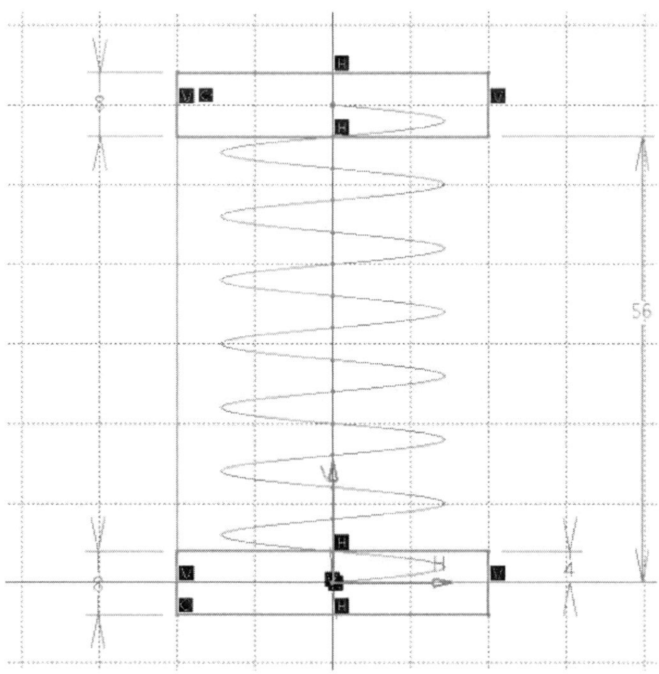

Sketch

(스케치)

Rectangle

(직사각형)

Constraint

(구속) 가로 40 mm, 세로 8 mm

Exit Workbench

스케치에서 (나감)

Pocket > First Limit Depth = 20 mm, Mirror extent

양쪽으로 20 mm 밀어서 제거

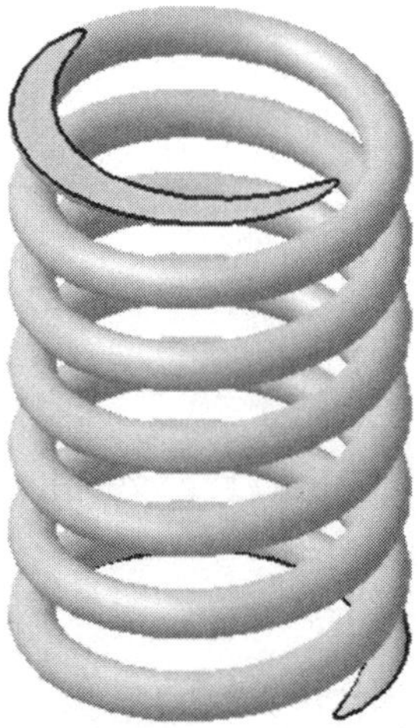

Apply Material > Metal > Steel, PartBody

(재료 부여 > 금속 > 강을 부품에)

Generative Structural Analysis의 요점

-Static Analysis, Mesh Size

-User-defined Restraint, Enforced Displacement

-Principal Stress

Start > Analysis & Simulation > Generative Structural Analysis

(해석과 시뮬레이션 > 구조해석)

New Analysis Case = Static Analysis

(정적 해석)

Finite Element Model.1 > Nodes and Elements > OCTREE Tetrahedron Mesh.1:Part1.1 > Global Size = 2 mm, Proportional sag = 0.2, Element type = Parabolic

(절점과 요소 > 사면체 요소망 > 전체적 크기와 비례 처짐, 요소형태)

User-defined Restraint > Supports = ..., Restrain Translation 1

User-defined Restraint > Supports = ..., Restrain Translation 2
User-defined Restraint > Supports = ..., Restrain Translation 3
(사용자 정의 구속 > 해당하는 면의 X축, Y축, Z축 방향 이동을 구속)
Enforced Displacement > Restraint = ..., Translation 3 = -30 mm
(강제변위 > 해당하는 면에 변위성분을 부여) Z축 방향 -30 mm

Compute > All

(계산)

Principal Stress

(주응력)

Stress full tensor component (nodal values).1 > Visual Types = Average iso, Criteria = Principal shearing C11

(응력 > 시각화 형태와 기준을 선택) τ_1

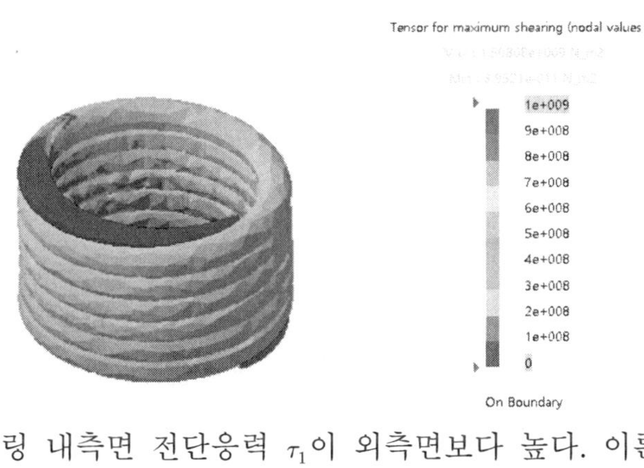

헬리컬스프링 내측면 전단응력 τ_1이 외측면보다 높다. 이론적인 것과 일치한다.

[겹판 스프링] 다음과 같은 겹판 스프링이 1.5 kN을 받을 때 응력과 변위 분포를 구하시오.

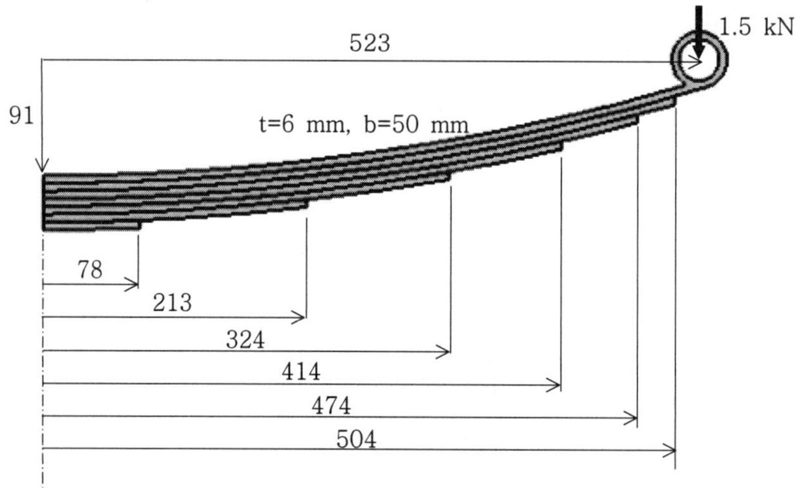

요점
-대칭을 이용하여 1/4만 모델링
-대칭면에 해당 구속조건을 부여, 접촉연결. 분포하중(집중하중)을 작용
-선택한 선을 따라 응력을 출력.

Assembly Design의 요점
-Circle/Arc로 단면을 그리고 Constraint로 칫수를 부여하고
-Trim으로 다듬어 수정
-Pad로 밀어 입체(Leaf 1)를 생성
-Thickness로 입체(Leaf 2)를 생성
-Rectangle으로 단면을 그리고 Constraint로 칫수를 부여하고
-Pocket으로 밀어 입체(Leaf 2)를 수정
-...

Start > Mechanical Design > Assembly Design

(시작 > 기계설계 > 조립설계)

Part > Product1

(제품)

Product1 > Part1 (Part1.1) > Part1 > Partbody

(부품물체)

Product1 > Part1 (Part1.1) > Part1 > xy plane

(xy 평면)

Sketch

(스케치)

Circle > Diameter = 32 mm

(원) 내표면 지름 32 mm

Circle > Diameter = 44 mm

(원) 외표면 지름 44 mm

Arc (지름 32 mm원에 접하게)

(호)

Arc (지름 44 mm원에 접하게)

(호)

Trim

(다듬기)

Trim

(다듬기)

Line (중앙 대칭면쪽을 막음)

(선)

Constraint

(구속) Eye 중심까지 523 mm, 내표면까지 91 mm

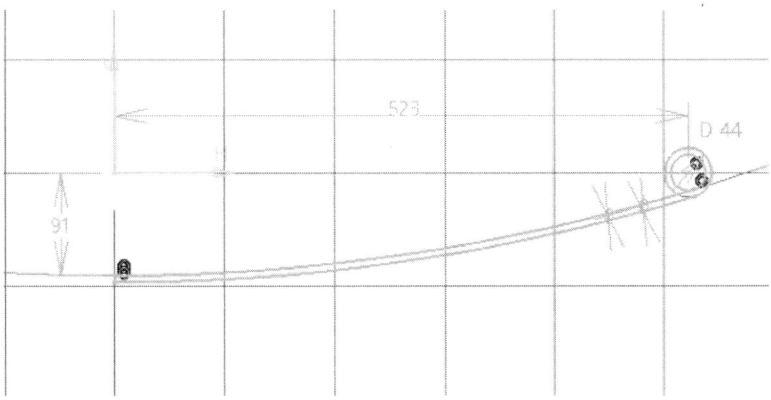

Exit Workbench

스케치에서 (나감)

Pad > First Limit Length = 25 mm

25 mm 밀어서 (입체를 생성)

Product1

Product1 > Part2 (Part2.1) > Part2 > Partbody

(부품물체)

Thickness > First Offset = 6 mm, Object to offset = Surface.1

(두께) 6 mm

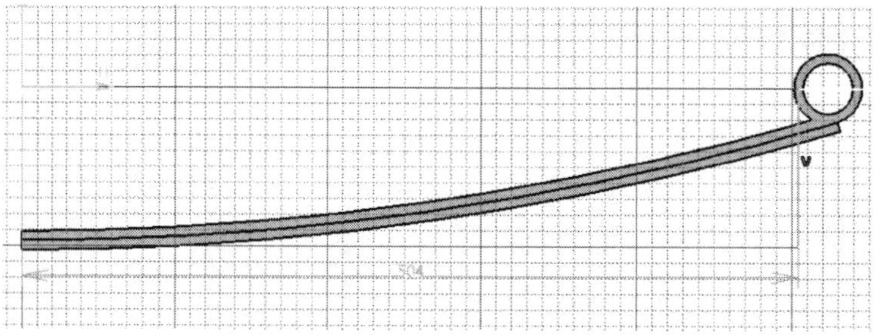

Sketch

(스케치)

Rectangle

(직사각형)

Constraint

(구속) 직사각형까지 504 mm

Exit Workbench

스케치에서 (나감)

Pocket

25 mm 밀어서 (제거)

Apply Material > Metal > Steel, PartBody

(재료 부여 > 금속 > 강을 부품에)

(Part 3, 4 ~ 7 반복) 직사각형까지 474 mm, 414 mm, 324 mm, 213 mm, 78 mm

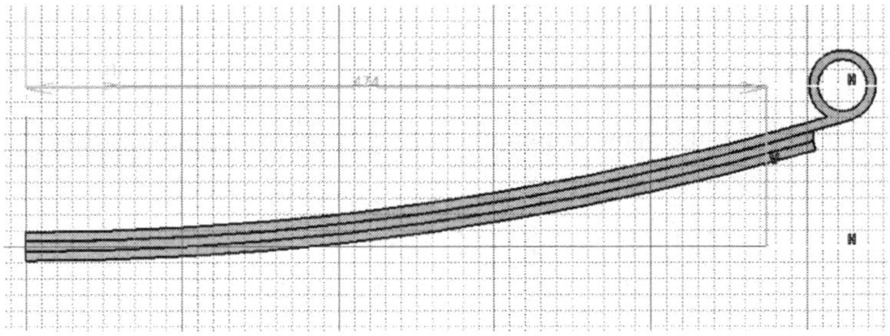

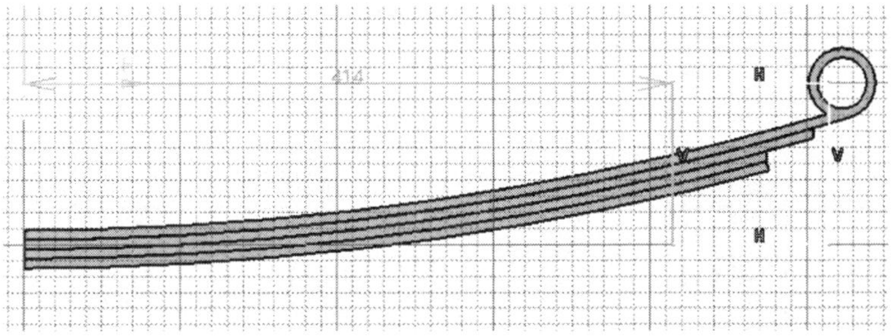

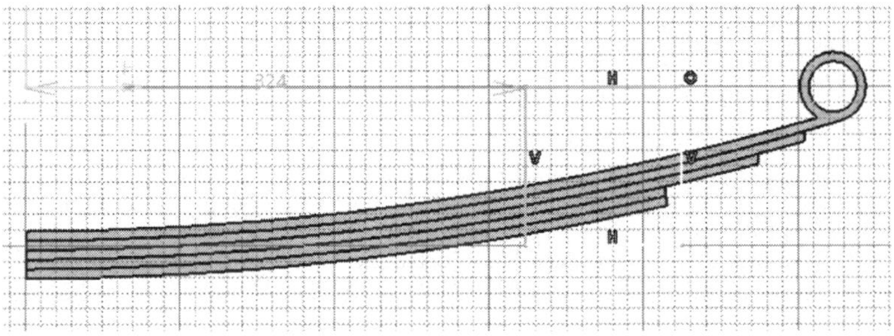

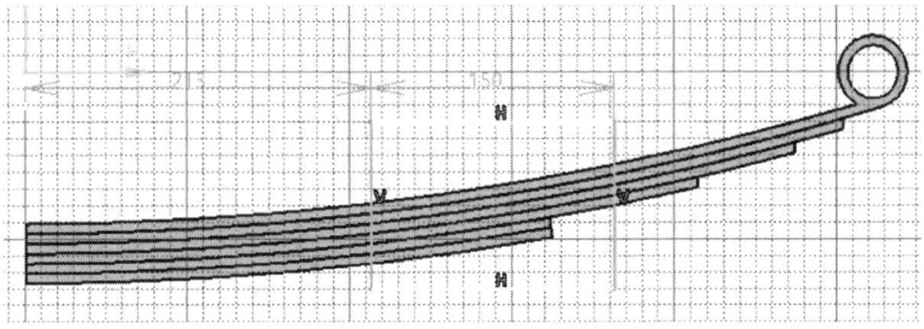

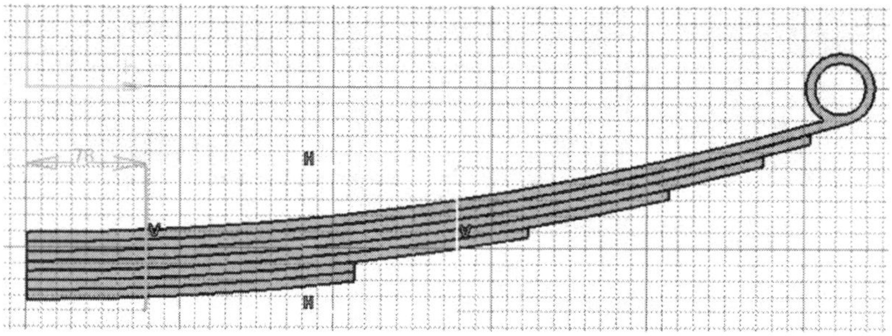

Generative Structural Analysis의 요점
-Static Analysis, Mesh Size -Smooth Virtual Part -User-defined Restraint, Clamp, Distributed Force, Contact Connection Property -Principal Stress

Start > Analysis & Simulation > Generative Structural Analysis

(해석과 시뮬레이션 > 구조해석)

New Analysis Case = Static Analysis

(정적 해석)

Finite Element Model.1 > Nodes and Elements > OCTREE Tetrahedron Mesh.1:Part1.1 > Global Size = 15 mm, Proportional sag = 0.2, Element type = Parabolic,

(절점과 요소 > 사면체 요소망 > 전체적 크기와 비례 처짐, 요소형태)

OCTREE Tetrahedron Mesh.7:Part7.1까지 반복

General Analysis Connection > First component = ..., Second component = ... (접촉면)

(일반해석 연결)

Contact Connection Property > Supports = General Analysis Connection.1

(접촉연결 속성)

(General Analysis Connection.6까지 반복)

Smooth Virtual Part > Supports = ... (Eye의 내면), Handler = ... (Eye

의 중심)

(가상 부품)

Clamp > Supports = ... (x=0 대칭면)

(고정)

User-defined Restraint > Supports = ... (z=0 대칭면), Restrain Translation 3

(사용자 정의 구속)

Distributed Force > Supports = ... (Eye 중심), Force Vector Y = -750 N

(분포하중) Y축 방향 -750 N

Compute > All

(계산)

Stress full tensor component (nodal values).1 > Visual Types = Average iso, Criteria = Component C11

(응력) σ_x

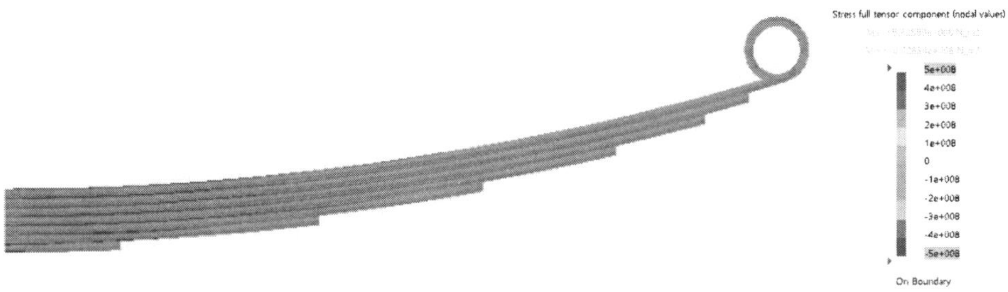

굽힘응력 σ_x

Line Group > Supports = ... (Part1, 4, 7의 상하윤곽을 선택)

(선 그룹)

Stress full tensor component (nodal values).1 > Visual Types = Average iso, Criteria = Component C11, Selections = Line Group.1

(변위 > 시각화 그룹을 선택)

Finite Element Model.1 > Static Case > Static Case Solution.1 > Stress principal tensor symbol.1 > Export Data

(데이터를 출력)

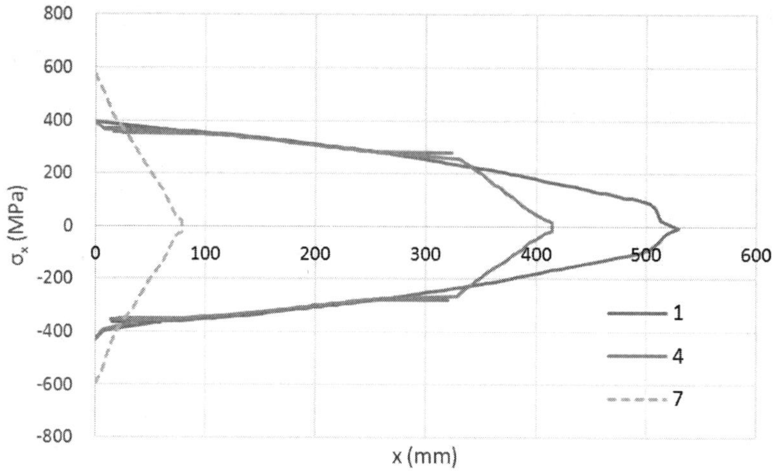

겹판이 서로 닿은 부위는 같은 만큼 굽혀지므로 굽힘응력 σ_x가 같다.

– – –

[용접이음] 다음과 같은 양쪽 덮개판 맞대기 용접이음을 100 N으로 당길 때 응력 분포를 구하시오.

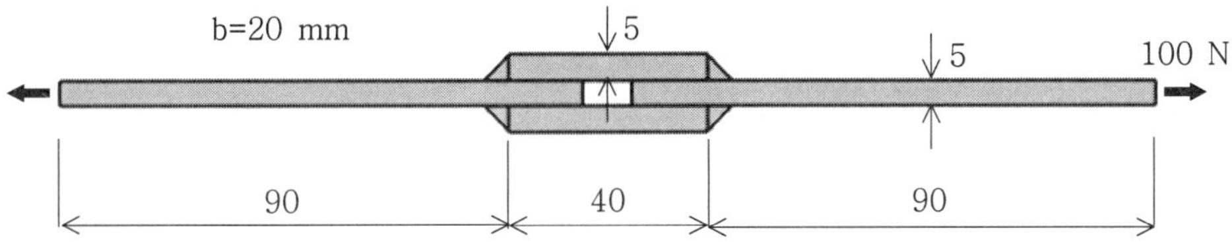

요점
-대칭을 이용하여 1/4만 모델링
-대칭면에 해당 구속조건을 부여, 접합연결. 분포하중(집중하중)을 작용
-응력을 가시화.

Assembly Design의 요점
-Rectangle으로 단면을 그리고 Constraint로 칫수를 부여하고
-Pad로 밀어 입체(Plate 1)를 생성
-Rectangle으로 단면을 그리고 Constraint로 칫수를 부여하고
-Pad로 밀어 입체(Plate 2)를 생성
-Profile로 단면을 그리고 Constraint로 칫수를 부여하고
-Pad로 밀어 입체(Weld)를 생성

Start > Mechanical Design > Assembly Design

(시작 > 기계설계 > 조립설계)

Part > Product1

(제품)

Product1 > Part1 (Part1.1) > Part1 > Partbody

(부품물체)

Product1 > Part1 (Part1.1) > Part1 > xy plane

(xy 평면)

Sketch

(스케치)

Rectangle

(직사각형)

Constraint

(구속) 가로 20 mm, 세로 5 mm

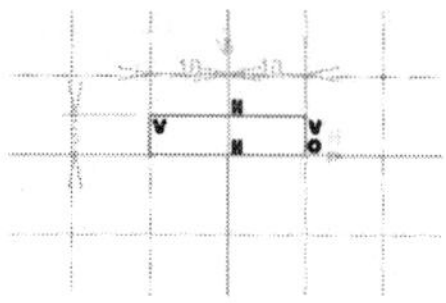

Exit Workbench

스케치에서 (나감)

Pad > First Limit Length = 10 mm

10 mm 밀어서 (입체를 생성)

Apply Material > Metal > Steel, PartBody

(재료 부여 > 금속 > 강을 부품에)

Product1

(제품)

Part

(부품)

Product1 > Part2 (Part2.1) > Part2 > Partbody

(부품물체)

Product1 > Part2 (Part2.1) > Part2 > xy plane

(xy 평면)

Sketch

(스케치)

Rectangle

(직사각형)

Constraint

(구속) 가로 105 mm, 세로 2.5 mm

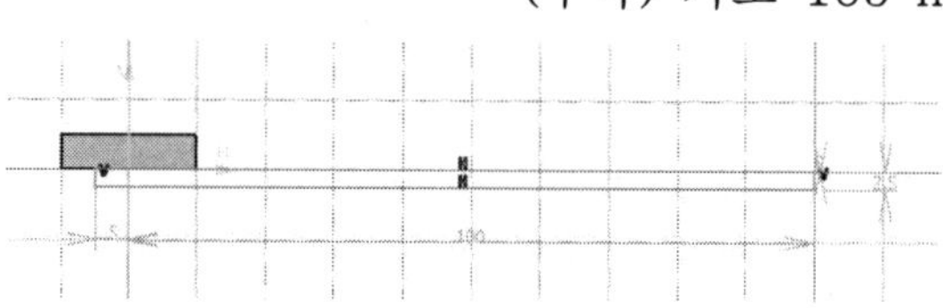

Exit Workbench

스케치에서 (나감)

Pad > First Limit Length = 10 mm

10 mm 밀어서 (입체를 생성)

Apply Material > Metal > Steel, PartBody

(재료 부여 > 금속 > 강을 부품에)

Product1

(제품)

Part

(부품)

Product1 > Part3 (Part3.1) > Part3 > Partbody

(부품물체)

Product1 > Part3 (Part3.1) > Part3 > xy plane

(xy 평면)

Sketch

(스케치)

Profile

(윤곽)

Constraint

(구속) 용접크기 5 mm

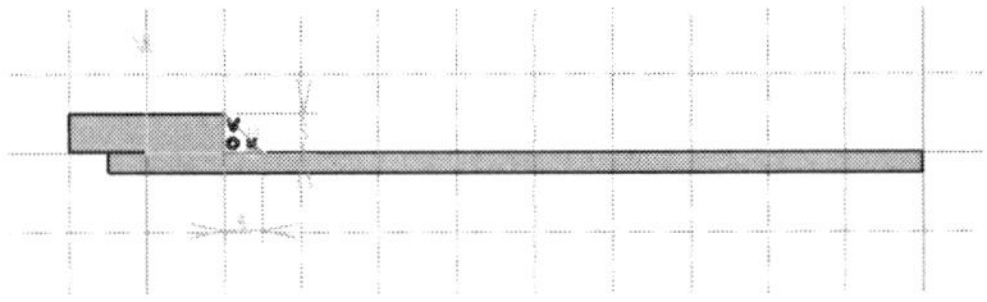

Exit Workbench

스케치에서 (나감)

Pad > First Limit Length = 10 mm

10 mm 밀어서 (입체를 생성)

Apply Material > Metal > Steel, PartBody

(재료 부여 > 금속 > 강을 부품에)

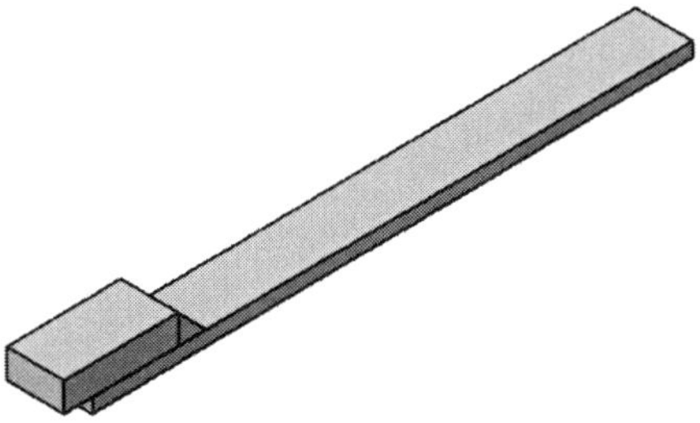

Generative Structural Analysis의 요점
-Static Analysis, Mesh Size
-User-defined Restraint, Distributed Force, Fastened Connection Property
-Principal Stress

Start > Analysis & Simulation > Generative Structural Analysis

(해석과 시뮬레이션 > 구조해석)

New Analysis Case = Static Analysis

(정적 해석)

Finite Element Model.1 > Nodes and Elements > OCTREE Tetrahedron Mesh.1:Part1.1 > Global Size = 1 mm, Proportional sag = 0.2, Element type = Parabolic,

(절점과 요소 > 사면체 요소망 > 전체적 크기와 비례 처짐, 요소형태)

OCTREE Tetrahedron Mesh.3:Part3.1까지 반복

General Analysis Connection > First component = ..., Second component = ... (접합면 1)

(일반해석 연결)

Fastened Connection Property > Supports = General Analysis Connection.1

(접합연결 속성)

General Analysis Connection > First component = ..., Second component = ... (접합면 2)

(일반해석 연결)

Fastened Connection Property > Supports = General Analysis Connection.2

(접합연결 속성)

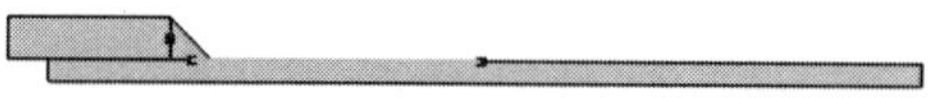

User-defined Restraint > Supports = ... (x=0 대칭면), Restrain

Translation 1
User-defined Restraint > Supports = ... (y=0 대칭면), Restrain Translation 2
User-defined Restraint > Supports = ... (z=0 대칭면), Restrain Translation 3

(사용자 정의 구속)

Pressure > Pressure = -1e6 N/m^2

(압력 > 해당하는 면에 하중성분을 작용) -1e6 N/m^2

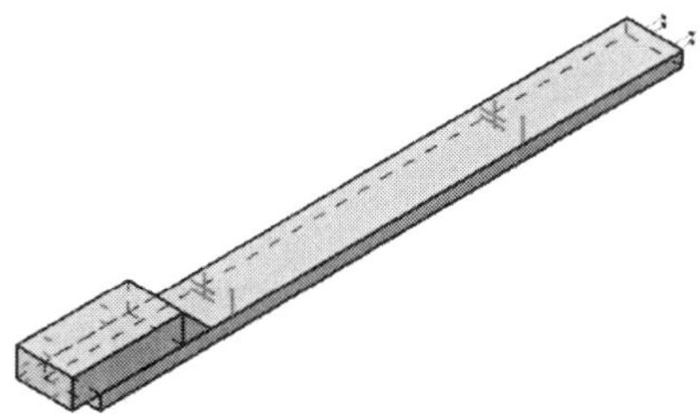

Compute > All

(계산)

Stress full tensor component (nodal values).1 > Visual Types = Average iso, Criteria = Von Mises

(응력) σ_{VM}

von Mises 응력

Stress full tensor component (nodal values).1 > Visual Types = Average iso, Criteria = Von Mises, Selections = OCTREE Tetrahedron Mesh.1 : Part3.1

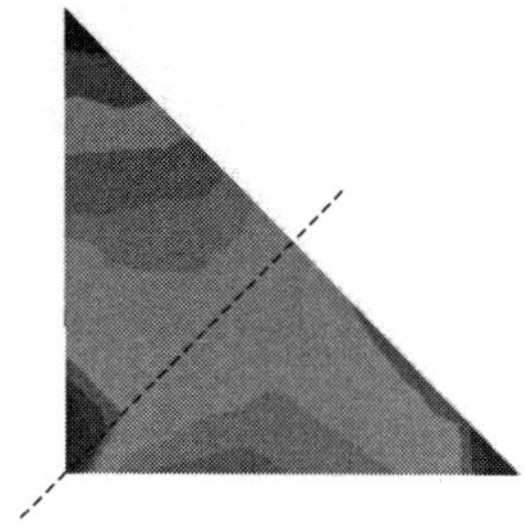

목두께(점선으로 표시) von Mises 응력이 비교적 높다.

\- - -

[용접] 다음과 같이 용접한 브라켓을 20 kN으로 당길 때 응력 분포를 구하시오.

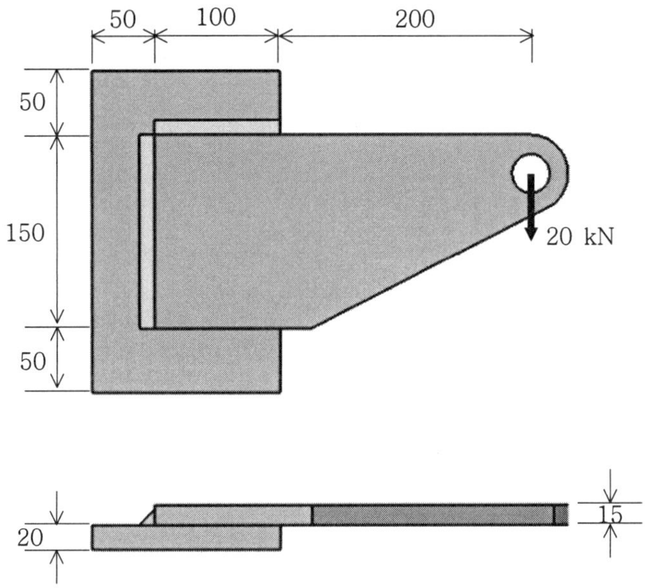

요점
-전체를 모델링
-접합연결. 분포하중(집중하중)을 작용
-응력을 가시화.

Assembly Design의 요점
-Profile/Circle로 단면을 그리고 Constraint로 칫수를 부여하고
-Pad로 밀어 입체(Bracket)를 생성
-Profile로 단면을 그리고 Constraint로 칫수를 부여하고
-Pad로 밀어 입체(Weld 1)를 생성
-Profile로 단면을 그리고 Constraint로 칫수를 부여하고
-Pad로 밀어 입체(Weld 1)를 생성
-Rectangle로 단면을 그리고 Constraint로 칫수를 부여하고
-Pad로 밀어 입체(Wall)를 생성

Start > Mechanical Design > Assembly Design

(시작 > 기계설계 > 조립설계)

Part > Product1

(제품)

Product1 > Part1 (Part1.1) > Part1 > Partbody

(부품물체)

Product1 > Part1 (Part1.1) > Part1 > xy plane

(xy 평면)

Sketch

(스케치)

Profile

(윤곽)

Circle

(원)

Constraint

(구속) 상변 300 mm, 하변 125 mm, 좌변 150 mm. 외경 60 mm, 내경 30 mm

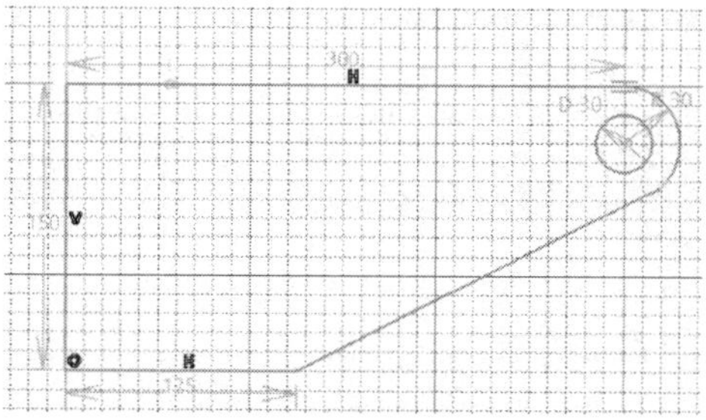

Exit Workbench

스케치에서 (나감)

Pad > First Limit Length = 15 mm

15 mm 밀어서 (입체를 생성)

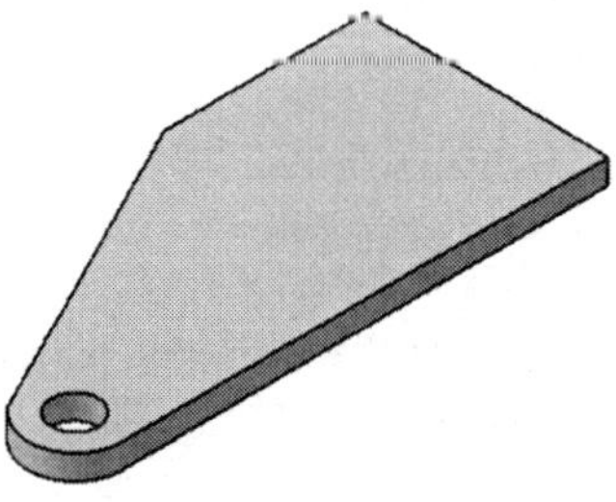

Apply Material > Metal > Steel, PartBody

(재료 부여 > 금속 > 강을 부품에)

Product1

(제품)

Part

(부품)

Product1 > Part2 (Part2.1) > Part2 > Partbody

(부품물체)

Product1 > Part2 (Part2.1) > Part2 > xy plane

(xy 평면)

Sketch

(스케치)

Profile

(윤곽)

Constraint

(구속) 용접크기 12 mm

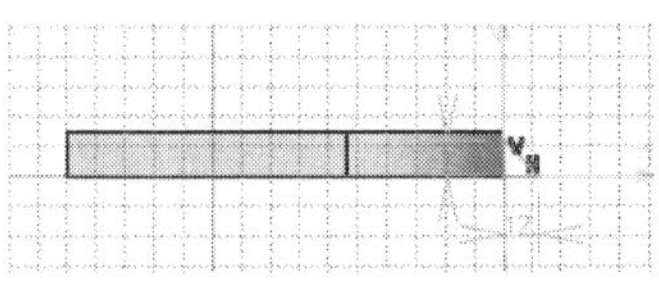

Exit Workbench

스케치에서 (나감)

Pad > First Limit Length = 100 mm

100 mm 밀어서 (입체를 생성)

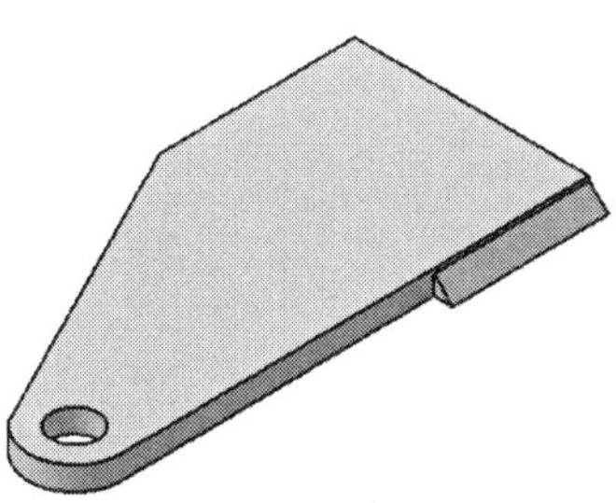

Apply Material > Metal > Steel, PartBody

(재료 부여 > 금속 > 강을 부품에)

Product1

(제품)

Part

(부품)

Product1 > Part3 (Part3.1) > Part3 > Partbody

(부품물체)

Product1 > Part3 (Part3.1) > Part3 > xy plane

(xy 평면)

Sketch

(스케치)

Profile

(윤곽)

Constraint

(구속) 용접크기 12 mm

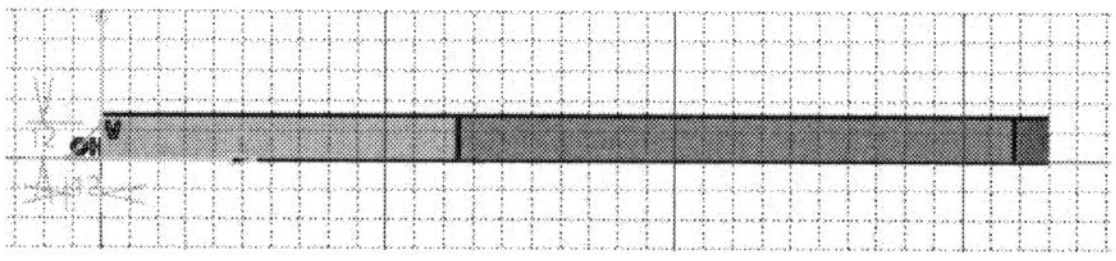

Exit Workbench

스케치에서 (나감)

Pad > First Limit Length = 150 mm

150 mm 밀어서 (입체를 생성)

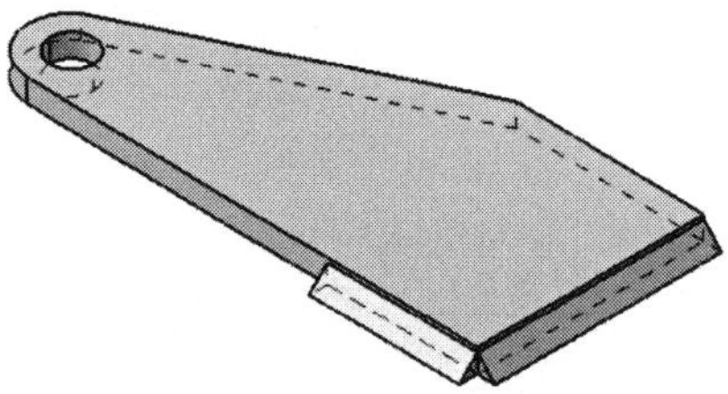

Apply Material > Metal > Steel, PartBody

(재료 부여 > 금속 > 강을 부품에)

Product1

(제품)

Part

(부품)

Product1 > Part4 (Part4.1) > Part4 > Partbody

(부품 물체)

Product1 > Part4 (Part4.1) > Part4 > xy plane

(xy 평면)

Sketch

(스케치)

Rectangle

(직사각형)

Constraint

(구속) 가로 150 mm, 세로 250 mm

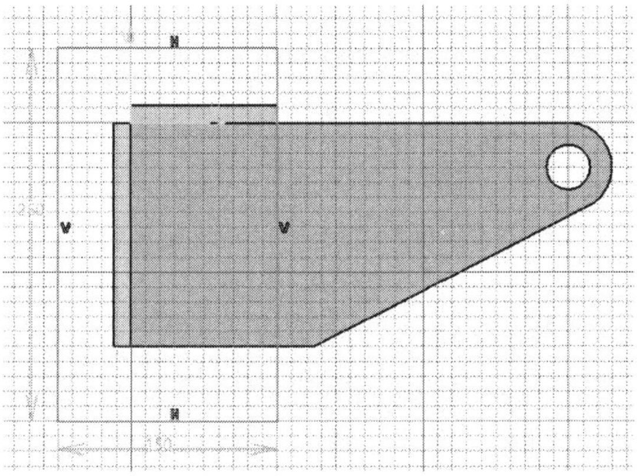

Exit Workbench

스케치에서 (나감)

Pad > First Limit Length = 20 mm

20 mm 밀어서 (입체를 생성)

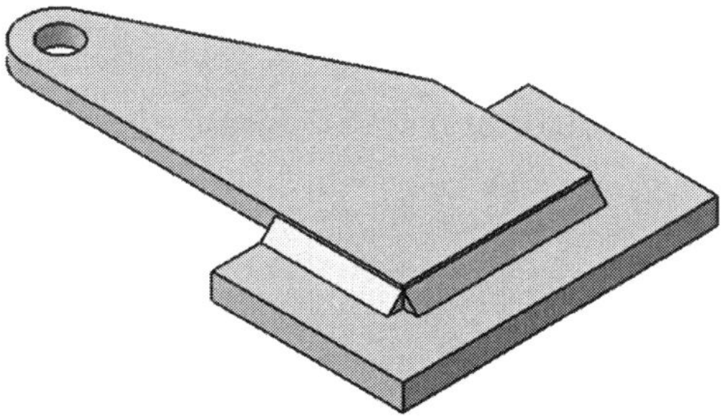

Apply Material > Metal > Steel, PartBody

(재료 적용 > 금속 > 강을 부품에)

Generative Structural Analysis의 요점
-Static Analysis, Mesh Size
-User-defined Restraint, Distributed Force, Fastened Connection Property
-Principal Stress

Start > Analysis & Simulation > Generative Structural Analysis

(해석과 시뮬레이션 > 구조해석)

New Analysis Case = Static Analysis

(정적 해석)

Finite Element Model.1 > Nodes and Elements > OCTREE Tetrahedron Mesh.1:Part1.1 > Global Size = 5 mm, Proportional sag = 0.2, Element type = Parabolic, Local Size = 2 mm (용접면)

Finite Element Model.1 > Nodes and Elements > OCTREE Tetrahedron Mesh.2:Part2.1 > Global Size = 2 mm, Proportional sag = 0.2, Element type = Parabolic

Finite Element Model.1 > Nodes and Elements > OCTREE Tetrahedron Mesh.3:Part3.1 > Global Size = 2 mm, Proportional sag = 0.2, Element type = Parabolic

Finite Element Model.1 > Nodes and Elements > OCTREE Tetrahedron Mesh.4:Part4.1 > Global Size = 5 mm, Proportional sag = 0.2, Element type = Parabolic

(절점과 요소 > 사면체 요소망 > 전체적 크기와 비례 처짐, 요소형태)

General Analysis Connection > First component = ..., Second component = ... (용접면 1)

(일반해석 연결)

Fastened Connection Property > Supports = General Analysis Connection.1

(접합연결 속성)

용접면 4까지 반복

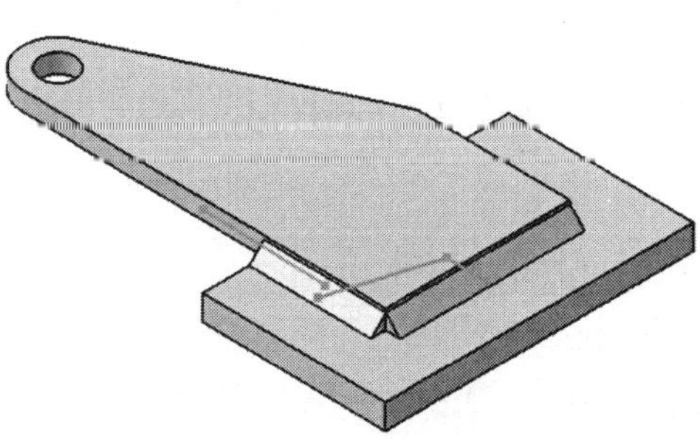

Clamp > Supports = ... (Part4 하면)

(고정)

Distributed Force > Supports = ... (Hole 중심), Force Vector Y = -20000 N

(분포하중) Y축 방향 -20000 N

Compute > All

(계산)

Stress full tensor component (nodal values).1 > Visual Types = Average iso, Criteria = Von Mises

(응력) σ_{VM}

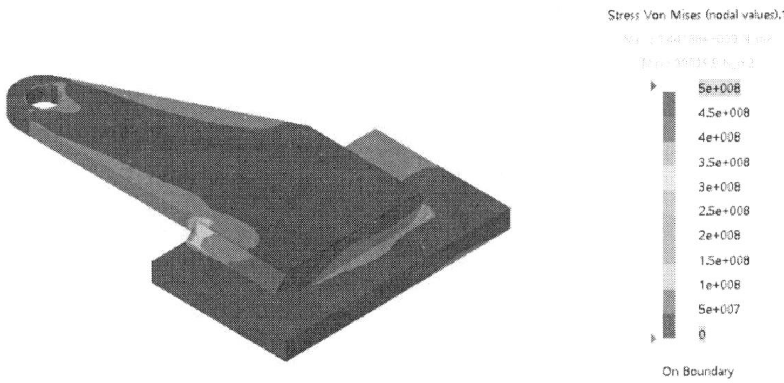

Stress full tensor component (nodal values).1 > Visual Types = Average iso, Criteria = Von Mises, Selections = OCTREE Tetrahedron Mesh.1 : Part1.1~OCTREE Tetrahedron Mesh.3 : Part3.1

(응력)

Bottom View

(배면도)

Compass Manipulation > Rotation increment = Along W 90deg

(좌표계 작업) W축에 관한 회전 증분 90°

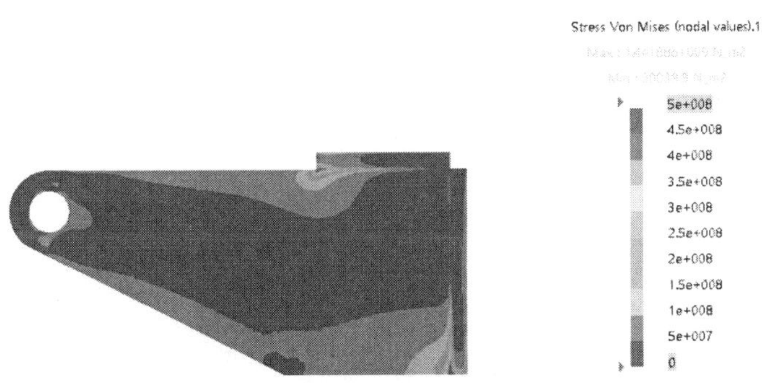

von Mises 응력이 높은 부위가 이론과 일치한다.

[유니버설 조인트] 다음과 같은 유니버설 조인트의 입력축 1을 1 kN m로 비틀 때 응력 분포를 구하시오.

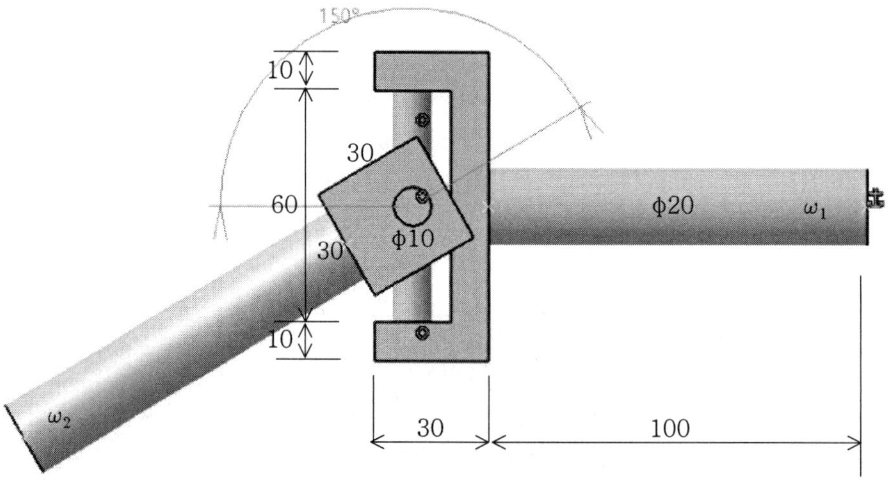

요점
-전체를 모델링
-접촉연결. 모멘트를 작용
-응력을 가시화.

Assembly Design의 요점
-Circle로 단면을 그리고 Constraint로 칫수를 부여하고
-Pad로 밀어 입체(Shaft 1)를 생성
-Profile로 단면을 그리고 Constraint로 칫수를 부여하고
-Pad로 밀어 입체(Shaft 1)를 수정
-Circle로 단면을 그리고 Constraint로 칫수를 부여하고
-Pocket으로 밀어 입체(Shaft 1)를 수정
-저장
-Circle로 단면을 그리고 Constraint로 칫수를 부여하고
-Pad로 밀어 입체(Cross Bar)를 생성
-기존부품(Shaft 1)을 추가(Shaft 2)
-Fix/Coincidence/Angle로 조립

Start > Mechanical Design > Assembly Design

(시작 > 기계설계 > 조립설계)

Part > Product1

(제품)

Product1 > Part1 (Part1.1) > Part1 > Partbody

(부품물체)

Product1 > Part1 (Part1.1) > Part1 > yz plane

(yz 평면)

Sketch

(스케치)

Circle

(원)

Constraint

(구속) 지름 20 mm

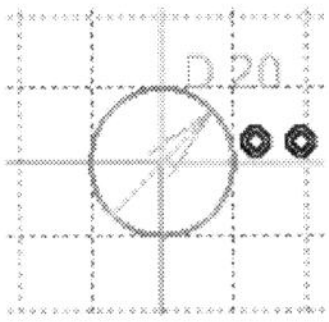

Exit Workbench

스케치에서 (나감)

Pad > First Limit Length = 100 mm

100 mm 밀어서 (입체를 생성)

zx plane

(xy 평면)

Sketch

(스케치)

Profile

(윤곽)

Constraint

(구속) 가로 20, 10 mm 세로 10, 30 mm

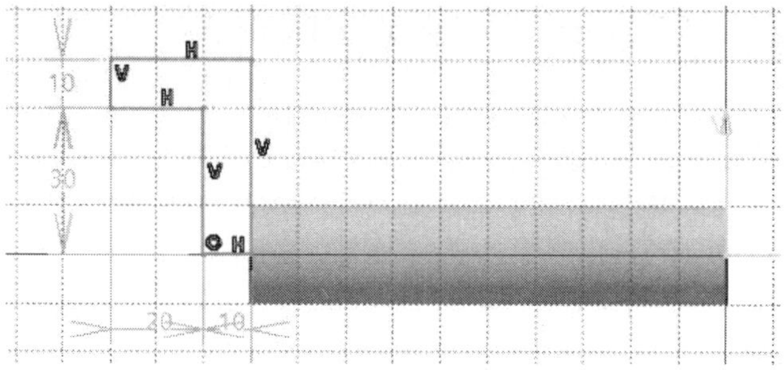

Exit Workbench

스케치에서 (나감)

Pad > First Limit Length = 15 mm, ☑ Mirror extent

밀어서 (입체를 생성)

Sketch

(스케치)

Circle

(원)

Constraint

(구속) 지름 10 mm

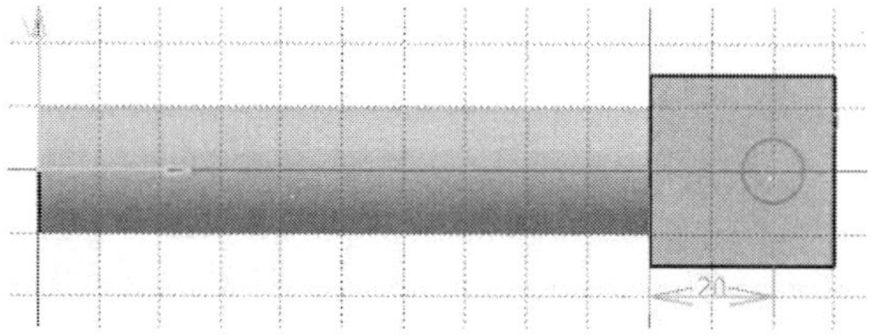

Exit Workbench

스케치에서 (나감)

Pocket > Type = Dimension, Depth = 10 mm, Selection = ...

10 mm 밀어서 (세거)

Mirror > Mirroring element = ..., Mirroring object = ...

(거울)

Point > Point type = Coordinates (0, 0, 0)

Point > Point type = Coordinates (100, 0, 0)

(점)

Apply Material > Metal > Steel, PartBody

(재료 부여 > 금속 > 강을 부품에)

Product1

(제품)

Save

(저장)

Part

(부품)

Product1 > Part2 (Part2.1) > Part2 > Partbody

(부품물체)

Product1 > Part2 (Part2.1) > Part2 > xy plane

(xy 평면)

Sketch

(스케치)

Circle

(원)

Constraint

(구속) 지름 10 mm

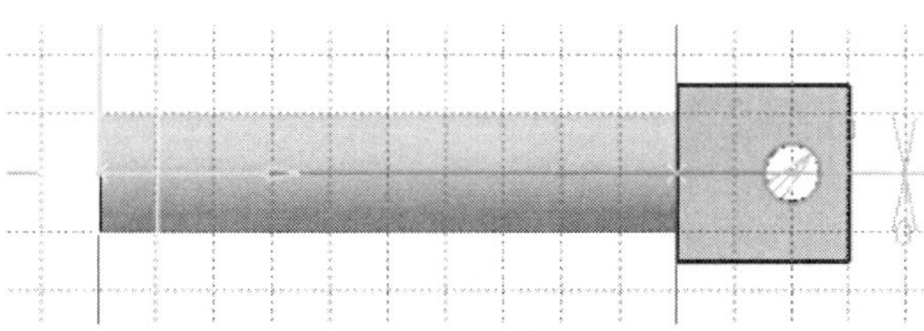

Exit Workbench

스케치에서 (나감)

Pad > First Limit Length = 80 mm, ☑ Mirror extent

80 mm 밀어서 (입체를 생성)

zx plane

(zx 평면)

Sketch

(스케치)

Circle

(원)

Constraint

(구속) 지름 10 mm

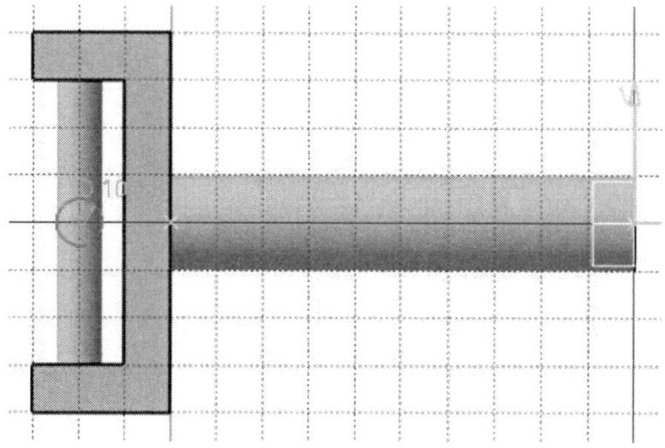

Exit Workbench

스케치에서 (나감)

Pad > First Limit Length = 80 mm, ☑ Mirror extent

80 mm 밀어서 (입체를 생성)

Apply Material > Metal > Steel, PartBody

(재료 부여 > 금속 > 강을 부품에)

Product1

(제품)

Existing Component > Part.1

(기존 부품)

Fix

(고정)

Coincidence

(일치) 축 2를 Cross Bar에 끼움

Angle

(각도) 150°

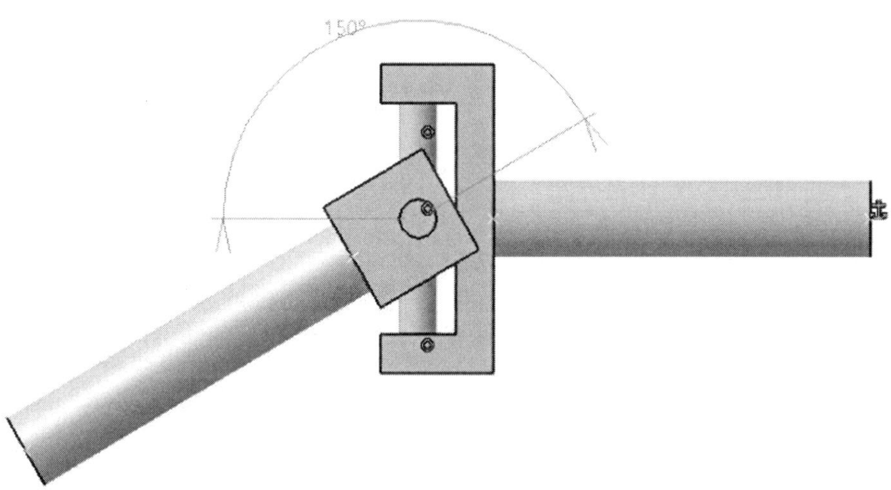

Generative Structural Analysis의 요점
-Static Analysis, Mesh Size
-Smooth Virtual Part
-User-defined Restraint, Distributed Force, Contact Connection Property
-Principal Stress

Start > Analysis & Simulation > Generative Structural Analysis

(해석과 시뮬레이션 > 구조해석)

New Analysis Case = Static Analysis

(정적 해석)

Finite Element Model.1 > Nodes and Elements > OCTREE Tetrahedron Mesh.1:Part1.1 > Global Size = 2 mm, Proportional sag = 0.2, Element type = Parabolic
Finite Element Model.1 > Nodes and Elements > OCTREE Tetrahedron Mesh.2:Part2.1 > Global Size = 2 mm, Proportional sag = 0.2, Element type = Parabolic
Finite Element Model.1 > Nodes and Elements > OCTREE Tetrahedron Mesh.3:Part1.2 > Global Size = 2 mm, Proportional sag = 0.2, Element type = Parabolic

(절점과 요소 > 사면체 요소망 > 전체적 크기와 비례 처짐, 요소형태)

General Analysis Connection > First component = ..., Second component = ... (Part2를 끼운 면 1)

(일반해석 연결)

Contact Connection Property > Supports = General Analysis Connection.1

(접촉연결 속성)

Part2를 끼운 면 2까지 반복

Smooth Virtual Part > Supports = ... (축의 둘레 1), Handler = ... (축의 중심 1)

(가상 부품)

축의 둘레 4, 축의 중심 4까지 반복

User-defined Restraint > Supports = ... (축의 중심 1), Restrain Translation 1,2,3 & Rotation 2,3
User-defined Restraint > Supports = ... (축의 중심 2), Restrain Translation 2,3

User-defined Restraint > Supports = ... (축의 중심 3), Axis System Type = User, Restrain Translation 2,3
User-defined Restraint > Supports = ... (축의 중심 4), Axis System Type = User, Restrain Translation 2,3 & Rotation 1

(사용자 정의 구속)

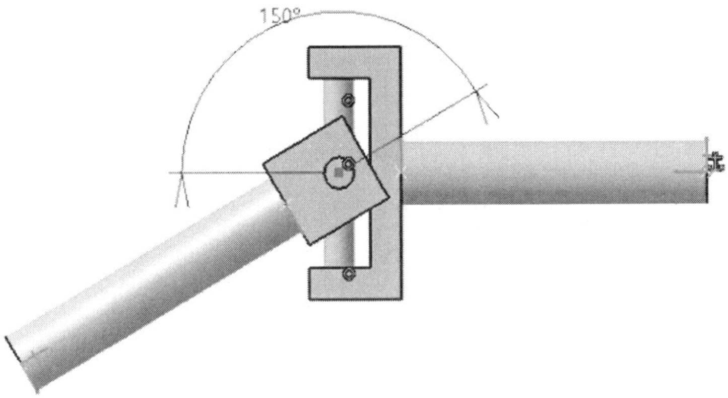

Moment > Supports = ... (축의 중심), Moment Vector X = 1000 Nm

(모멘트) X축에 관하여 1000 Nm

Compute > All

(계산)

Stress full tensor component (nodal values).1 > Visual Types = Average iso, Criteria = Maximum shearing

(응력) τ_{max}

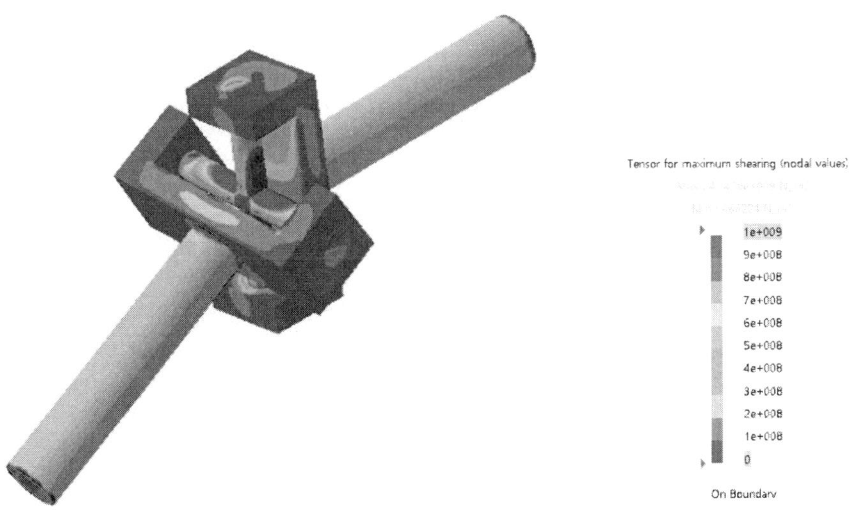

축 1 전단응력이 축 2보다 높다. 이 배치일 때 축 1의 회전속도는 축 2보다 낮은 것과 일치한다.

\- - -

[드럼 브레이크] 다음과 같은 내부 shoe 드럼 브레이크의 작동력이 1390 N 일 때 shoe와 드럼의 접촉압력 분포를 구하시오.

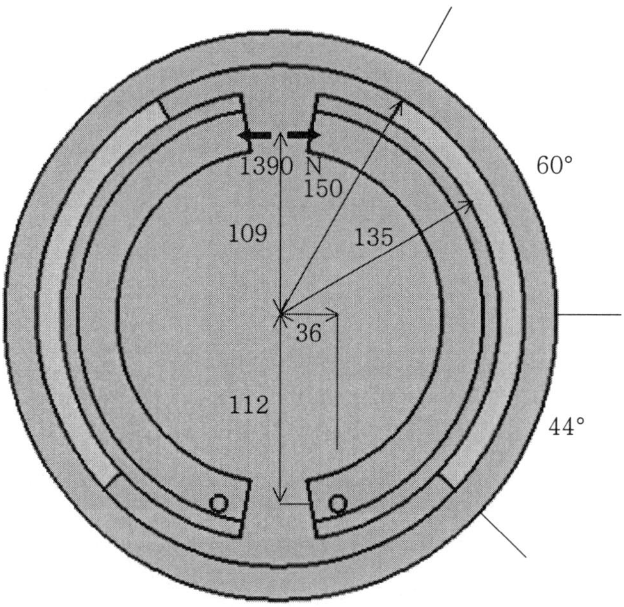

요점
-대칭을 이용하여 1/2만 모델링
-대칭면에 해당 구속조건을 부여, 접촉연결과 접합연결. 분포하중(집중하중)을 작용
-선택한 선을 따라 응력을 출력.

Assembly Design의 요점
-Profile로 단면을 그리고 Constraint로 칫수를 부여하고
-Shaft로 돌려 입체(Shoe)를 생성
-Circle로 단면을 그리고 Constraint로 칫수를 부여하고
-Pocket으로 밀어 입체(Shoe)를 수정
-Rectangle로 단면을 그리고 Constraint로 칫수를 부여하고
-Shaft로 돌려 입체(Lining)를 생성
-Profile로 단면을 그리고 Constraint로 칫수를 부여하고
-Shaft로 돌려 입체(Drum)를 생성

Start > Mechanical Design > Assembly Design

(시작 > 기계설계 > 조립설계)

Part > Product1

(제품)

Product1 > Part1 (Part1.1) > Part1 > Partbody

(부품물체)

Product1 > Part1 (Part1.1) > Part1 > zx plane

(zx 평면)

Sketch

(스케치)

Profile

(윤곽)

Constraint

(구속) 반경방향 135, 10, 25 mm. 축방향 10, 10 mm

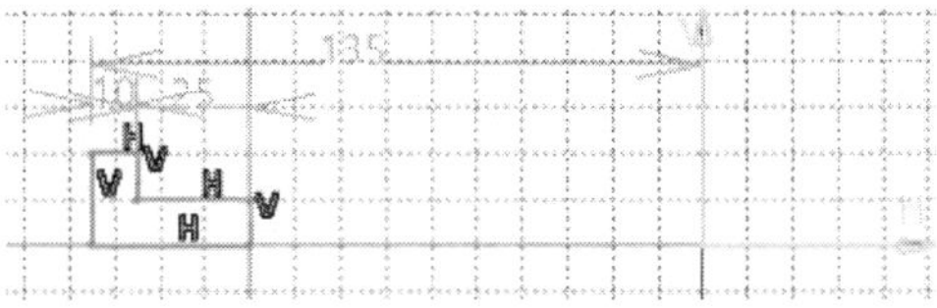

Exit Workbench

스케치에서 (나감)

Shaft > First angle = 80deg, Second angle = 80deg, Axis Section = Z Axis

(축) 스케치한 것을 Z축에 관하여 80° 회전하여 입체를 생성

Sketch

(스케치)

Circle

(원)

Constraint

(구속) 수평방향 36.464 mm, 수직방향 112.225 mm, 지름 10 mm

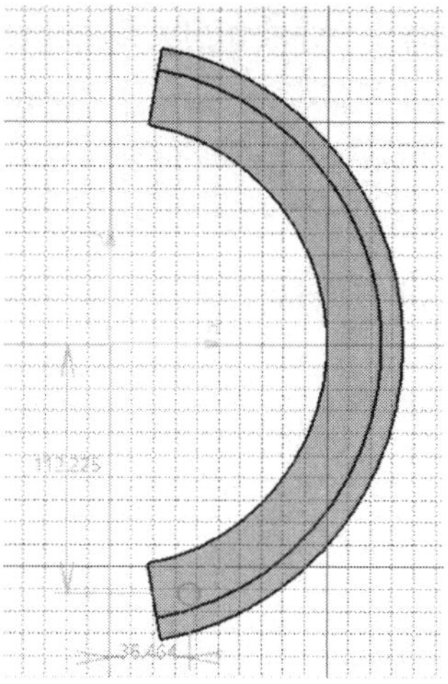

Exit Workbench

스케치에서 (나감)

Pocket > Type = Dimension, Depth = 20 mm, Selection = ...

20 mm 밀어서 (제거)

Sketch

(스케치)

Circle

(원)

Constraint

(구속) Pin에서 221 mm 떨어진 부위에 지름 10 mm

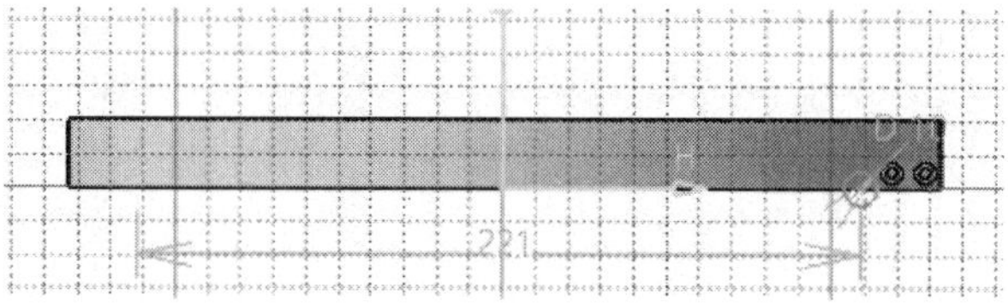

Exit Workbench

스케치에서 (나감)

Pocket > Type = Dimension, Depth = 25 mm, Selection = ...

25 mm 밀어서 (제거)

Point > Point type = Circle

(점)

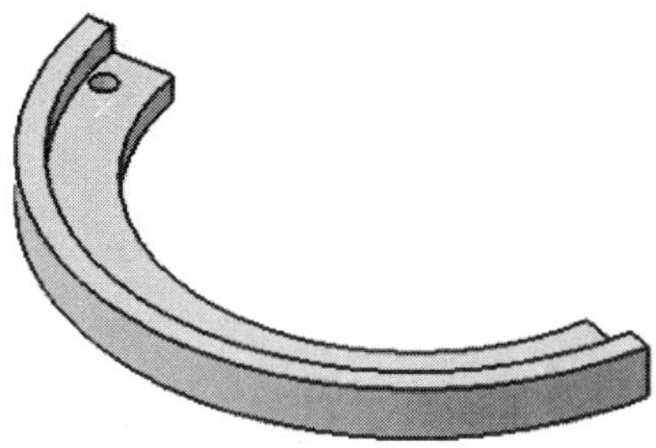

Apply Material > Metal > Steel, PartBody

(재료 부여 > 금속 > 강을 부품에)

Product1

(제품)

Part

(부품)

Product1 > Part2 (Part2.1) > Part2 > Partbody

(부품물체)

Product1 > Part2 (Part2.1) > Part2 > xy plane

(xy 평면)

Sketch

(스케치)

Rectangle

(직사각형)

Constraint

(구속) 가로 15.1 mm, 세로 12.5 mm

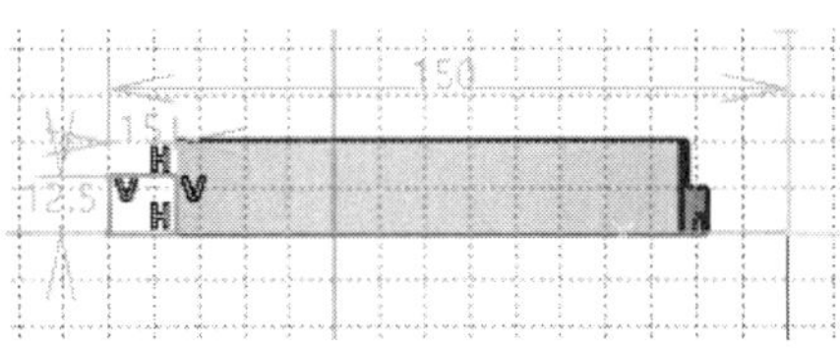

Exit Workbench

스케치에서 (나감)

Shaft > First angle = 60deg, Second angle = 44deg, Axis Section = Z Axis

(축) 스케치한 것을 Z축에 관하여 +60°, -44° 회전하여 입체를 생성

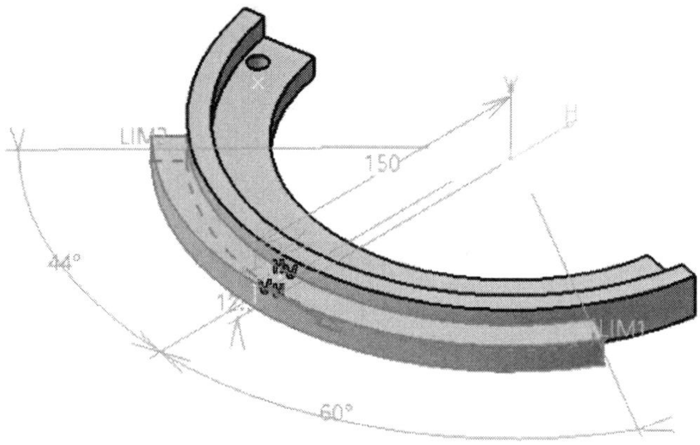

Apply Material > Metal > Steel, PartBody

(재료 부여 > 금속 > 강을 부품에)

Product1 > Part3 (Part3.1) > Part3 > xy plane

(xy 평면)

Sketch

(스케치)

Profile

(윤곽)

Constraint

(구속) 반경방향 20, 170 mm 축방향 20, 30 mm

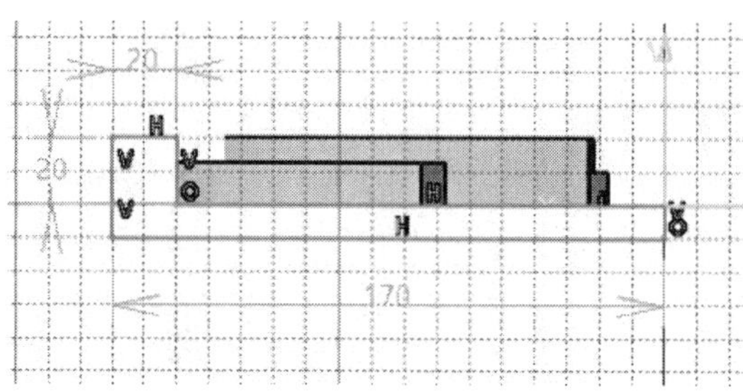

Exit Workbench

스케치에서 (나감)

Shaft > First angle = 90deg, Second angle = 90deg, Axis Section = Z Axis

(축) 스케치한 것을 Z축에 관하여 ±90° 회전하여 입체를 생성

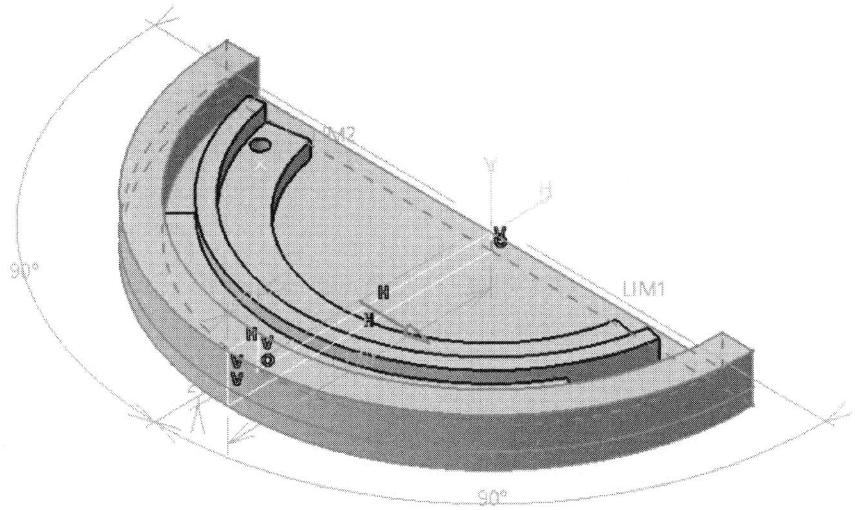

Apply Material > Metal > Steel, PartBody

(재료 부여 > 금속 > 강을 부품에)

Generative Structural Analysis의 요점
-Static Analysis, Mesh Size
-User-defined Restraint, Distributed Force, Contact & Fastened Connection
-Principal Stress

Start > Analysis & Simulation > Generative Structural Analysis

(해석과 시뮬레이션 > 구조해석)

New Analysis Case = Static Analysis

(정적 해석)

Finite Element Model.1 > Nodes and Elements > OCTREE Tetrahedron Mesh.1:Part1.1 > Global Size = 5 mm, Proportional sag = 0.2, Element type = Parabolic
Finite Element Model.1 > Nodes and Elements > OCTREE Tetrahedron Mesh.2:Part2.1 > Global Size = 5 mm, Proportional sag = 0.2, Element type = Parabolic
Finite Element Model.1 > Nodes and Elements > OCTREE Tetrahedron Mesh.3:Part1.2 > Global Size = 5 mm, Proportional sag =

0.2, Element type = Parabolic

(절점과 요소 > 사면체 요소망 > 전체적 크기와 비례 처짐, 요소형태)

General Analysis Connection > First component = ..., Second component = ... (Part1과 2 접합면)

(일반해석 연결)

Fastened Connection Property > Supports = General Analysis Connection.1

(접합연결 속성)

General Analysis Connection > First component = ..., Second component = ... (Part2와 3 접촉면)

(일반해석 연결)

Contact Connection Property > Supports = General Analysis Connection.2

(접촉연결 속성)

Smooth Virtual Part > Supports = ... (Part1 pivot 내면), Handler = ... (Part1 pivot 중심)

(가상 부품)

User-defined Restraint > Supports = ..., Restrain Translation 1

User-defined Restraint > Supports = ..., Restrain Translation 2

User-defined Restraint > Supports = ..., Restrain Translation 3

(사용자 정의 구속)

Distributed Force > Supports = ... (Part1 hole 중심), Force Vector X = 1390 N

(분포하중) X축 방향 1390 N

Line Group > Supports = ... (Part2의 접촉면 상하윤곽을 선택)

(선 그룹)

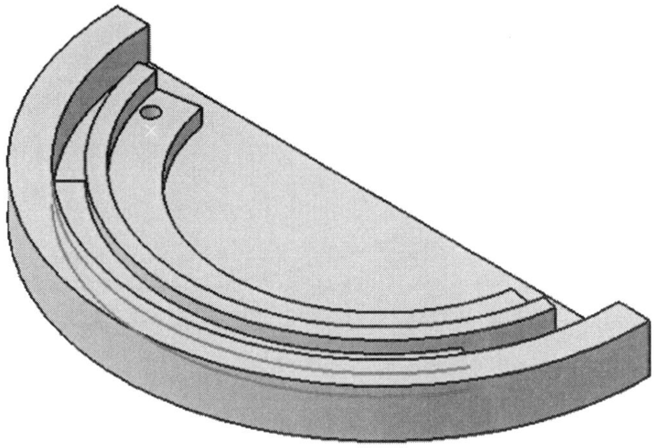

Compute > All

(계산)

Stress full tensor component (nodal values).1 > Visual Types = Average iso, Axis system = Cylindrical, Criteria = Component C11, Selections = Part1.1 & Part2.1

(응력 > 시각화 그룹을 선택) σ_r

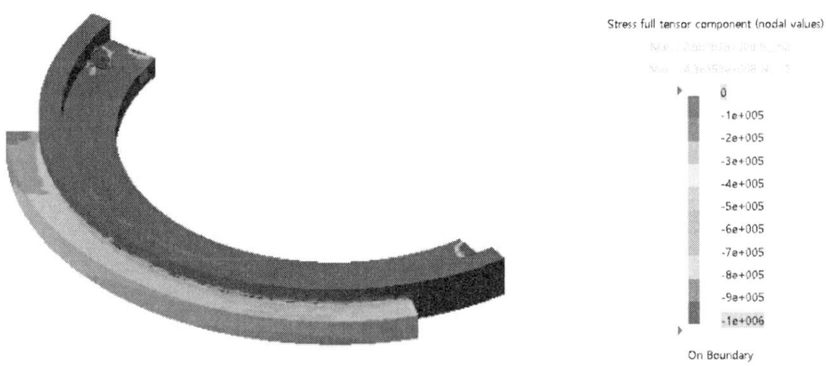

반경방향응력 σ_r

Stress full tensor component (nodal values).1 > Visual Types = Average iso, Axis system = Cylindrical, Criteria = Component C11, Selections = Line Group.1

(응력 > 시각화 그룹을 선택)

Finite Element Model.1 > Static Case > Static Case Solution.1 > Stress principal tensor symbol.1 > Export Data

(데이터를 출력)

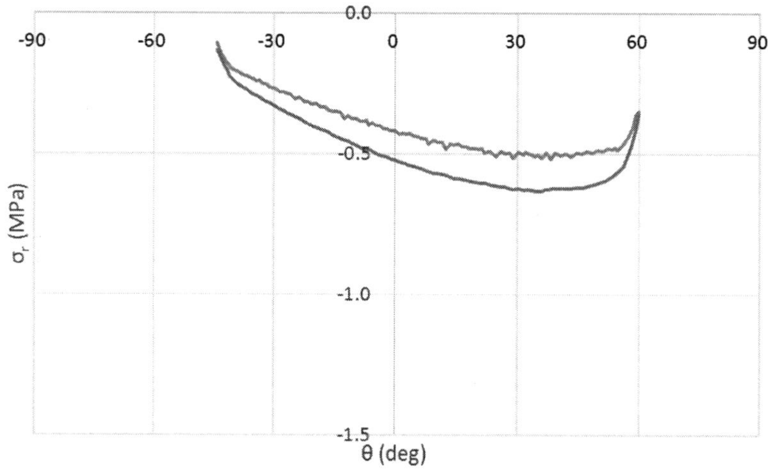

반경방향응력(Lining과 Drum의 접촉응력) 분포

반경방향응력 σ_r은 θ=30°에서 최대크기이다. 참고로 균일마모조건일 때는 θ=18°이다.

[좌굴] 다음 4 가지 양단의 경계조건에 대하여 단면이 20 mm x 2 mm, 길이 600 mm, 강으로 만든 막대의 임계좌굴하중을 구하고 이론값과 비교하시오.

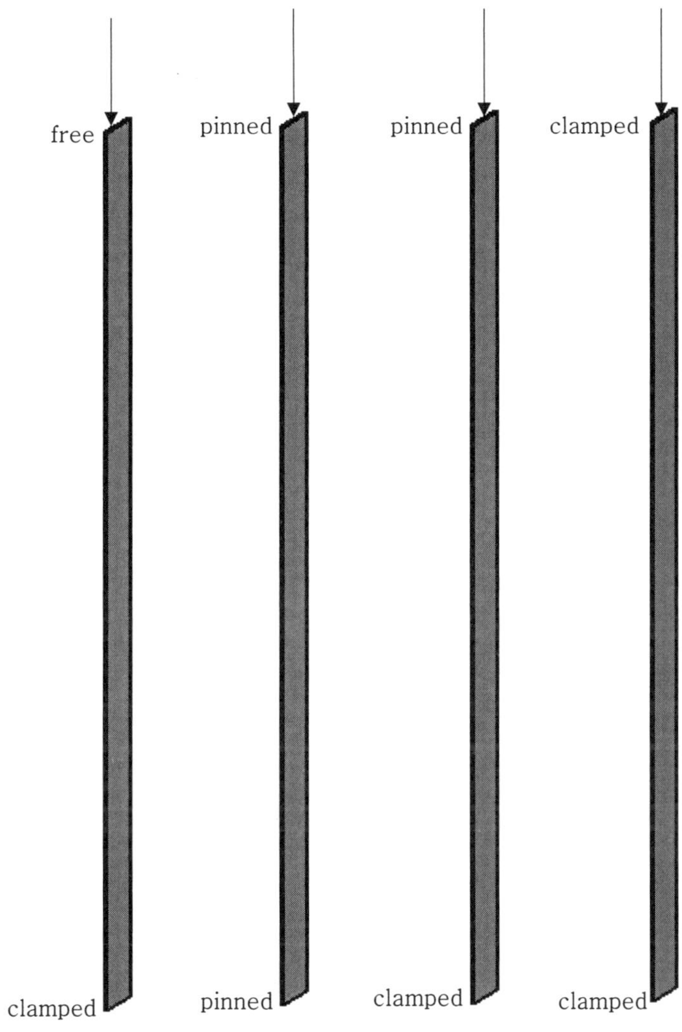

요점

-대칭을 이용하여 1/2만 shell로 모델링

-대칭면에 해당 구속조건을 부여, 분포하중(집중하중)을 작용. 정적해석 후 좌굴해석.

-변형을 가시화.

Wireframe and Surface Design의 요점
-Line으로 단면을 그리고 Constraint로 칫수를 부여하고
-Extrude로 밀어 표면을 생성

Start > Mechanical Design > Wireframe and Surface Design

(시작 > 기계설계 > 선과 면 설계)

Product1 > Part1 (Part1.1) > Part1 > xy plane

(xy 평면)

Sketch

(스케치)

Line

(선)

Constraint

(구속) 칫수를 부여. 길이 600 mm

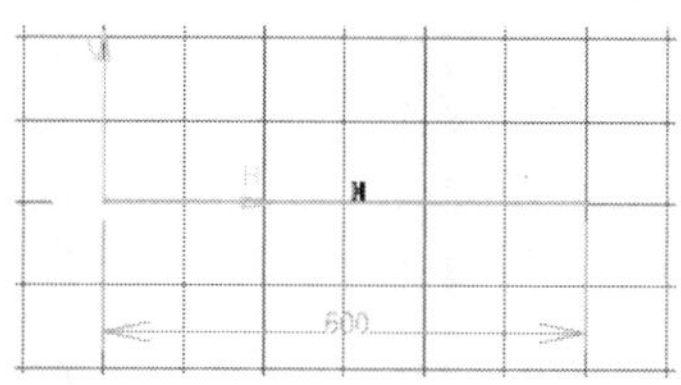

Exit Workbench

스케치에서 (나감)

Extrude > Direction = Default, Limit 1 Dimension = 10 mm

10 mm 밀어서 (면을 생성)

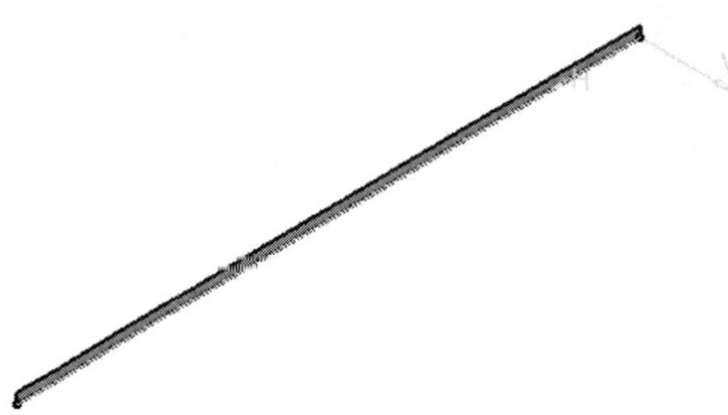

Apply Material > Metal > Steel, PartBody

(재료 부여 > 금속 > 강을 부품에)

Start > Analysis & Simulation > Advanced Meshing Tools

(해석과 시뮬레이션 > 요소망 도구)

New Analysis Case = Static Analysis

(정적 해석)

Surface Mesher > Type = Linear, Mesh size = 10 mm, Quad only

(표면 요소망) 선형 사각형. 요소망 크기 10 mm

Mesh The Part

요소망을 생성

Generative Structural Analysis의 요점
-Static Analysis, 2D Property
-User-defined Restraint, Distributed Force
-Buckling Case

Start > Analysis & Simulation > Generative Structural Analysis

(해석과 시뮬레이션 > 구조해석)

New Analysis Case = Static Analysis

(정적 해석)

2D Property > Supports = 1 Mesh part, Thickness = 2 mm

(2차원 속성) 두께 2 mm

User-defined Restraint > Supports = ..., Clamp

User-defined Restraint > Supports = ..., Restrain Translation 3, Rotation 1 & 2

(사용자 정의 구속 > 해당하는 면의 X축, Y축, Z축 방향 이동과 회전을 구속)

Distributed Force > Supports = ..., Force Vector X = -1 N

(분포하중 > 해당하는 면에 하중성분을 작용) X축 방향 -1 N

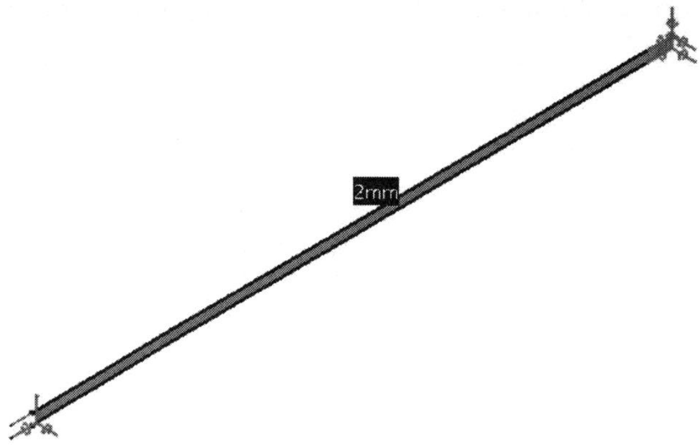

Compute > All

(계산)

Insert > Buckling Case > Static Case Solution Reference = ...

좌굴 경우 (삽입)

Compute > All

(계산)

Deformation > Occurrences > buckling factor = -9, -82, -229, ... N

(변형 > 발생 > 좌굴계수)

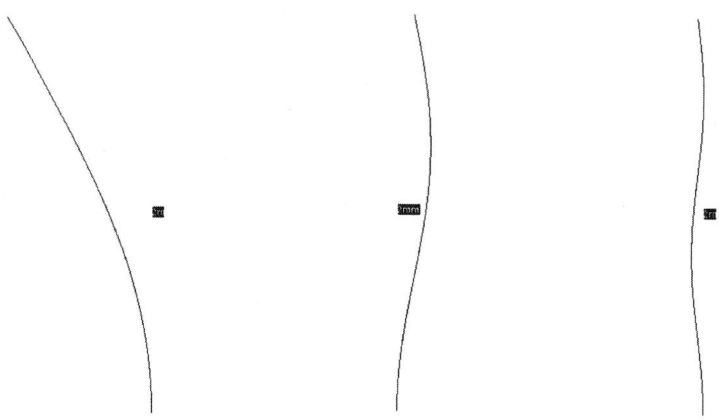

1차 9 N, 2차 82 N, 3차 229 N

\- - -

User-defined Restraint > Supports = ..., Restrain Translation 1,2,3 & Rotation 1,2

User-defined Restraint > Supports = ..., Restrain Translation 2,3 & Rotation 1,2

(사용자 정의 구속)

Compute > All

(계산)

Insert > Buckling Case > Static Case Solution Reference = ...

(삽입)

Compute > All

(계산)

Deformation > Occurrences > buckling factor = -37, -146, -585, ... N

(변형 > 발생 > 좌굴계수)

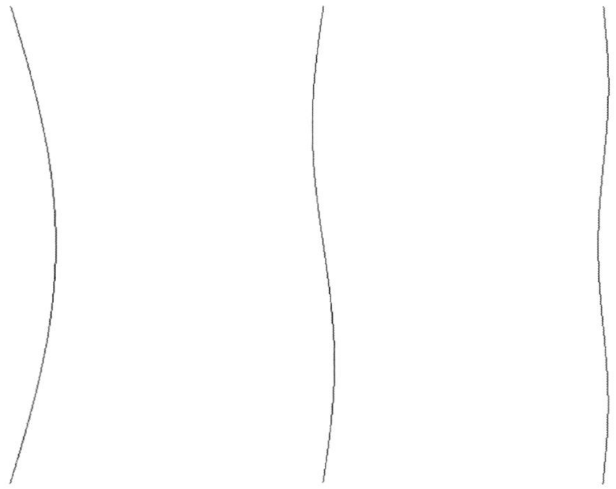

1차 37 N, 2차 146 N, 3차 585 N

\- - -

User-defined Restraint > Supports = ..., Restrain Translation 1,2,3 & Rotation 1,2,3

User-defined Restraint > Supports = ..., Restrain Translation 2,3 & Rotation 1,2

(사용자 정의 구속)

Compute > All

(계산)

Insert > Buckling Case > Static Case Solution Reference = ...

(삽입)

Compute > All

(계산)

Deformation > Occurrences > buckling factor = -75, -221, -441, ... N

(변형 > 발생 > 좌굴계수)

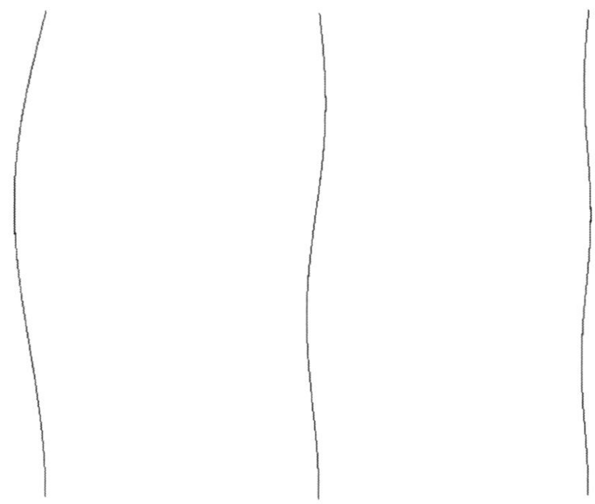

1차 75 N, 2차 221 N, 3차 441 N

- - -

User-defined Restraint > Supports = ..., Restrain Translation 1,2,3 & Rotation 1,2,3

User-defined Restraint > Supports = ..., Restrain Translation 2,3 & Rotation 1,2,3

(사용자 정의 구속)

Compute > All

(계산)

Insert > Buckling Case > Static Case Solution Reference = ...

좌굴해석경우를 (삽입)

Compute > All

(계산)

Deformation > Occurrences > buckling factor = -147, -300, -587, ... N

(변형)

1차 147 N,　　　　2차 300 N,　　　　3차 587 N

- - -

[축의 고유진동] 다음과 같이 축에 회전체 2개가 설치될 때 고유진동수와 고유진동모드를 구하시오.

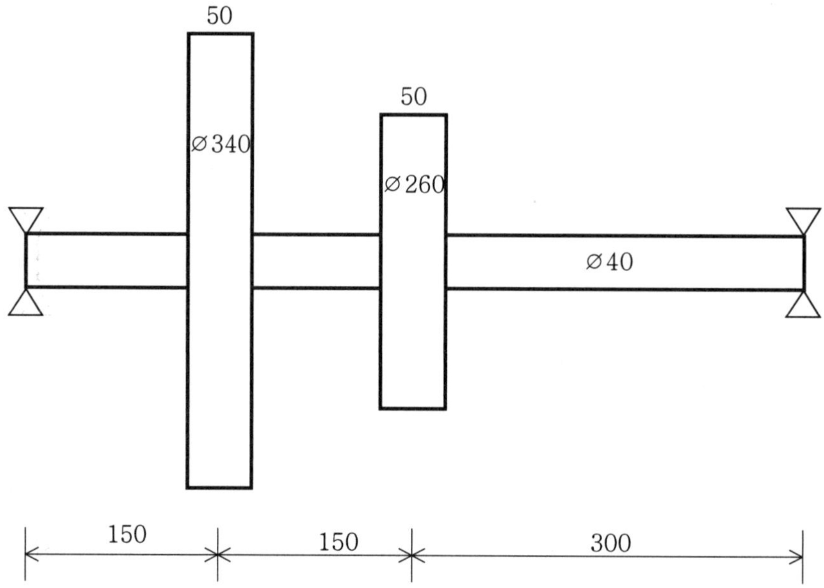

요점
-대칭을 이용하여 1/2만 모델링
-대칭면에 해당 구속조건을 부여, 접합연결. 고유진동해석
-변형을 가시화.

Assembly Design의 요점
-Rectangle로 단면을 그리고 Constraint로 칫수를 부여하고
-Shaft로 돌려 입체(Shaft)를 생성
-Rectangle로 단면을 그리고 Constraint로 칫수를 부여하고
-Shaft로 돌려 입체(Gear 1)를 생성
-Rectangle로 단면을 그리고 Constraint로 칫수를 부여히고
-Shaft로 돌려 입체(Gear 2)를 생성

Start > Mechanical Design > Assembly Design

(시작 > 기계설계 > 조립설계)

Part > Product1

(제품)

Product1 > Part1 (Part1.1) > Part1 > Partbody

(부품물체)

Product1 > Part1 (Part1.1) > Part1 > xy plane

(xy 평면)

Sketch

(스케치)

Rectangle

(직사각형)

Constraint

(구속) 칫수를 부여. 가로 600 mm, 세로 20 mm

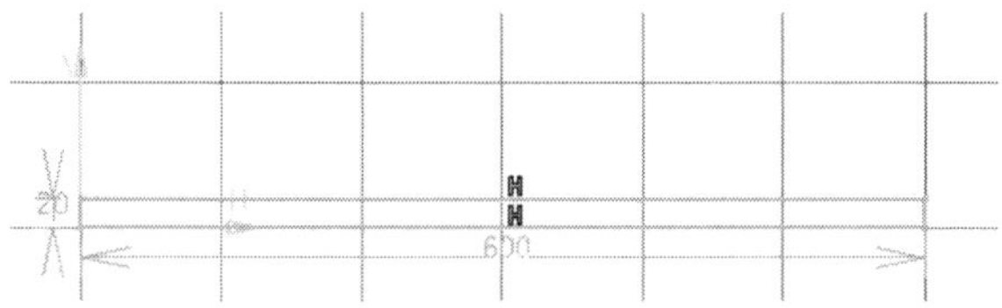

Shaft > First angle = 180 deg, Second angle = 0 deg, Axis selection = X Axis

(축) 스케치한 것을 X축에 관하여 180° 회전하여 입체를 생성

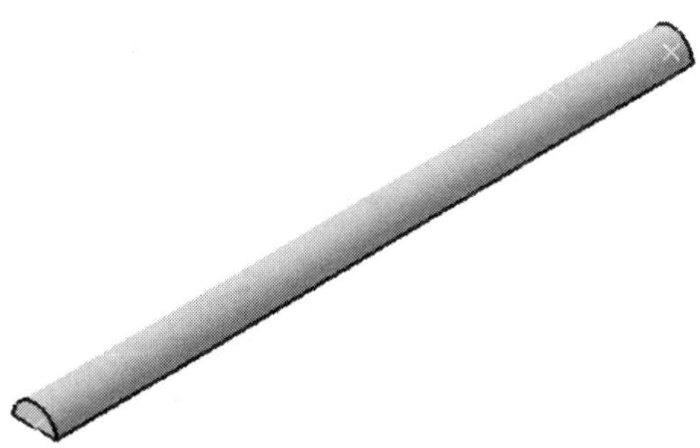

Apply Material > Metal > Steel, PartBody

(재료 부여 > 금속 > 강을 부품에)

Point > Point type = Coordinate, (0, 0, 0)

(점)

Point > Point type = Coordinate, (600, 0, 0)

(점)

Product1

(제품)

Part, Product1

(부품, 제품)

Product1 > Part2 (Part2.1) > Part2 > Partbody

(부품물체)

Product1 > Part2 (Part2.1) > Part2 > xy plane

(xy 평면)

Sketch

(스케치)

Rectangle

(직사각형)

Constraint

(구속) 반경방향 150 mm(=170-20), 좌측단에서 125 mm 떨어져 너비 50 mm

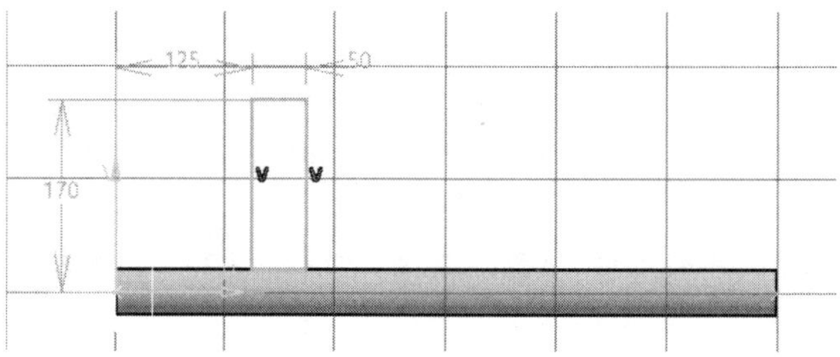

Shaft > First angle = 180 deg, Second angle = 0 deg, Axis selection = X Axis

(축) 스케치한 것을 X축에 관하여 180° 회전하여 입체를 생성

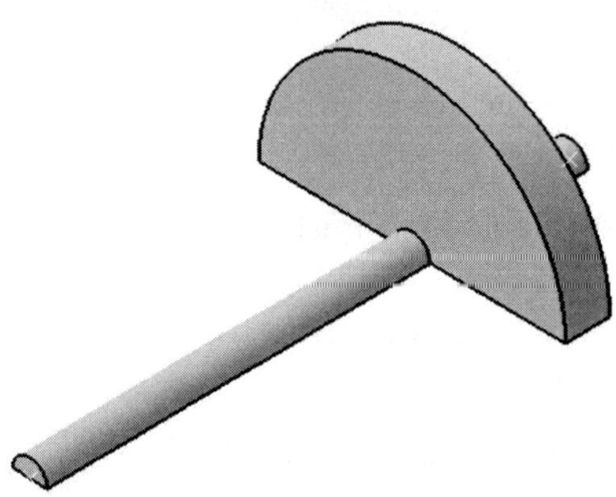

Apply Material > Metal > Steel, PartBody

(재료 부여 > 금속 > 강을 부품에)

Product1

(제품)

Part, Product1

(부품, 제품)

Product1 > Part3 (Part3.1) > Part3 > Partbody

(부품물체)

Product1 > Part3 (Part3.1) > Part3 > xy plane

(xy 평면)

Sketch

(스케치)

Rectangle

(직사각형)

Constraint

(구속) 반경방향 110 mm(=130-20), 좌측단에서 275 mm 떨어져 너비 50 mm

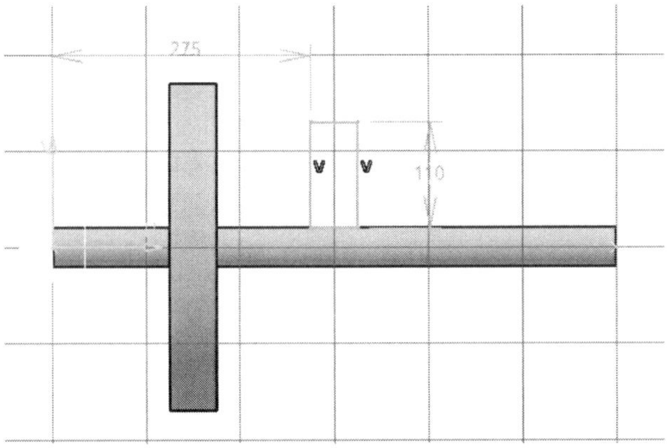

Shaft > First angle = 180 deg, Second angle = 0 deg, Axis selection = X Axis

(축) 스케치한 것을 X축에 관하여 180° 회전하여 입체를 생성

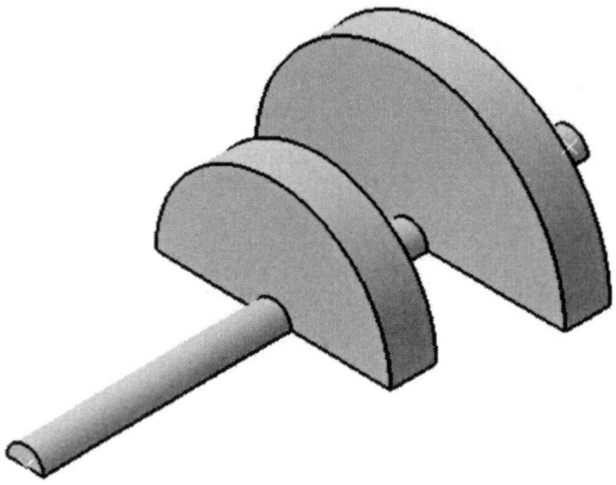

Apply Material > Metal > Steel, PartBody

(재료 부여 > 금속 > 강을 부품에)

Generative Structural Analysis의 요점
-Frequency Analysis, Mesh Size
-Smooth Virtual Part
-User-defined Restraint, Fastened Connection Property
-Deformation

Start > Analysis & Simulation > Generative Structural Analysis

(해석과 시뮬레이션 > 구조해석)

New Analysis Case = Frequency Analysis

(정적 해석)

Finite Element Model.1 > Nodes and Elements > OCTREE Tetrahedron Mesh.1:Part1.1 > Global Size = 20 mm, Proportional sag = 0.2, Element type = Parabolic

(절점과 요소 > 사면체 요소망 > 전체적 크기와 비례 처짐, 요소형태)

General Analysis Connection > First component = ..., Second component = ...

축과 회전체 1

General Analysis Connection > First component = ..., Second component = ...

축과 회전체 2

(일반해석 연결)

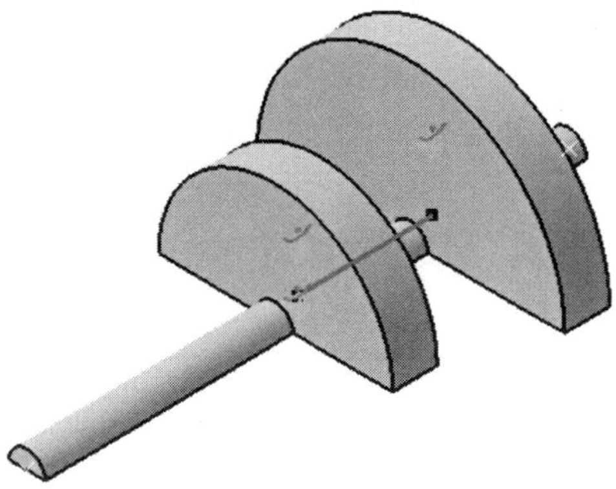

Fastened Connection Property > Supports = General Analysis Connection.1
Fastened Connection Property > Supports = General Analysis Connection.2

(접합연결 속성)

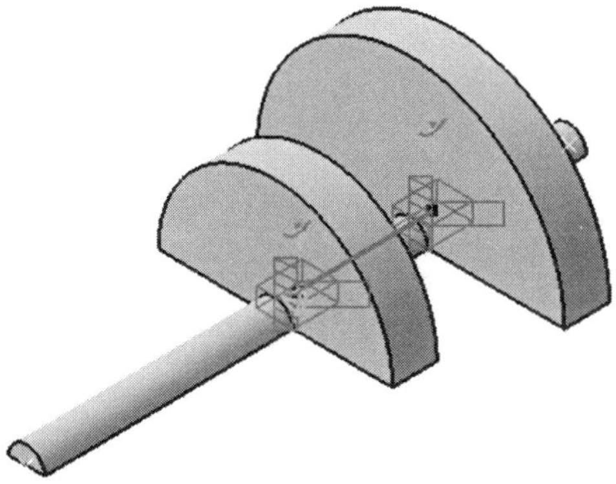

Smooth Virtual Part > Support =1 Face, Handler = 1 Point
Smooth Virtual Part > Support =1 Face, Handler = 1 Point

양단면을 각각의 중심에 묶음 (가상부품)

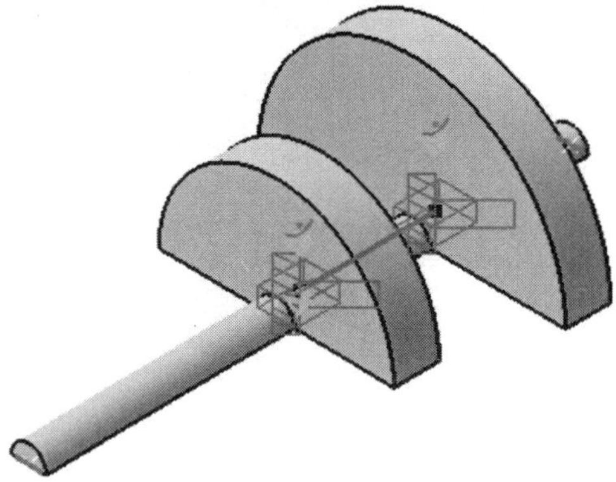

User-defined Restraint > Supports = ..., Restrain Translation 1,2,3, Rotation 1,2
User-defined Restraint > Supports = ..., Restrain Translation 2,3, Rotation 1,2
User-defined Restraint > Supports = ..., Restrain Translation 3
(사용자 정의 구속 > 해당하는 면의 X축, Y축, Z축 방향 이동을 구속)

Compute > All

(계산)

Deformation > Occurrences 1 = 63.5 Hz, 2 = 263 Hz, 3 = 358 Hz

(변형 > 발생)

1차 63.5 Hz

2차 263 Hz

3차 358 Hz

[축의 자중을 무시할 때]

Product1 > Part1 (Part1.1) > Part1 > Partbody > Steel > Properties
Density = 0

축의 (밀도)=0

Deformation > Occurrences 1 = 65.7 Hz, 2 = 274 Hz, 3 = 367 Hz

1차는 2.2 Hz, 2차는 11 Hz, 3차는 9 Hz 증가

\- - -

[축의 고유진동] 다음과 같이 축에 회전체 2개가 설치될 때 고유진동수와 고유진동모드를 구하시오.

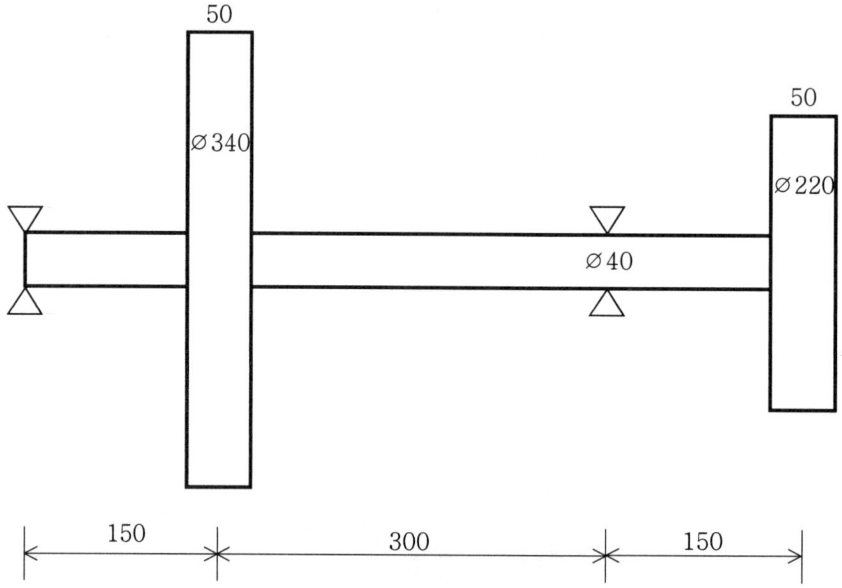

요점
-대칭을 이용하여 1/2만 모델링
-대칭면에 해당 구속조건을 부여, 접합연결. 고유진동해석
-변형을 가시화.

Assembly Design의 요점
-Rectangle로 단면을 그리고 Constraint로 칫수를 부여하고
-Shaft로 돌려 입체(Shaft 1)를 생성
-Rectangle로 단면을 그리고 Constraint로 칫수를 부여하고
-Shaft로 돌려 입체(Shaft 2)를 생성
-Rectangle로 단면을 그리고 Constraint로 칫수를 부여하고
-Shaft로 돌려 입체(Gear 1)를 생성
-Rectangle로 단면을 그리고 Constraint로 칫수를 부여하고
-Shaft로 돌려 입체(Gear 2)를 생성

Start > Mechanical Design > Assembly Design

(시작 > 기계설계 > 조립설계)

Part > Product1

(제품)

Product1 > Part1 (Part1.1) > Part1 > Partbody

(부품물체)

Product1 > Part1 (Part1.1) > Part1 > xy plane

(xy 평면)

Sketch

(스케치)

Rectangle

(직사각형)

Constraint

(구속) 가로 450 mm, 세로 20 mm

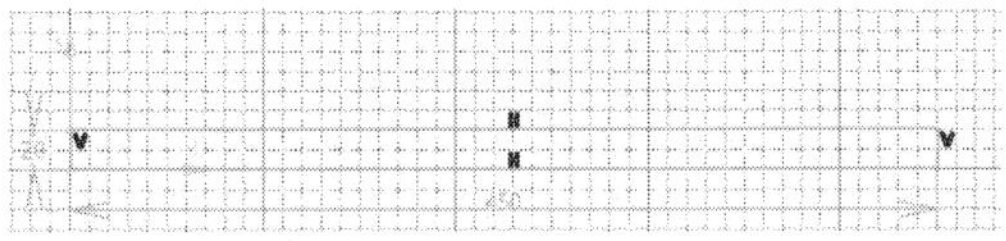

Shaft > First angle = 180 deg, Second angle = 0 deg, Axis selection = X Axis

(축) 스케치한 것을 X축에 관하여 180° 회전하여 입체를 생성

Point > Point type = Coordinate, (0, 0, 0)

Point > Point type = Coordinate, (450, 0, 0)

(점)

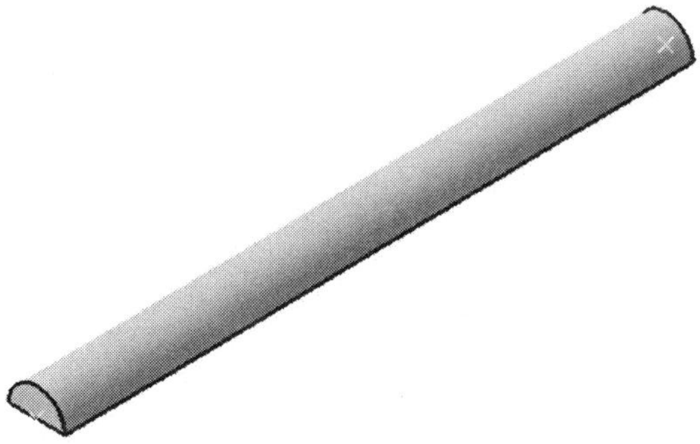

Apply Material > Metal > Steel, PartBody

(재료 부여 > 금속 > 강을 부품에)

Product1

(제품)

Part, Product1

(부품, 제품)

Product1 > Part2 (Part2.1) > Part2 > Partbody

(부품물체)

Product1 > Part2 (Part2.1) > Part2 > xy plane

(xy 평면)

Sketch

(스케치)

Rectangle

(직사각형)

Constraint

(구속) 가로 150 mm, 세로 20 mm

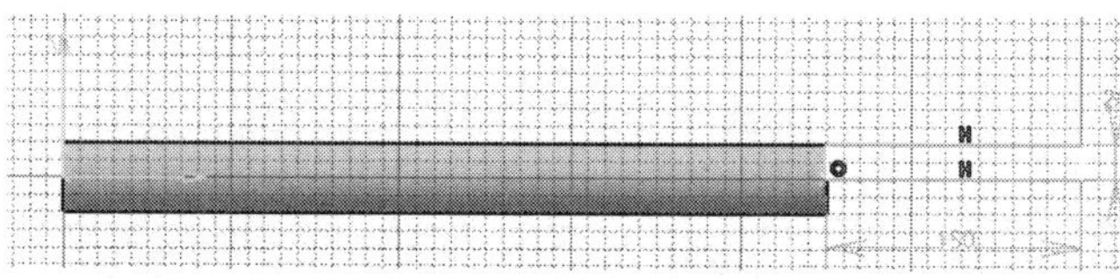

Shaft > First angle = 180 deg, Second angle = 0 deg, Axis selection = X Axis

(축) 스케치한 것을 X축에 관하여 180° 회전하여 입체를 생성

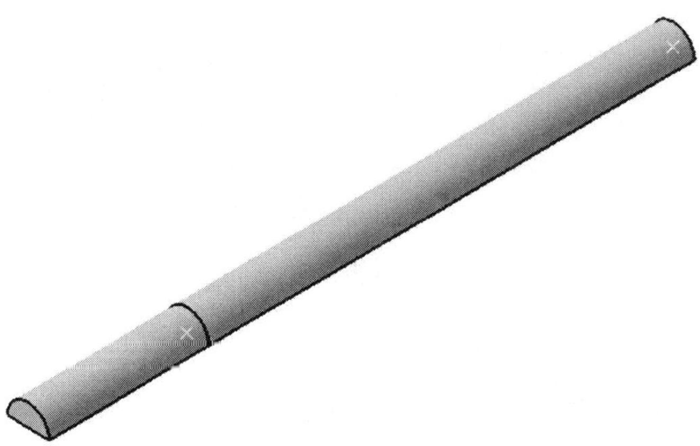

Product1

(제품)

Part, Product1

(부품, 제품)

Product1 > Part3 (Part3.1) > Part3 > Partbody

(부품물체)

Product1 > Part3 (Part3.1) > Part3 > xy plane

(xy 평면)

Sketch

(스케치)

Rectangle

(직사각형)

Constraint

(구속) 반경방향 150 mm(=170-20), 좌측단에서 125 mm 떨어져 너비 50 mm

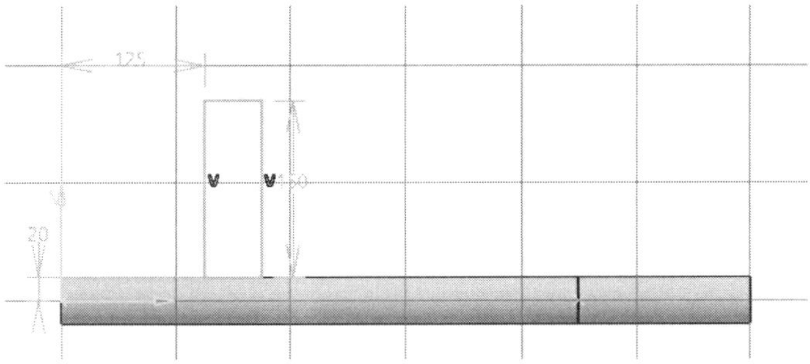

Shaft > First angle = 180 deg, Second angle = 0 deg, Axis selection = X Axis

(축) 스케치한 것을 X축에 관하여 180° 회전하여 입체를 생성

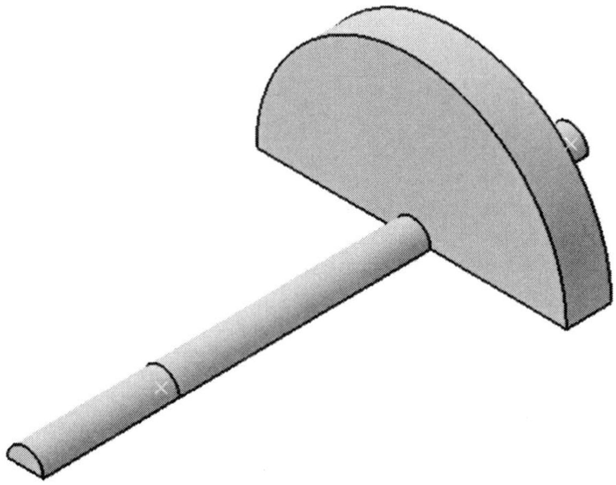

Apply Material > Metal > Steel, PartBody

(재료 부여 > 금속 > 강을 부품에)

Product1

(제품)

Part, Product1

(부품, 제품)

Product1 > Part4 (Part4.1) > Part4 > Partbody

(부품물체)

Product1 > Part4 (Part4.1) > Part4 > xy plane

(xy 평면)

Sketch

(스케치)

Rectangle

(직사각형)

Constraint

(구속) 반경방향 90 mm(=110-20), 좌측단에서 575 mm 떨어져 너비 50 mm

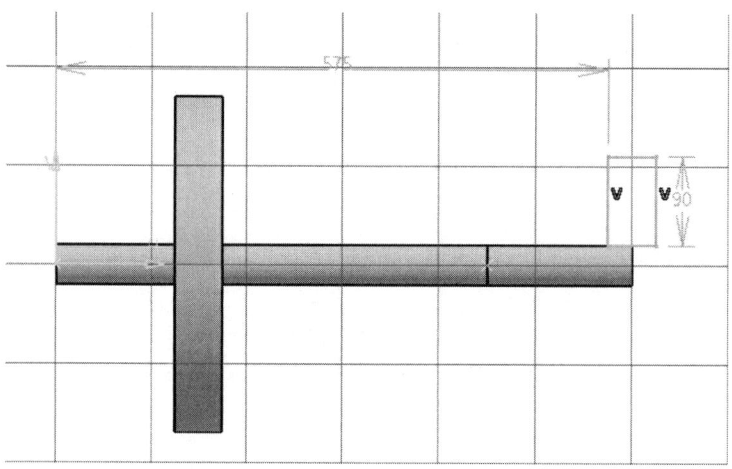

Shaft > First angle = 180 deg, Second angle = 0 deg, Axis selection = X Axis

(축) 스케치한 것을 X축에 관하여 180° 회전하여 입체를 생성

Apply Material > Metal > Steel, PartBody

(재료 부여 > 금속 > 강을 부품에)

Generative Structural Analysis의 요점
-Frequency Analysis, Mesh Size
-Smooth Virtual Part
-User-defined Restraint, Fastened Connection Property
-Deformation

Start > Analysis & Simulation > Generative Structural Analysis

(해석과 시뮬레이션 > 구조해석)

New Analysis Case = Frequency Analysis

(정적 해석)

Finite Element Model.1 > Nodes and Elements > OCTREE Tetrahedron Mesh.1:Part1.1 > Global Size = 20 mm, Proportional sag = 0.2, Element type = Parabolic

(절점과 요소 > 사면체 요소망 > 전체적 크기와 비례 처짐, 요소형태)

General Analysis Connection > First component = ..., Second component = ...

축 1과 축2 연결

General Analysis Connection > First component = ..., Second component = ...

축 1과 회전체 1

General Analysis Connection > First component = ..., Second component = ...

축 2와 회전체 2

(일반해석 연결)

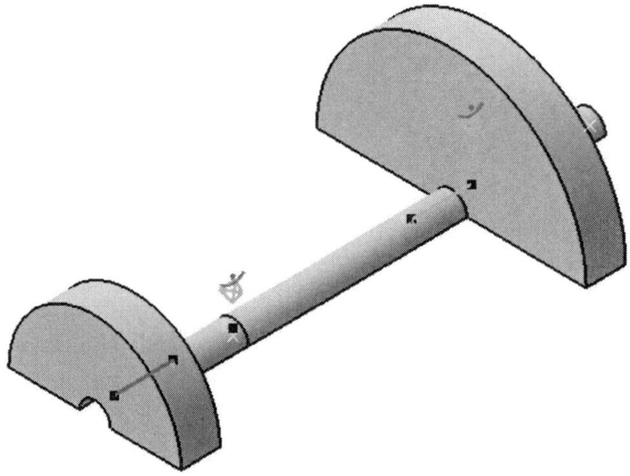

Fastened Connection Property > Supports = General Analysis Connection.1

Fastened Connection Property > Supports = General Analysis Connection.2

Fastened Connection Property > Supports = General Analysis Connection.3

(접합연결 속성)

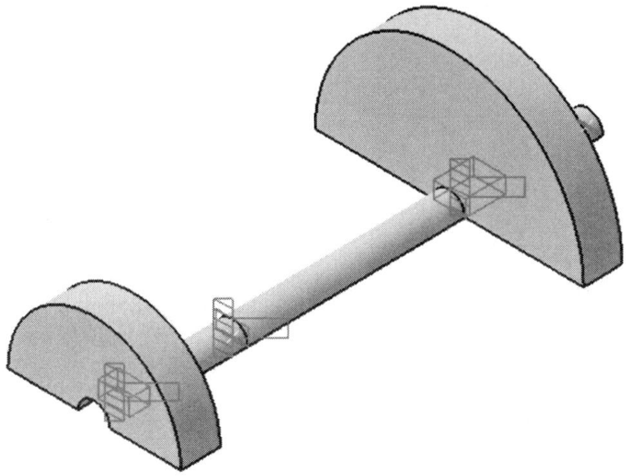

Smooth Virtual Part > Support =1 Face, Handler = 1 Point
Smooth Virtual Part > Support =1 Face, Handler = 1 Point
x=0 단면, 축 1과 축 2를 연결하는 단면을 각각의 중심에 묶음 (가상부품)

User-defined Restraint > Supports = ..., Restrain Translation 1,2
User-defined Restraint > Supports = ..., Restrain Translation 2
User-defined Restraint > Supports = ..., Restrain Translation 3
(사용자 정의 구속 > 해당하는 면의 X축, Y축, Z축 방향 이동을 구속)

Compute > Analysis Case Solution = Frequency Case Solution.1
(계산)

Deformation > Occurrences 1 = 78.0 Hz, 2 = 160 Hz, 3 = 321 Hz
(변형 > 발생)

1차 78.0 Hz

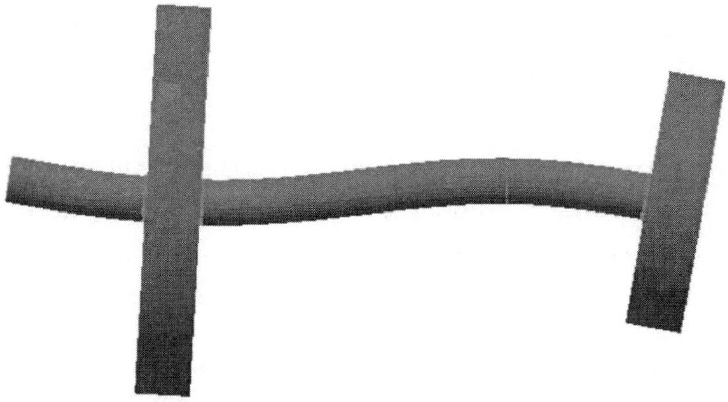

2차 160 Hz

3차 321 Hz

[축의 자중을 무시할 때]

Product1 > Part1 (Part1.1) > Part1 > Partbody > Steel > Properties
Density = 0

축의 (밀도)=0

Deformation > Occurrences 1 = 79.8 Hz, 2 = 164 Hz, 3 = 323 Hz

1차는 1.8 Hz, 2차는 4 Hz, 3차는 2 Hz 증가

연습문제

[포물선 외팔보] 다음과 같은 상하 윤곽인 포물선인 외팔보 끝을 1 kN으로 누를 때 응력 분포를 구하시오.

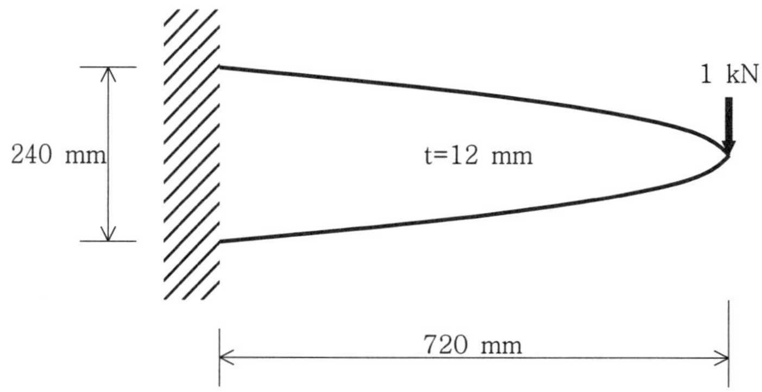

[프레스] 다음과 같은 프레스 중앙을 10 kN으로 밀 때 응력과 변위 분포를 구하시오. 단면은 200x200인 정사각형이고 두께는 10 mm이다.

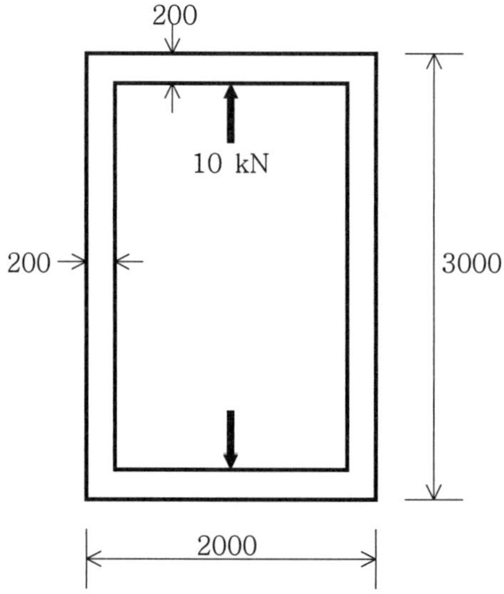

[고리] 다음과 같이 90°, 180°, 270°, 360° 지름 10 mm인 고리를 10 kN 으로 누를 때 처짐을 구하시오.

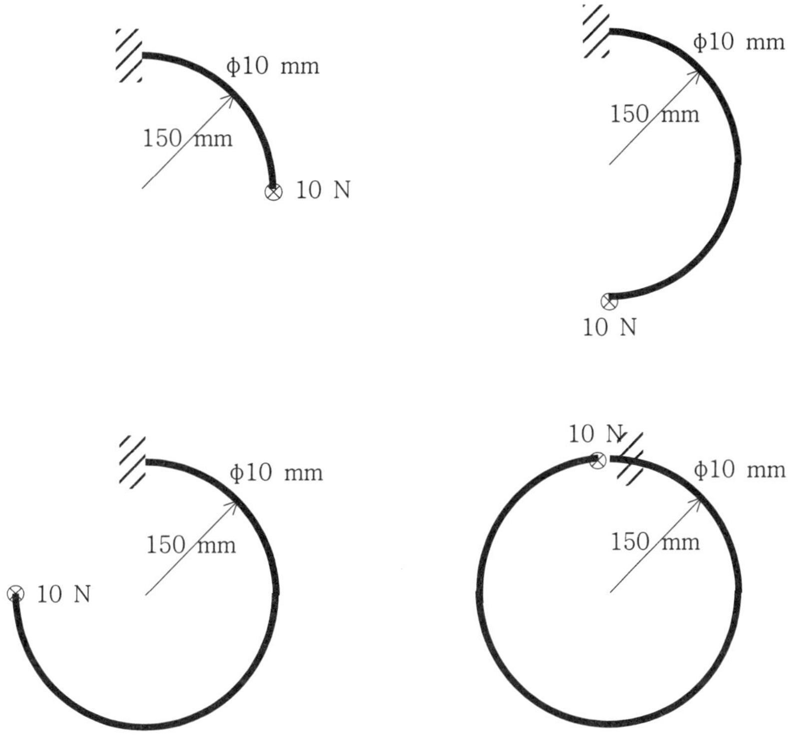

[노치를 판 평판] 다음과 같이 기존 노치 r=10 mm 좌우에 노치를 추가로 파서 응력집중을 완화하려고 한다. 평판의 양측면에 균일인장응력 100 MPa 을 작용할 때 최적 노치 반지름을 구하시오.

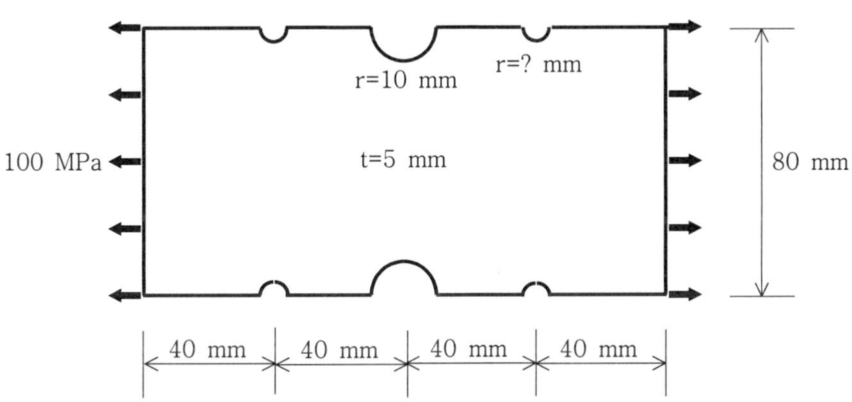

[평판의 응력집중] 다음과 같이 균일인장응력을 받는 두께 10 mm 평판의 모서리에 대한 응력집중계수를 구하시오.

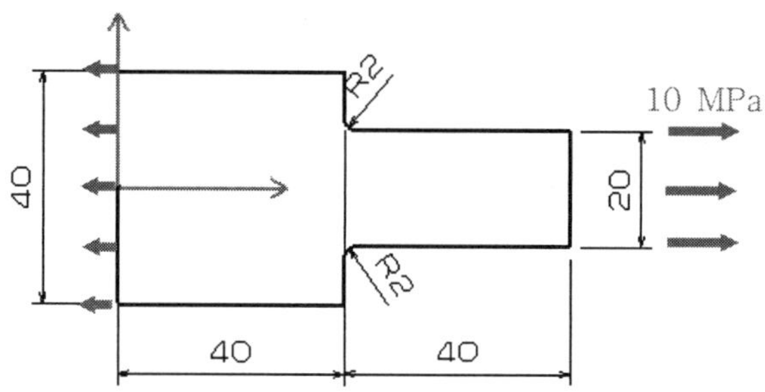

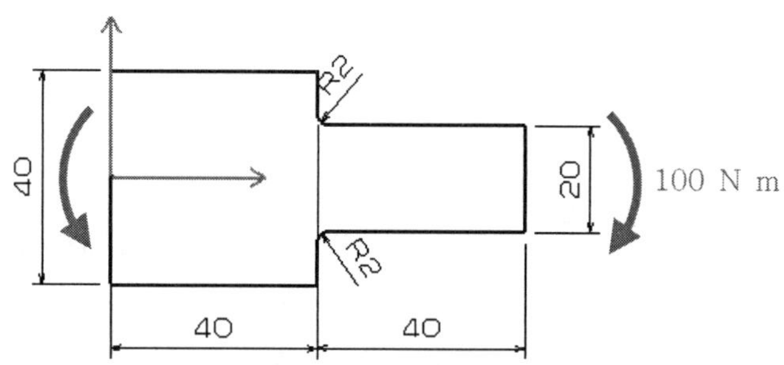

[봉의 응력집중] 다음과 같이 굽힘을 받는 봉의 모서리에 대한 응력집중계수를 구하시오.

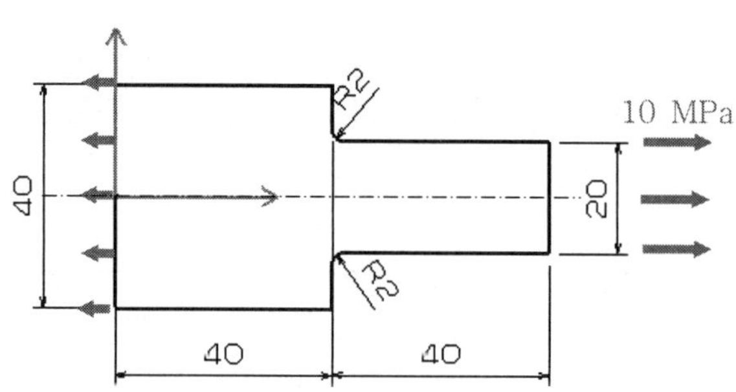

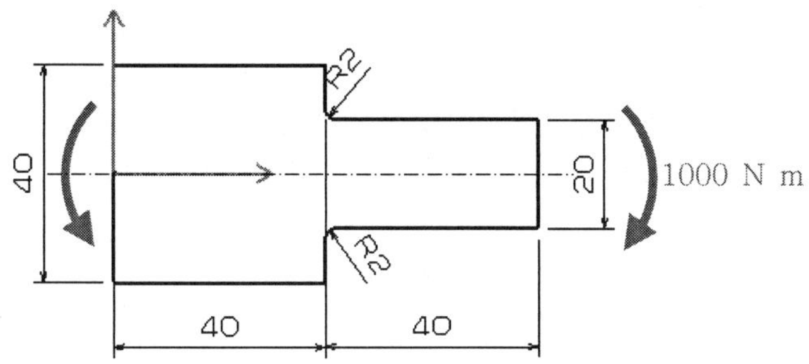
R2
40
20
1000 N m
R2
40
40

[후벽원통] 다음과 같은 후벽원통에 내압 sinθ MPa을 가할 때 응력과 변위 분포를 구하시오.

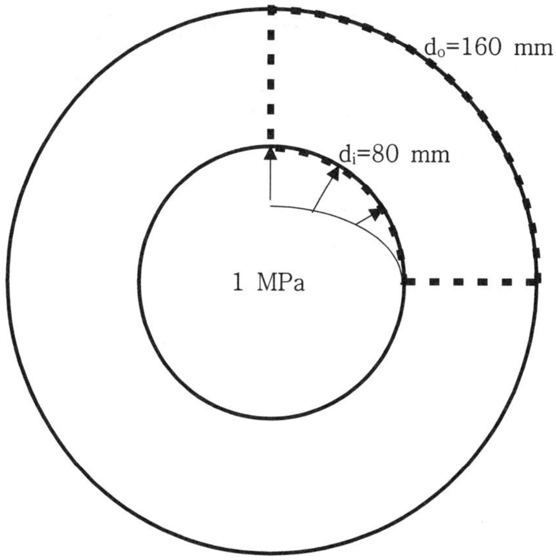

[박벽원통] 다음과 같은 박벽 정4각통에 물을 가득 채울 때 응력과 변위의 분포를 구하시오. (shell 모델링)

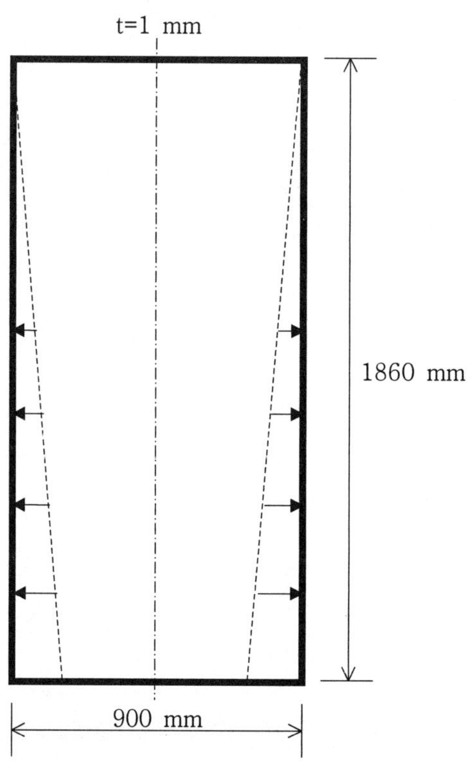

[구] 다음과 같은 Spherical Shell에 내압 1 MPa을 가할 때 응력과 변위 분포를 구하시오.

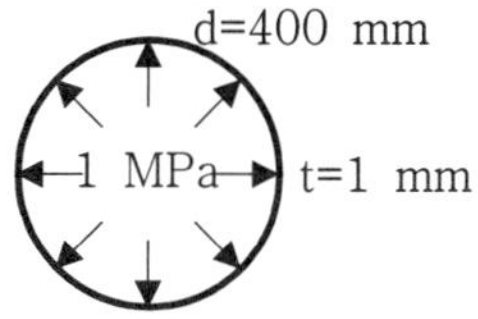

[ㅁ자형 외팔보] 다음과 같은 단면(θ=0° 부분이 끊어짐)인 외팔보(길이 1 m)의 끝을 1 kN으로 누를 때 응력과 변위 분포를 구하시오. 끊어지지 않았을 때와 비교하시오.

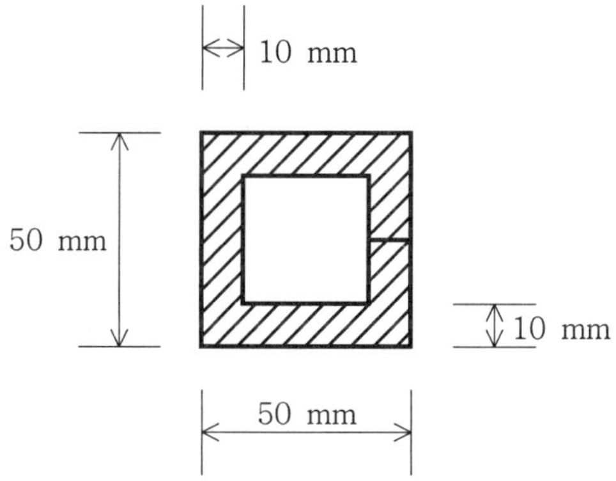

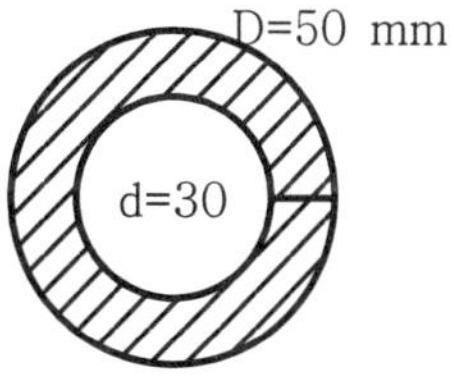

[직사각형봉] 직사각형봉(가로 80 mm, 세로 20 mm, 길이 1 m)을 1 N m로 비틀 때 응력과 변위 분포를 구하시오.

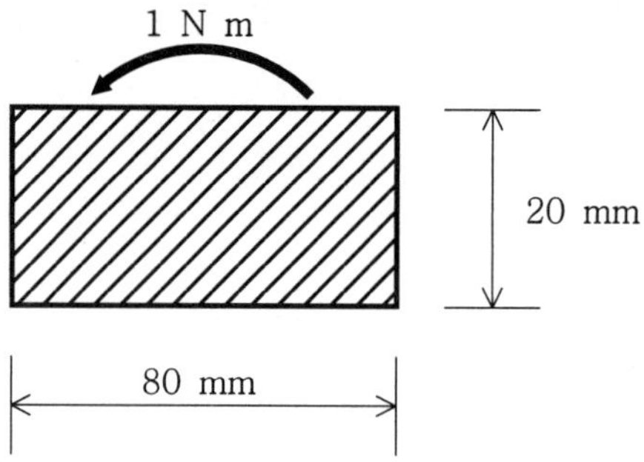

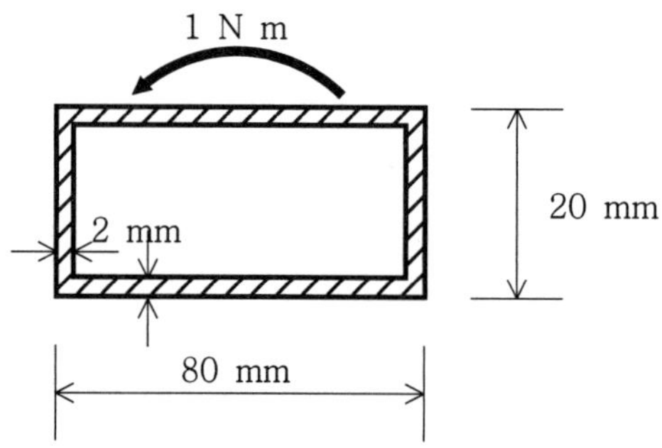

[억지끼워맞춤] 다음 경우 2~4 억지끼워맞춤에 대하여 응력과 변위분포를 구하시오.

<Table 5-1> 죔새량 측정 결과 (단위 : mm)

구 분		보스		부싱		죔새량	내경 수축량 (측정값)
		외경	내경	외경	내경		
스틸 부싱	경우 1	140	80.02	80.10	65.17	0.08	0.06
	경우 2	155	95.02	95.10	80.27	0.08	0.06
동 부싱	경우 3	150	85.02	85.17	70.21	0.15	0.13
	경우 4	165	105.01	105.21	90.23	0.20	0.17

[리벳 겹치기 이음] 다음과 같은 리벳 겹치기 이음이 인장력을 받을 때 리벳 5개를 3개나 7개로 고쳐 리벳 각각의 하중분담율을 구하시오.

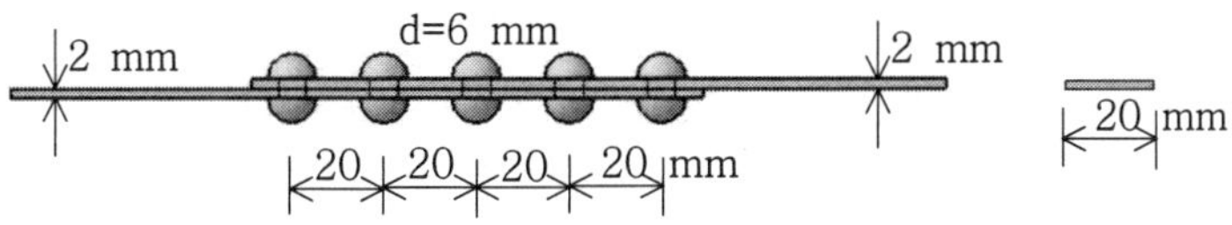

[리벳 고정] 다음과 같이 강판을 리벳 4개로 벽에 고정하고, 하중 70 kN을 가할 때 리벳이 받는 전단력을 구하시오.

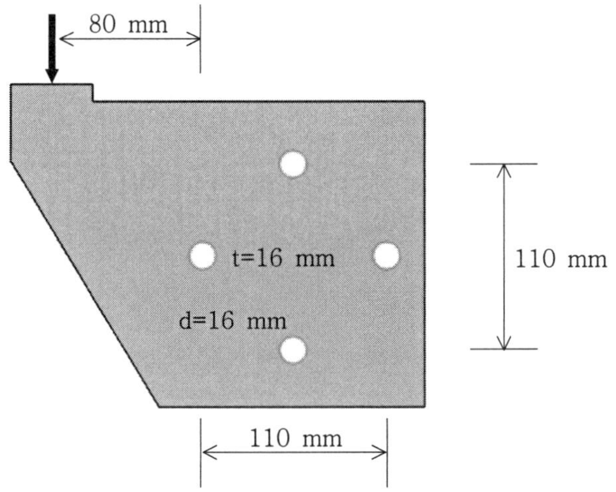

[기어] 다음과 같이 피니언과 기어를 물리고, 피니언에 1 kN m를 가할 때 응력 분포를 구하시오. (피니언을 1°씩 돌리며 반복하시오.)

	기어	피니언
잇수	30	20
모듈	20	→
압력각	20°	→

[헬리컬 스프링] 다음과 같은 압축헬리컬스프링(피치 8 mm, 코일지름 29 mm, 와이어지름 4 mm, 권수 6)을 30°만큼 돌릴 때 응력분포를 구하시오.

[용접] 다음과 같이 용접한 브라켓을 20 kN으로 당길 때 응력 분포를 구하시오.

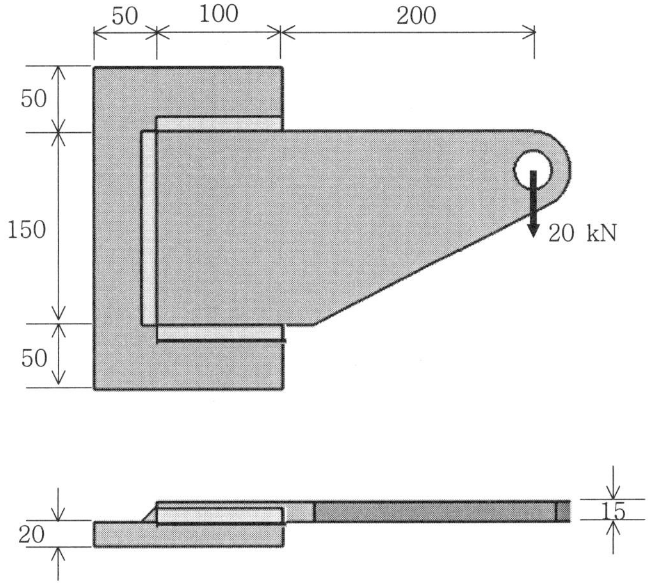

[Jet Turbine] Blade를 기울여 원심력과 가스압력이 균형을 이루도록(즉, Blade 하단에 굽힘이 발생하지 않음) 하려고 한다. θ를 구하시오.

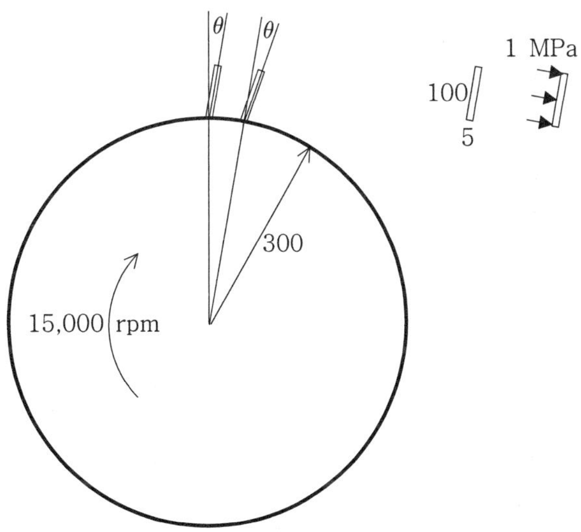

[좌굴] 지름이 165 mm, 높이 205 mm, 두께 0.25 mm인 박벽원통을 균일 압력으로 압축할 때 임계좌굴하중과 변형형상을 구하시오.

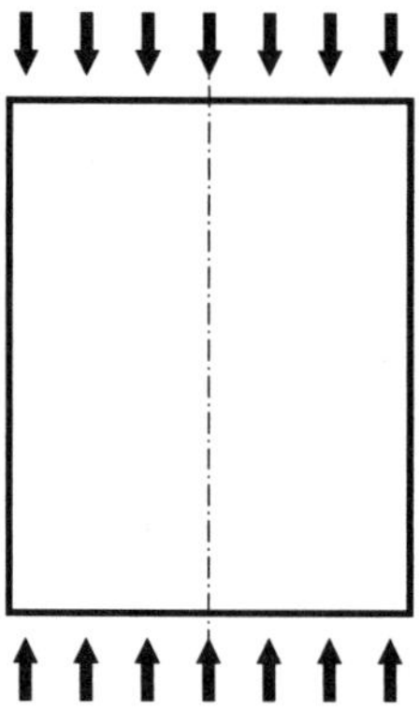

[좌굴] 지름이 다른 2 부분으로 이루어진 (a) 일단고정, 타단자유 (b) 양단 고정 보에 대하여 임계좌굴하중을 구하시오. 보의 재료는 강으로서 탄성계수는 205 GPa이다.

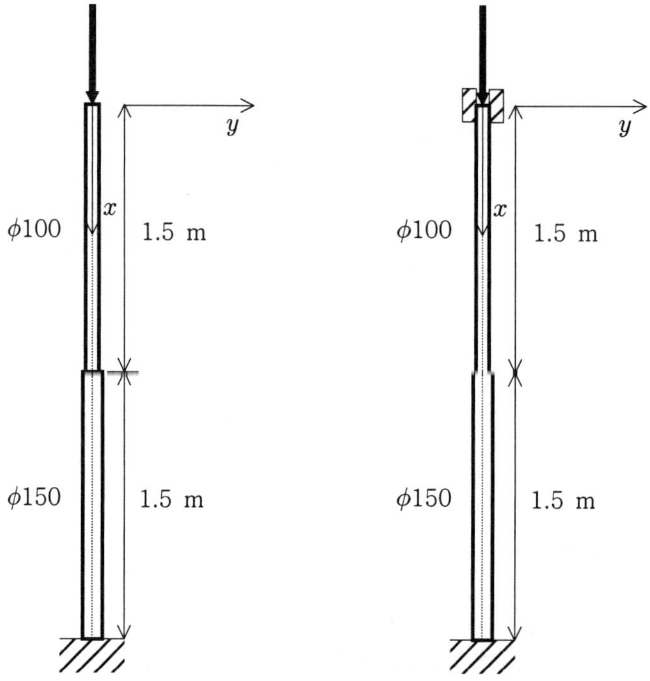

[축의 고유진동] 다음과 같이 축에 회전체 2개가 설치될 때 고유진동수와 고유진동모드를 구하시오. 축과 회전체를 180°만 모델링한 것을 360° 전체 모델링한 것으로 고쳐 180°만 모델링한 경우와 결과를 비교하시오.

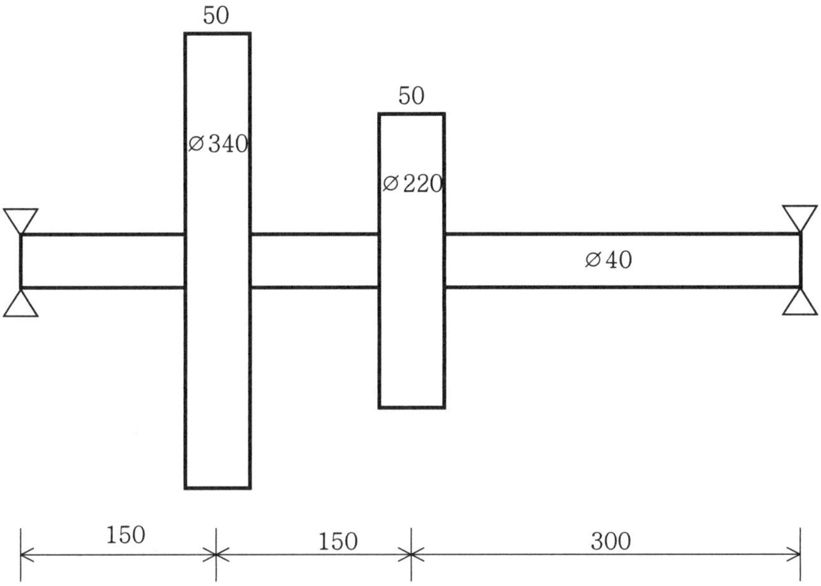

[축의 고유진동] 다음과 같이 축에 회전체 2개가 설치될 때 고유진동수와 고유진동모드를 구하시오. 축과 회전체를 180°만 모델링한 것을 360° 전체 모델링한 것으로 고쳐 180°만 모델링한 경우와 결과를 비교하시오.

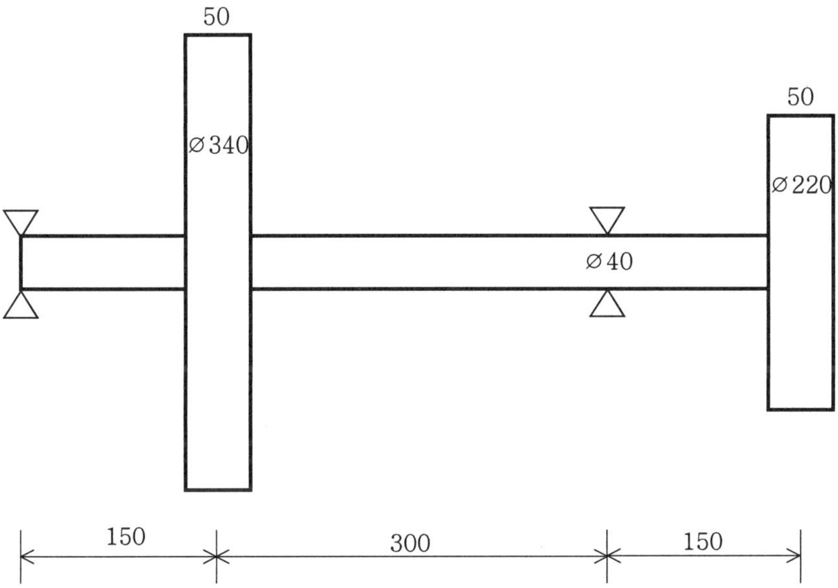

이 교재는 2018년『사회맞춤형 산합협력 선도대학(LINC+) 육성사업』사회맞춤형 교육과정 모듈(현대중공업 계약학과 중공업융합기술공학과) 교재개발사업의 지원을 받아 개발되었습니다.

정가 19,000원

CATIA로 배우는 유한요소해석

2019년 2월 12일 초판 인쇄
2019년 2월 18일 초판 발행

저자와의 협의하에 인지생략

저　자 : 주석재
발행자 : 송　준
발행처 : 홍릉과학출판사
주　소 : 서울시 강북구 인수봉로 50길 10
01093
등　록 : 1976년 10월 21일 제5-66호
전　화 : (02) 999-2274~5, 903-7037
팩　스 : (02) 905-6729
e-mail: hongpub@hongpub.co.kr
http://www.hongpub.co.kr
ISBN: 979-11-5600-642-8